Herbert Frei

Digitale Unterwasserfotografie

Spiegelreflexkameras

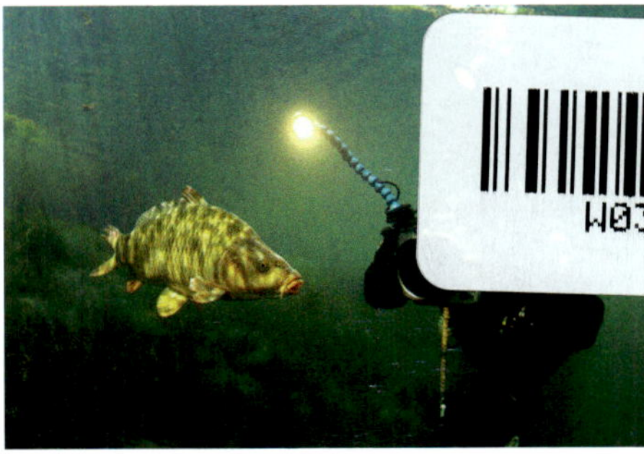

KOSMOS

Inhalt

Der Autor

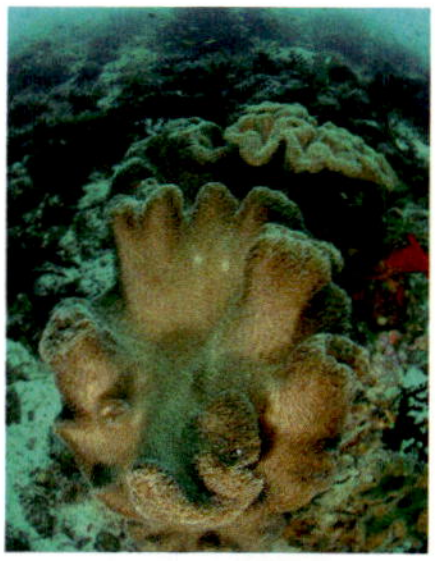
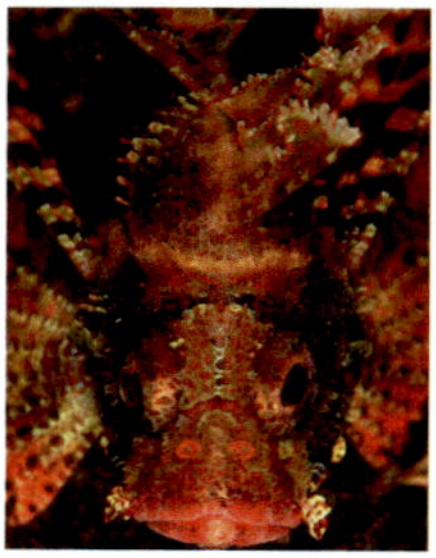
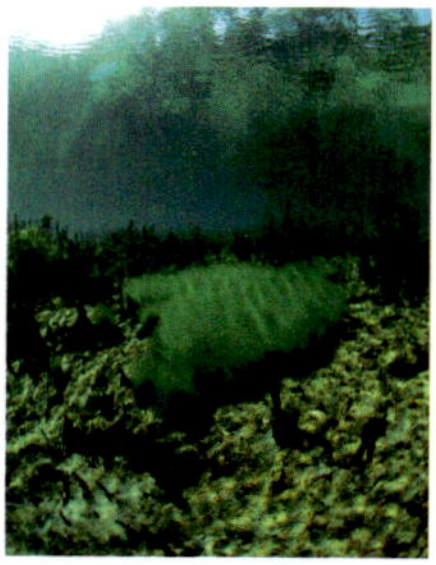
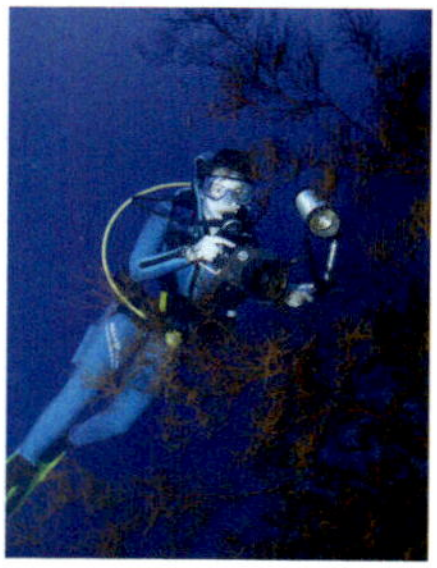

Herbert Frei zählt zu den zehn besten deutschsprachigen Unterwasserfotografen. Er entdeckte die Unterwasserfotografie in den siebziger Jahren. Seitdem erscheinen seine Bilder in vielen europäischen Magazinen wie *Stern*, *Bunte*, *GEO*, *Color-Foto*, *Schweizer Illustrierte*, *Terra*, *Aquarium* und in allen großen Tauchzeitschriften, *Tauchen*, *Unterwasser*, *Divemaster*, *Aquanaut* und *Sporttauchen*.

Er ist Experte für Unterwasser-Fototechnik und kennt sich bestens mit digitalen Kameras, amphibischen und systemgesteuerten Blitzgeräten, UW-Gehäusen und jeglichem Zubehör aus. Regelmäßige Fotoworkshops in Deutschland und Österreich, in tropischen Meeren und auf inländischen Tauchbasen haben ihn bei Schnorchlern und Tauchern populär gemacht, kann er doch jede Theorie immer anhand eigener exzellenter Bildbeispiele verständlich machen. Er ist Autor von Tauchreiseführern, Fischbestimmungsbüchern und Kalendern. Minolta hat ihn als einzigen Unterwasserfotografen in sein Referententeam berufen.

Herbert Frei fotografiert digital mit Canon, Fuji, Minolta, Nikon, Olympus, Pentax. Zu seinen Lieblingsgeräten gehören die D-SLR Fuji FinePix S2 Pro und digitale Spiegelreflexkameras mit Anti-Shake-Funktion.

In bisher zwölf Ratgebern gibt er sein fotografisches Können an Anfänger und Fortgeschrittene weiter.

Vorwort

Zwei Drittel der Erde sind von Meeren bedeckt – nicht einmal ein Drittel davon ist erforscht und bei weitem nicht dokumentiert. Die Unterwasserwelt im Bild festzuhalten, ist immer noch eine der größten Herausforderungen für Fotografen. Egal in welchen Gewässern getaucht wird – ob Flüsse, Seen, gemäßigte oder tropische Meere – vom winzigen Pygmäen-Seepferdchen bis zum Wal warten unzählige Motive darauf, abgelichtet zu werden. Während Gelegenheitsknipser mit den Möglichkeiten einer einfachen digitalen Kompaktkamera zufrieden sind, wollen andere mehr aus ihren Motiven machen. Sie wollen ihre Aufnahmemöglichkeiten erweitern und auch dort noch Bilder zur Oberfläche bringen, wo andere aus technischen Gründen scheitern. Diese Gruppe der ambitionierten tauchenden Hobbyfotografen ist es, die der bekannte Unterwasserfotograf Herbert Frei mit seinem Buch anspricht!

Spiegelreflexkameras waren schon in der analogen Fotografie das Werkzeug der engagierten Lichtbildner, und im Bereich der Digitalfotografie verhält es sich nicht anders. Auch digitale Bilder werden mit Licht gemacht, und die Physik der Optik bleibt dieselbe. Herbert Frei führt den Leser Schritt für Schritt in die Grundlagen und Handhabung der digitalen Spiegelreflexkameras ein, wobei auch die verschiedenen Kameramodelle und Blitzgeräte ausführlich zur Sprache kommen. Verschiedene Motive brauchen nicht nur unterschiedliche Objektive, sondern auch die jeweils passende Ausleuchtung. Herbert Frei macht diese komplexen Fragen durchschaubar und kombiniert sie mit einer Vielzahl nützlicher Tipps und Hinweise. Denn entscheidend für ein gutes Bild sind immer noch Wissen und Können des Fotografen.

Was früher im Labor gemacht wurde, geschieht heute am Computer. In einem digitalen Bild steckt ungeahntes Potenzial – Herbert Frei verrät auch hierzu die Tricks, um bei der Bildbearbeitung das Optimum aus den Bildern herauszuholen.

In diesem Buch gibt ein Meister all seine Erfahrung auf dem Gebiet der High-End-Unterwasserfotografie preis, und dies macht es unentbehrlich für jeden anspruchsvollen Hobbyfotografen.

Kurt Amsler
Fotograf, Buchautor und Journalist

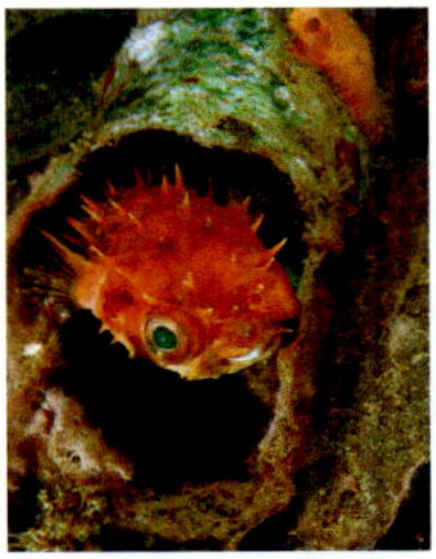
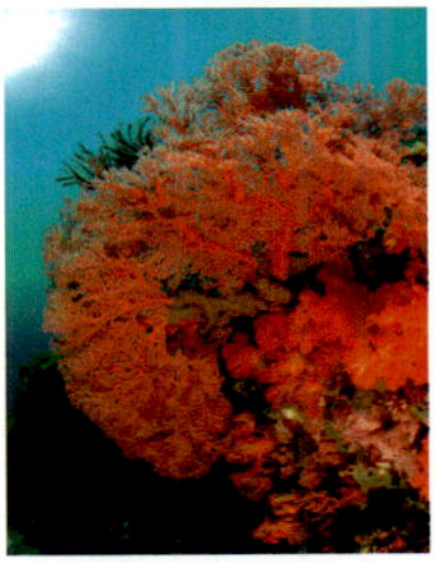
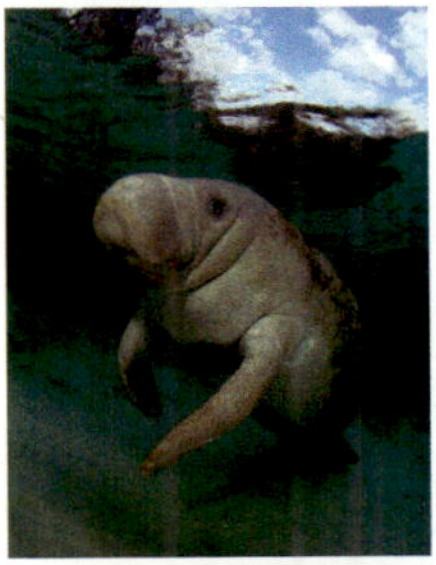
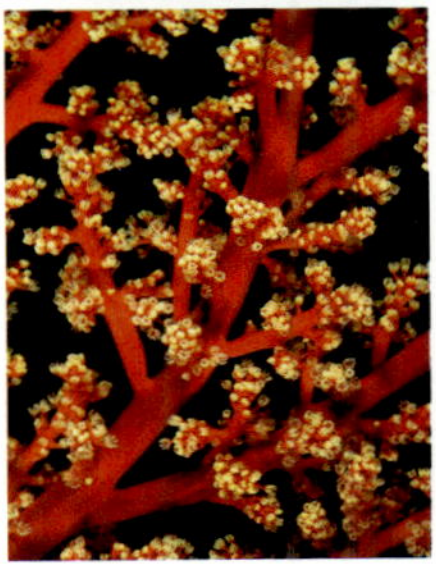

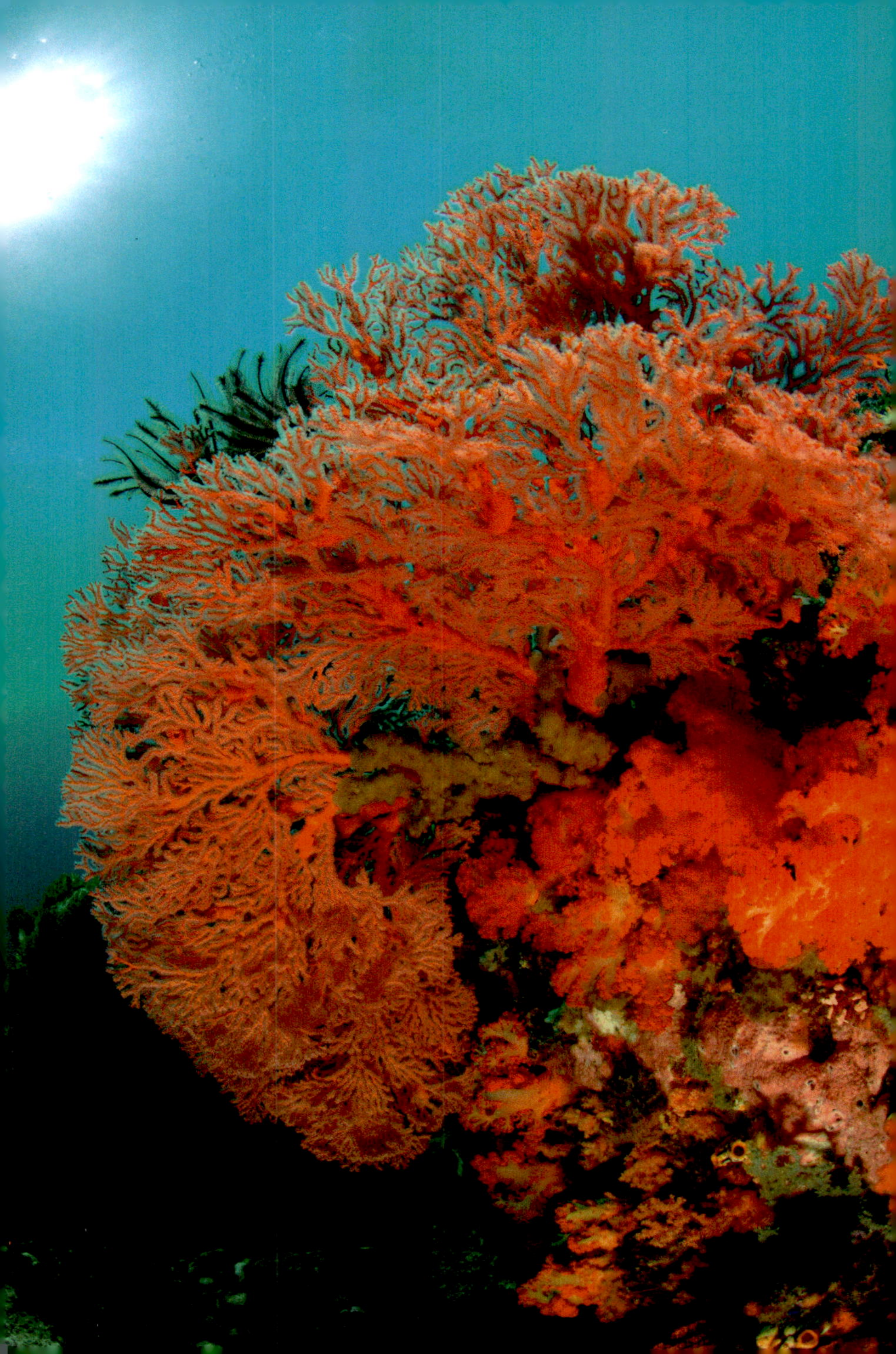

Einleitung

Das Interesse an der Unterwasserfotografie steigt stetig. Bücher, Filme und Diavorträge über diese geheimnisvolle und abenteuerliche Welt regen weltweit Hunderttausende dazu an, mit dem Schnorcheln oder dem Tauchen zu beginnen. Und wer einmal den Kopf in einem tropischen Meer unter die Wasseroberfläche gesteckt hat, kann sich nur selten wieder von diesem Anblick trennen. Ein riesiges Aquarium voll mit unbekannten Lebewesen gilt es fotografisch zu erforschen und zu dokumentieren.
Mit einer digitalen Spiegelreflexkamera (SLR) verlässt man gemeinhin den Bereich der Zufallsfotografie. Wer sich damit beschäftigt, nimmt sein Hobby ernster als ein Gelegenheitsknipser. Er gibt in der Regel auch deutlich mehr Geld dafür aus, investiert in Wechselobjektive, in ein hochwertiges Unterwassergehäuse, in Domeports und meistens auch in ein amphibisches Blitzgerät. Für persönliche Erinnerungsaufnahmen würde zwar eine digitale Spiegelreflexkamera ohne komplizierte Bedienung und überflüssige Gimmicks völlig ausreichen, weil man selbst bei Profikameras unter Wasser nur einen Bruchteil der angebotenen Einstellmöglichkeiten benötigt. Aber von diesem Wunsch muss man sich leider verabschieden. Selbst die preiswerteste digitale SLR kann dem Anspruch »übersichtlich, klar und einfach« kaum mehr gerecht werden. Aus den einstigen mechanischen Fotoapparaten sind hochkomplizierte elektronische Geräte geworden, deren Handhabung nach längerer Abstinenz ohne Bedienungsanleitung kaum mehr möglich ist. Meist ist es auch so, dass man in die digitale Unterwasserfotografie – sofern sie etwas niveauvoll betrieben werden soll – erheblich mehr investieren muss, als man sich vorgenommen hat. Damit man sich hier nicht für etwas Falsches entscheidet, Unnötiges erwirbt und Unpassendes montiert, ist ein verständlicher Ratgeber mit Erklärung der wichtigsten Funktionen und Begriffe unerlässlich.
Freimachen muss man sich zudem von der Vorstellung, das korrekte Anvisieren eines Objektes reiche aus, den Rest erledige die Spiegelreflexkamera. Im Bereich der kreativen Unterwasserfotografie steigen die Ansprüche – auch an den Fotografen. Am Anfang steht aber erst einmal der Wunsch, sich mit überschaubarem Aufwand die faszinierende Welt der digitalen Unterwasserfotografie zu erschließen.

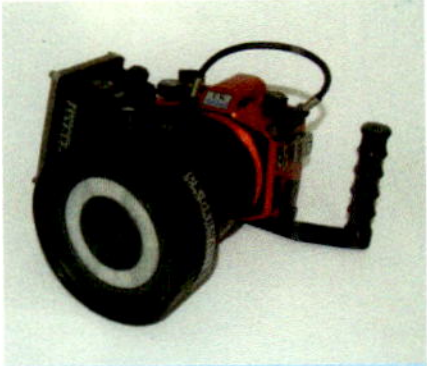

Ganz schön aufwändig!
Mit dem Kauf einer digitalen Spiegelreflexkamera verlassen Sie die Knipserzone. Sie bewegen sich nun in anderen fotografischen Dimensionen: in den technischen Möglichkeiten, im Gewicht – und auch im Preis.

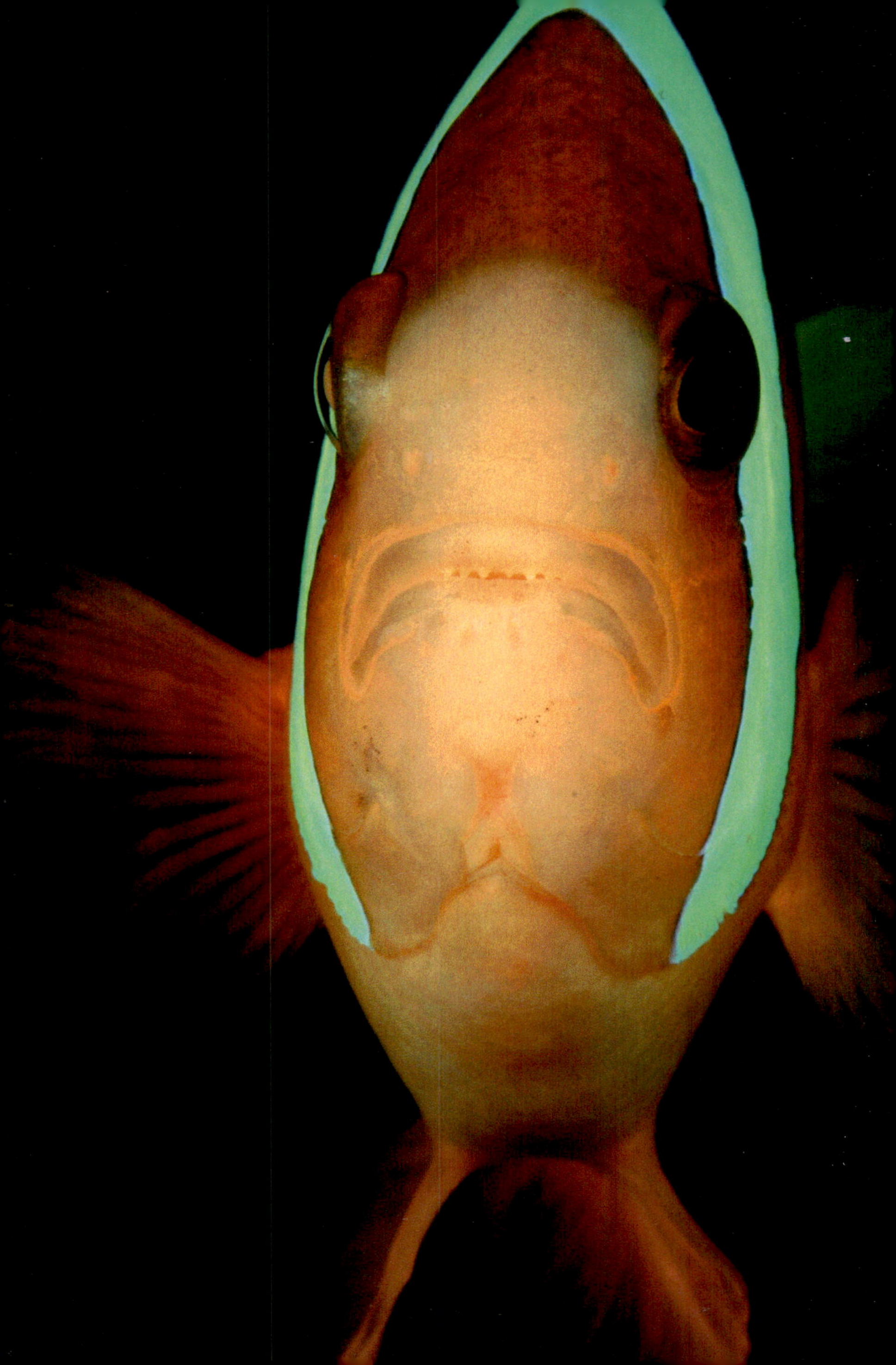

Grundlagen der dititalen Unterwasserfotografie

Die Unterwasserfotografie mit einer Digitalkamera unterscheidet sich zumindest in den physikalischen Gegebenheiten nicht von jener mit einem analogen Fotoapparat. Es spielt auch keine Rolle, ob die Kamera in einem Unterwassergehäuse sitzt oder selbst wasserdicht ist. Wichtig ist letztendlich nur, dass man die Zusammenhänge begriffen hat. Dazu sollten Sie sich aber die Zeit nehmen, dieses Kapitel sorgfältig zu lesen und sich nicht durch den Begriff der »physikalischen Gegebenheiten« abschrecken lassen.
Nachstehend werden alle wichtigen Sachverhalte ausführlich und verständlich erklärt. Um sie zu verstehen, müssen Sie weder Ingenieur sein noch eine wissenschaftliche Ausbildung absolviert haben. Das Meiste kann mit Logik erfasst werden, den Rest merkt man sich oder lernt ihn. Dass Wasser ein anderes Medium als Luft ist, weiß man aus Erfahrung. Insofern unterscheidet sich die Unterwasserfotografie von der an Land zwar teilweise beträchtlich, aber man kann viele Gesetzmäßigkeiten übertragen, während man sich andere neu merken muss. Wenn Sie bereits an Land fotografiert haben, was auf viele neue Unterwasserfotografen zutreffen wird, dürfte Ihnen einiges bekannt vorkommen. Im Übrigen regelt die Kamera-Automatik so manches, was man übersehen oder vergessen hat. Insofern ist der Einstieg in die Unterwasserfotografie mit digitalen Spiegelreflexkameras ein leichter, denn die auf dem Monitor schnell zu kontrollierenden Ergebnisse werden Sie von Anfang an überzeugen.
Die im Folgenden niedergeschriebenen Gesetze, Hinweise und Richtlinien der Unterwasserfotografie beruhen auf langjährigen Erfahrungen, physikalischen Grundlagen und fotografischen Tatsachen unter Berücksichtigung der Funktionsweise und der technischen Möglichkeiten von digitalen Spiegelreflexkameras.

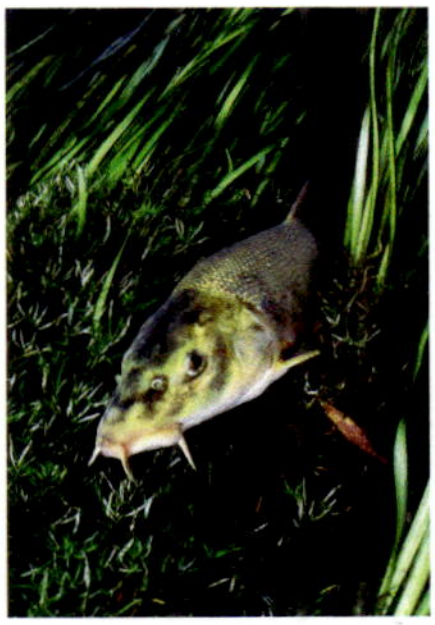

Barbe in einem Wildbach; Plangläser rücken alle Motive scheinbar um 25% näher (oben).

Der Vergrößerungseffekt beim Fotografieren hinter Plangläsern beträgt ein Drittel (linke Seite).

Das Gesetz der scheinbaren Größe

Wer im Wasser scharf sehen will, muss eine Tauchmaske tragen. Zieht man eine solche auf, hat man beim Betrachten einer Unterwasserlandschaft das Gefühl, alles wäre näher und größer.

Tipp

Schilderungen von Riesenfischen, die Tauchkameraden gesehen haben wollen, sollten Sie mit Skepsis begegnen. Ziehen Sie ein Drittel der angeblichen Größe ab, dann kommen Sie der Wahrheit ziemlich nahe.

Das Planglas der Maske rückt scheinbar die Motive um 25% näher und macht die Objekte gleichzeitig um 33% größer.

Ursache sind die unterschiedlichen Lichtgeschwindigkeiten in Wasser und Luft. Teilt man die Geschwindigt des Lichtes in Luft durch die Geschwindigkeit des Lichtes in Wasser, bekommt man eine Zahl, die etwa den Wert 1,33 besitzt und als Brechungsindex von Wasser festgelegt ist. Insofern beträgt der Brechungsindex n für Luft 1,0. Bei allen überschlägigen Rechnungen legt man aber sowohl für klares Süßwasser als auch für Salzwasser (n = 1,334) mit seiner etwas höheren Dichte die gerundete Zahl 1,33 fest. Der Wert 1,33 ist wichtig, wenn man die richtige Entfernung bezw. die reale Größe eines Objektes ausrechnen will. Ein Fisch, der an uns in scheinbar 2 m Entfernung vorbeischwimmt und den wir auf 1,2 m Länge schätzen, befindet sich in Wirklichkeit 2,66 m von uns entfernt und ist nur 90 cm groß. Multiplizieren Sie 2 m mit 1,33 und teilen Sie 1,2 m durch 1,33, dann bekommen Sie die wahre Motiventfernung und die wahre Motivgröße.

Das Objektiv sieht hinter Planglas die Motive wie der Mensch, wenn dieser unter Wasser durch eine Tauchmaske blickt.

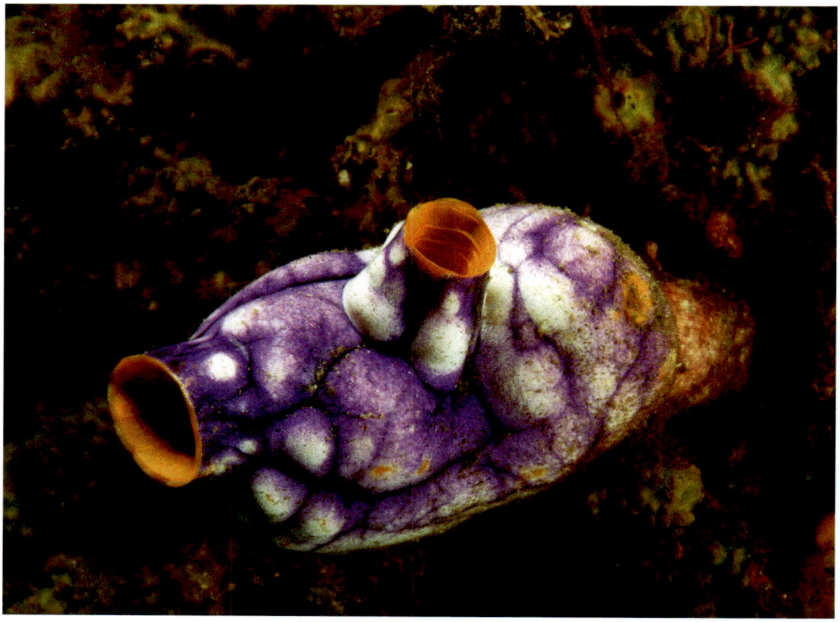

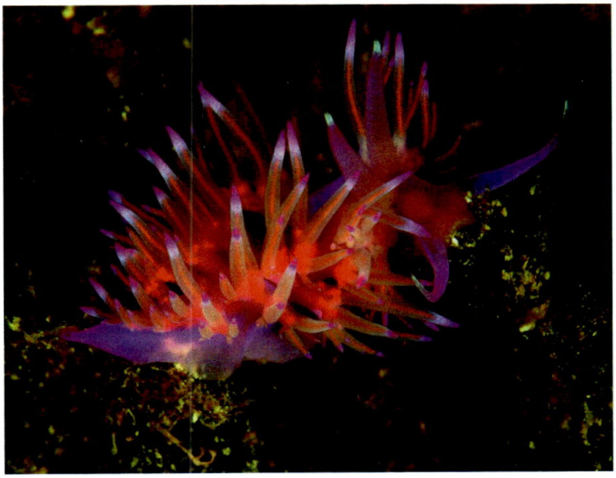

Fadenschnecke im Mittelmeer. Die Lichtbrechung am Planglas des Frontports begünstigt das Ablichten von Makromotiven, weil sie optisch näher rücken und größer abgebildet werden.

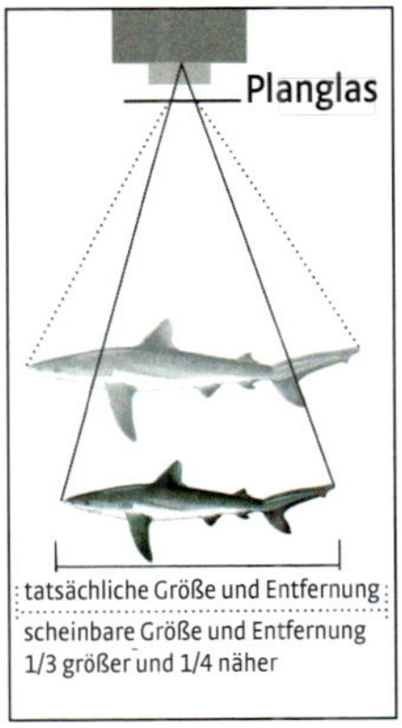

Bei näherer Betrachtungsweise ist diese physikalische Absonderlichkeit aber nicht störend, weil die Digitalkamera das ebenso sieht, sofern man ein Unterwassergehäuse mit Planglas verwendet. Einfluss auf die manuelle oder automatische Scharfeinstellung haben weder scheinbare Entfernungen noch scheinbare Größen. Frappierend ist an dieser Feststellung, dass die Spiegelreflexkamera tatsächlich das scheinbar nähere und größere Bild aufnimmt, das Blitzlicht aber zum Belichten den realen Weg – also ein Viertel weiter und von dort wieder zurück zur Kamera – zurücklegen muss.

Merke

1. Sollten Sie unter Wasser eine reale Entfernung messen wollen, muss der Distanzstab immer ein Viertel länger sein als die scheinbare Entfernung.

2. Das richtige Schätzen von Unterwasserdistanzen ist nur möglich, wenn die Tauchmaske ein planparalleles Glas besitzt. Gewölbte Tauchmaskengläser wirken wie negative Linsen und verkleinern das Umfeld proportional.

3. Das Gesetz der scheinbaren Entfernung und der scheinbaren Größe spielt bei der automatischen oder manuellen Scharfeinstellung keine Rolle, wohl aber für die Blitzlichtfotografie.

Die selektive Farbauslöschung

Man nennt diese Erscheinung auch Farbfilterungsgesetz oder selektive Extinktion. Es besagt nichts weiter, als dass alle Farben mit zunehmender Tiefe ausgelöscht werden. Zuerst erwischt es Rot, das bereits in 1 m Wassertiefe gut und gern 30% an Intensität verliert, so dass man selbst in dieser geringen Tiefe die meisten roten Motive besser mit Blitzlicht ablichtet.

In 5 m Tiefe besitzt Rot dann nur noch bescheidene 5% seiner Oberflächenleuchtkraft, kann also ohne Kunstlicht nicht mehr vom Bildsensor einer Digitalkamera wahrgenommen werden.

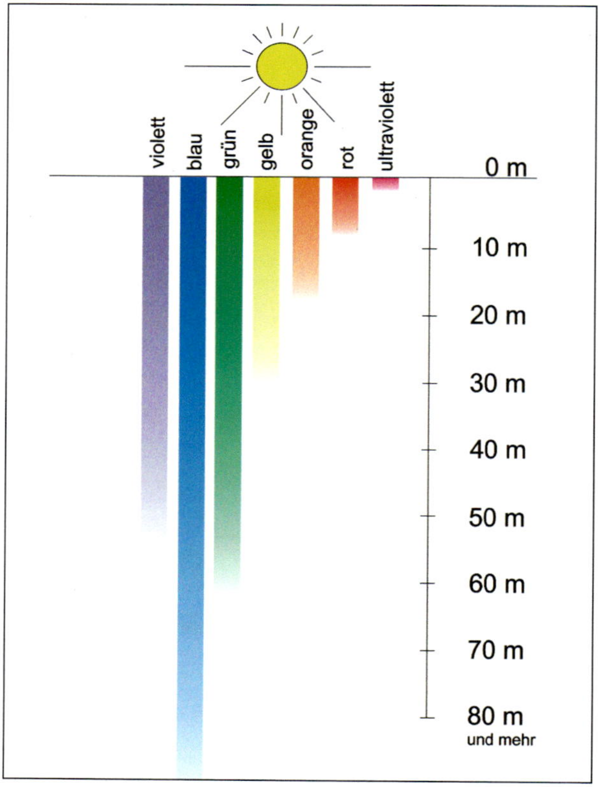

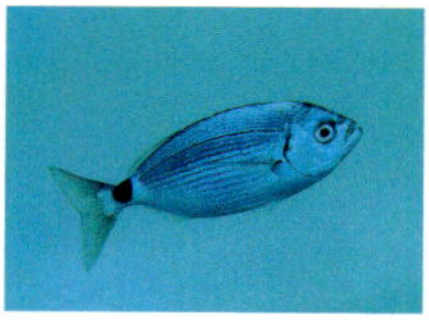

Schon wenige Meter unter der Wasseroberfläche werden die Farben ausgefiltert.

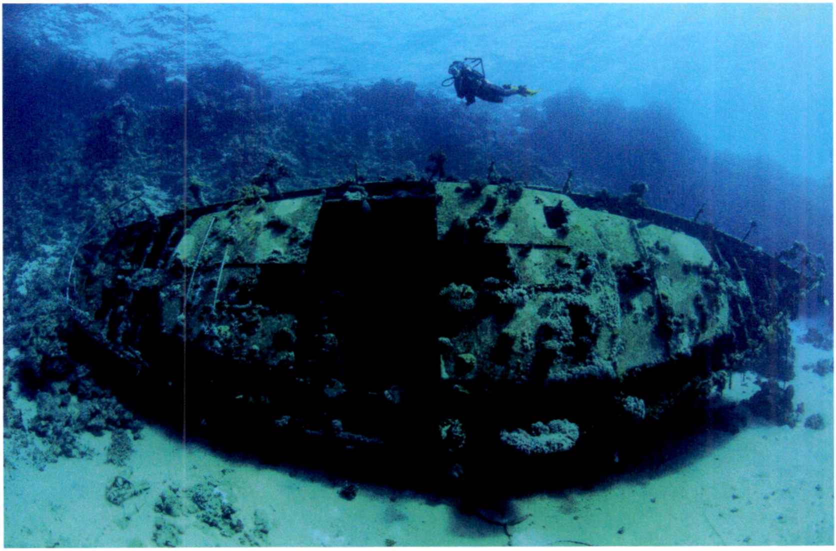

In tropischen Meeren überwiegt als Wasserfarbe Blau oder Blau-Grün.

Den anderen Farben ergeht es ebenso, auch wenn sie teils bis in erheblich größere Tiefen wahrgenommen werden können, wie beispielsweise Orange, das erst ab 10 m Tiefe verschwindet. Gelb hält sich bis 15 m Tiefe, lässt dann aber in seiner Leuchtkraft stark nach. Grün kann bei guten Sichtverhältnissen noch in 30 m Tiefe erkannt werden, und Blau verschwindet in klarem Wasser ab etwa 50 m. Danach bleibt nur noch Schwarz übrig.
Aus der grafischen Darstellung der selektiven Farbauslöschung kann man erkennen, dass die langwelligen Rottöne zuerst ausgelöscht werden. Am längsten halten sich die kurzwelligen Farben Grün und Blau, und das ist auch einer der Gründe dafür, dass man in heimischen Gewässern und nördlichen Meeren auf Unterwasseraufnahmen im Hintergrund meistens grünes Wasser sieht. Beteiligt sind daran natürlich auch im Wasser treibende Grünalgen. In tropischen Meeren überwiegt Blau als Wasserfarbe, das man auf Weitwinkelaufnahmen selbst in großen Tiefen noch erkennen kann. Ohne Blitzlicht werden solche Aufnahmen blaustichig, in einem heimischen Gewässer bzw. der Nord- oder Ostsee vorzugsweise grünstichig.
Die nebenstehende Grafik orientiert sich an den natürlichen Farben unter Wasser bei hohem Sonnenstand und einer guten

Transparenz. Stark beeinflusst wird die Farbfilterung durch trübes Wasser, wolkenverhangenen Himmel, Regen, Wellengang und eine tief stehende Sonne. Bei extrem schlechten Licht- und Sichtverhältnissen ist es möglicherweise bereits in 5 m Tiefe nachtschwarz. Auch für Leuchtfarben an der Tauchbekleidung sind die gängigen Regeln nur eingeschränkt gültig. Leuchtrosa kann man dann selbst in 10 m Tiefe noch sehr gut erkennen. Ebenso sind Leuchtorange, Leuchtgelb und ein spezielles Leuchttürkis über die in der Grafik dargestellten Tiefen hinaus noch

Tipp

Man kann durchaus in flachem Wasser auch Bilder ohne Kunstlicht machen, muss dann aber mit einem Farbstich (grün oder blau) rechnen. Rote Motive sollten eigentlich immer geblitzt werden. Grün- oder Blaustiche können nachträglich in Bildbearbeitungsprogrammen kaum eliminiert werden.

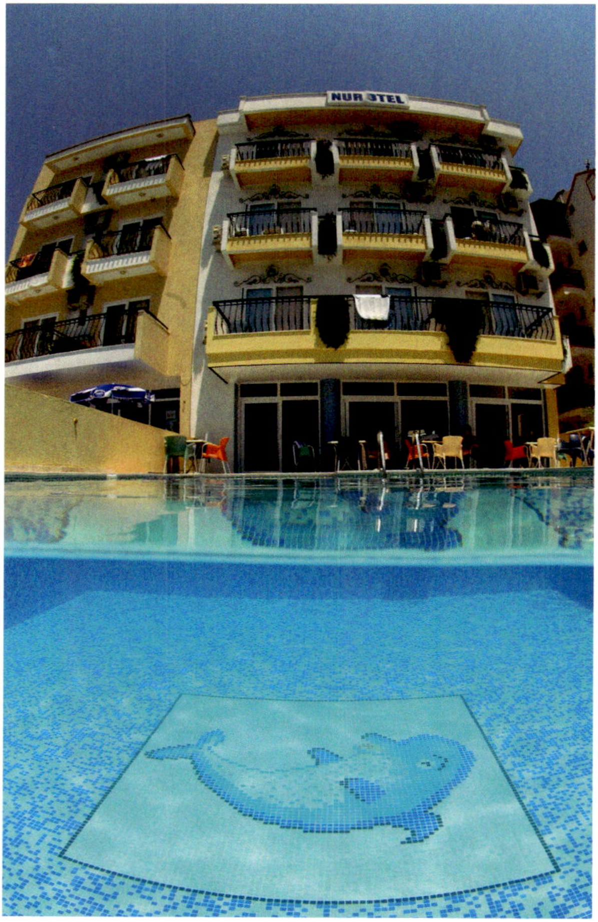

Beispiel für die Auslöschung der Spektralfarben im Wasser.
Während an Land alle Farben klar und leuchtend erscheinen, werden sie schon in 1,5 m Tiefe vom Türkis des Poolwassers überdeckt.

Merke

1. Sonnenlicht verliert auf seinem Weg in die Tiefe an Intensität und Energie. Deshalb sind die unteren Wasserschichten kälter als die oberen. Diesen Vorgang nennt man Extinktion, d. h. Auslöschung.

2. Das Gesetz der selektiven Farbauslöschung ist auch mit einer hohen Empfindlichkeitseinstellung nicht zu umgehen. Die Farben der Tiefe kann man nur mit Kunstlicht zum Leuchten bringen.

3. Vorsicht bei Rot. Oftmals weiß man aus Erfahrung, welche Farbe ein Motiv haben muss (roter Schwamm, roter Drachenkopf etc.), und überschätzt dann die Möglichkeiten der Kamera. Was man glaubt zu sehen, ist nicht immer auf den Bildsensor übertragbar.

4. Brennweite und Lichtstärke eines Objektives haben keinen Einfluss auf die selektive Farbauslöschung, in gewissem Maße aber der Sonnenstand und ein wolkenloser Himmel. Eine sonnendurchflutete Unterwasserlandschaft in klarem Wasser ist nicht nur freundlicher und farbintensiver, das Kunstlicht kann bei guter Sicht und hellem Umfeld auch dosierter eingesetzt werden, was die Bildung von Trübstoffreflexionen vermindert.

sichtbar. Ähnlich verhält es sich mit fluoreszierenden Farben. Nicht vertreten ist in dieser Grafik Weiß, weil es ähnlich wie Schwarz keine eigentliche Farbe ist, sondern aus der Summe aller Spektralfarben gebildet wird. Wer aber mit einer weißen Pressluftflasche taucht oder gar einen silberfarbenen Anzug trägt, kann bei Sonnenschein in klarem Wasser selbst in einer Tiefe jenseits von 30 m und dort sogar in weitem Abstand noch gut erkannt werden.
Was für die Tiefe gilt, gilt auch für die Entfernung. Auch dicht unter der Wasseroberfläche kann man die Farbe Rot in mehr als 5 m Entfernung nicht mehr fotografisch erfassen, auch wenn einem die Sinne etwas anderes vorgaukeln. Was wir glauben zu sehen (z. B. roter Seestern in 10 m Wassertiefe), kann weder ein CCD-, ein CMOS- oder ein Foveon-Bildsensor in einer digitalen Spiegelreflexkamera erkennen. Zum Erkennen und Festhalten der natürlichen Farben hilft nur Kunstlicht in Form eines Blitzes oder einer Lampe.

Sicht und Licht unter Wasser

Das Problem der Unterwasserfotografie liegt primär darin, dass Wasser eine viel höhere Dichte als Luft aufweist. Genau genommen ist das nasse Element 770-mal dichter als Luft – eine ungeheuere Diskrepanz, die sich immer wieder negativ bemerkbar macht. So liegen die optimalen Sichtweiten im Meer bzw. im Süßwasser bei maximal 200 m, aber schon 100 m gelten als optimal und 50 m als sehr gut. Sichtweiten von 200 m an Land bezeichnet man hingegen als äußerst trüb und nebelig, 50–100 m sind auf Autobahnen und Landstraßen bereits sehr gefährlich. So unterschiedlich können Sehweisen und Gefühle definiert werden, wenn man sich von einem Element ins andere begibt. Die erhebliche Dichte von Wasser bindet leider auch Trübstoffe wie Sandpartikel, Algenfäden und Staub, die man in ihrer Gesamtheit auch Schwebeteilchen nennt. Und eben diese Schwebeteilchen sind der natürliche Feind aller Unterwasserfotografen. Man sieht diese Trübstoffe immer wieder als Blendenreflexe (Vielecke) und weiße Pünktchen auf den Bildern, weil sich an ihnen das Blitzlicht bricht bzw. weil sie dieses reflektieren. Aber auch das natürliche Sonnenlicht oder Handlampen können die Schwebeteilchen auf Fotos zum Reflektieren bringen. Gegenmaßnahmen kann man zwar ergreifen, aber die Sicht- und Lichtverhältnisse sind in einem Gewässer vorgegeben. Gegen den Einfluss der Trübstoffe hilft oftmals nur eines: zu vermeiden, dass die Sonnenstrahlen direkt auf das Frontglas treffen. Das Sonnenlicht soll sich also im Rücken des Fotografen oder seitlich von ihm befinden. Als zweite Maßnahme empfiehlt es sich, unter Wasser nur bei erträglichen Sichtweiten zu fotografieren. Unter 5 m horizontaler Sicht schwinden die Chancen, ein brillantes, trübstofffreies Bild zu erhalten. Mit Makroobjektiven erschließt man sich den Nahbereich. Fisheye-Objektive helfen mit ihrem riesigen Bildwinkel zumindest bedingt gegen trübes Wasser.

Gute und fotografisch ideale Licht- und Sichtverhältnisse sind nicht nur von der Transparenz abhängig, sondern auch vom Sonnenstand. Das beste Licht hat man unter Wasser immer dann, wenn die Sonne am höchsten steht, also zwischen 11.00 Uhr morgens und 15.00 Uhr am Nachmittag.

Tipp

Nichts gegen Bilder, auf denen die Sonne von vorne kommt, das Wasser sollte dann aber wirklich sehr klar sein. Gegenlichtaufnahmen haben eigene Gesetze und sind nur etwas für erfahrene Unterwasserfotografen.

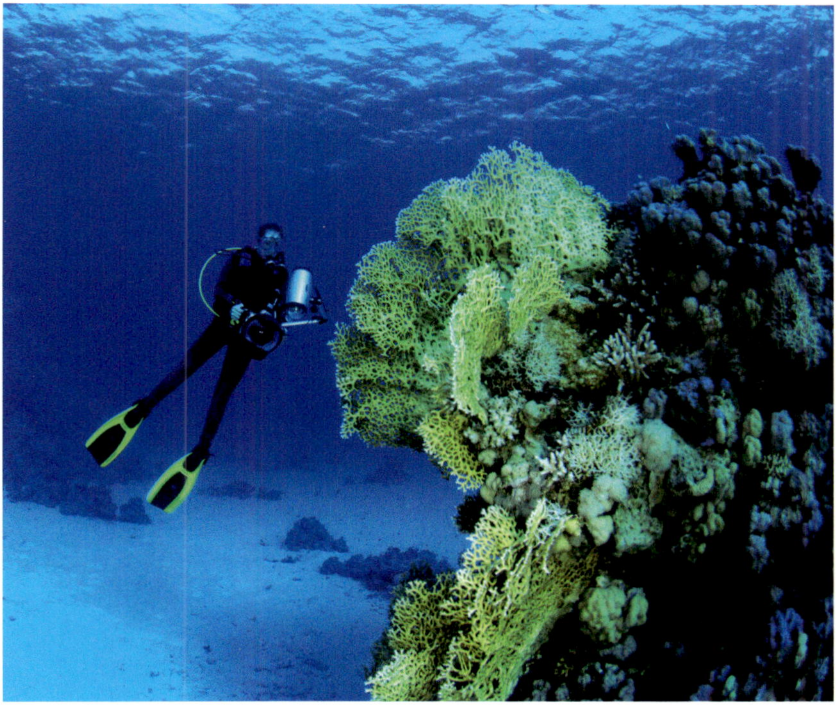

Gegenüber dem frühen Morgen oder dem späten Nachmittag gewinnt man in der Mittagszeit gut und gern ein bis zwei Blenden, was sich in einer freundlicheren Atmosphäre niederschlägt. Man bekommt dann schon bei mittleren bis kleinen Blenden (8 bis 11) selbst in 15 bis 20 m Tiefe beim Blitzen noch die natürliche Wasserfarbe (Grün oder Blau) im Hintergrund aufs Bild. Dieser Grundsatz steht im Widerspruch zur Landfotografie. Jeder erfahrene Fotograf wird die Mittagszeit nach Möglichkeit meiden, weil dann das Licht zu kalt ist und die Schatten zu flach sind. Die schönsten Stimmungen stellen sich ein, wenn die Sonne untergeht. Dann wird es unter Wasser aber bereits dämmrig, weil sich die Strahlen der schräg stehenden Sonne an der Wasseroberfläche stärker brechen als um die Mittagszeit, wo sie steiler auf das Wasser treffen. Ohne Blitzlicht oder eine entsprechende Videobeleuchtung kann man dann nicht mehr vernünftig fotografieren.

In klarem Wasser fotografiert es sich besser, weil die Ergebnisse nicht durch Schwebstoffe beeinträchtigt werden.

So gute Sichtverhältnisse findet man in einheimischen Binnengewässern nur selten vor.

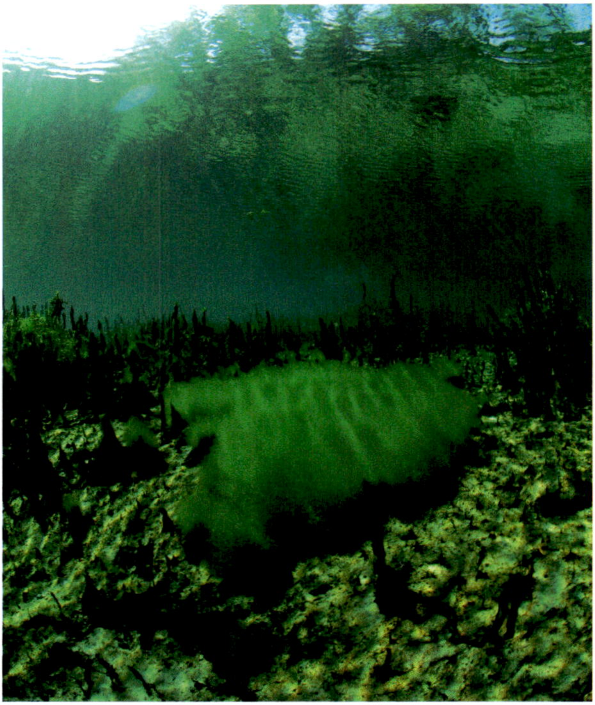

Merke

1. Die brillantesten Fotos machen Sie immer in klarem Wasser, aber nicht immer die besten.

2. Bei trübem Wasser ist es oft besser, auf das Blitzlicht zu verzichten.

3. Die besten Sichtverhältnisse hat man normalerweise dicht unter der Wasseroberfläche. Meist reicht das Licht für eine vernünftige Belichtung ohne Blitz aus.

4. Wenn die Wasserfarbe (Grün oder Blau) naturgetreu wiedergegeben werden soll, richten Sie die Kamera in Tiefen jenseits von 20 m etwas zur Oberfläche. Dann fällt mehr natürliches Licht auf den Bildsensor. Wenn der Vordergrund durch Blitzlicht oder eine Handlampe aufgehellt wird, bezeichnet man solche Bilder als »Mischlichtaufnahmen«.

Bewertung horizontaler Sichtweiten

Horizontale Sichtweite	Bewertung für Süß- und Meerwasser	Durchführbare Fototechnik
0 bis 1m	Extrem schlechte Sicht	UW-Fotografie nicht sinnvoll
1 bis 3 m	Schlechte Sicht	UW-Fotografie nur eingeschränkt möglich; Blitzlicht sollte nur im Makrobereich eingesetzt werden.
3 bis 6 m	Mäßige Sicht	UW-Fotografie im Nahbereich durchführbar; Weitwinkelaufnahmen sollten besser ohne Kunstlicht gemacht werden.
6 bis 12 m	Für heimische Gewässer akzeptable Sicht, für Meeresverhältnisse immer noch recht trüb	Nah- und Fischfotografie mit gutem Erfolg möglich
12 bis 20 m	Für heimische Gewässer gute Sichtverhältnisse, im Meer hingegen durchschnittliche Sicht	Nah- und Fischfotografie sehr gut, Weitwinkelfotografie akzeptabel
20 bis 30 m	Gute Sichtverhältnisse	UW-Fotografie in allen Gewässern ohne wesentliche Einschränkung möglich
30 bis 50 m	Sehr gute Sichtweiten	Es können nahezu alle fotografischen Aufgaben mit Erfolg absolviert werden. Frontales Blitzen möglich.
50 bis 100 m	Supersicht, die es nur in wenigen Seen und an wenigen Stellen im Meer gibt	Es können nahezu alle fotografischen Aufgaben mit Erfolg absolviert werden.
100 bis 200 m	Absolute Traumsicht, nur selten in den Weltmeeren anzutreffen, aber hin und wieder in den Süßwasserquellen Floridas	Es können alle fotografischen Aufgaben problemlos gemeistert werden.

Brennweitenverlängerung und Belichtungsänderung durch Lichtbrechung

Mit digitalen Spiegelreflexkameras fotografiert man im Nah- und Makrobereich ausschließlich durch die Planglasscheibe eines Unterwassergehäuses. Dieses planparallele Frontglas verursacht durch die Lichtbrechung beim Fotografieren unter Wasser eine (scheinbare) Brennweitenverlängerung um den Faktor 1,33, also genau in der Größe des Brechungsindexes von Wasser. In fast allen Unterwasserfotolehrbüchern spricht man von »scheinbarer Brennweitenverlängerung«, was aber nicht ganz korrekt ist, denn das Planglas am Unterwassergehäuse wirkt zusammen mit dem Wasser als echte Linse, so dass sich in Wahrheit eine echte Brennweitenverlängerung ergibt. Das Wort »scheinbar« ist deshalb nachstehend eingeklammert. Zum leichteren Verständnis dieses physikalischen Gesetzes werden die Brennweiten auf Kleinbild- bzw. Vollformatsensorverhältnisse übertragen.
Aus einem 50-mm-Objektiv wird dann (scheinbar) eines mit einer Brennweite von 66,5 mm. Solange man sich im Rahmen der üblichen Brennweiten (28 mm bis 105 mm) bewegt, stört das nicht besonders. Allerdings verringert sich mit der (scheinbaren) Brennweitenverlängerung auch der nutzbare Bildwinkel. Er entspricht immer dem eines Überwasserobjektivs mit der realen Brennweite, wie sie sich aus den Unterwasserverhältnissen ergeben würde.

Tipp

Da mit einer digitalen Spiegelreflexkamera viele Motive unter Wasser ohnehin fast immer geblitzt werden, stellt die Belichtungsänderung durch die Lichtbrechung am Planglas kein sonderliches Problem dar.

Ein Beispiel: Aus einem 100-mm-Objektiv mit Bildwinkel 24° wird hinter Planglas unter Wasser scheinbar eines mit 133 mm und einem Bildwinkel von 18°.

Bei gleichem Arbeitsabstand schrumpft dann aber auch die Schärfentiefe, jedoch nur geringfügig. Sie können im Unterwassergehäuse hinter einer Planglasfrontscheibe aber kein Superweitwinkelobjektiv verwenden, um den nutzbaren Bildwinkel zu vergrößern. Aus dem Weitwinkel würde dann (scheinbar) eine Optik mit um den Faktor 1,33 verlängerter Brennweite werden, und der nutzbare Bildwinkel würde erheblich schrumpfen. Zusätzlich könnten sich sogar abgedunkelte Ecken (ab 97° Bildwin-

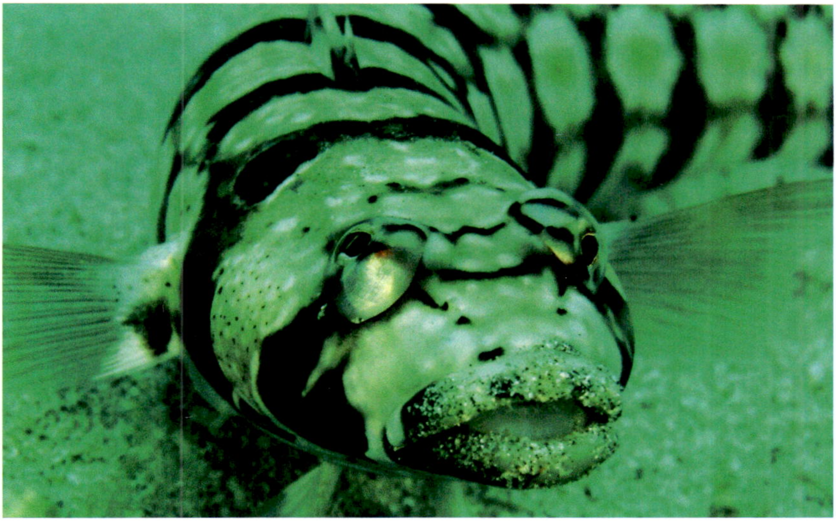

kel) einstellen. Außerdem wären Randunschärfen und Farbverfälschungen in den Ecken feststellbar.
Eine kürzere Brennweite als 28 mm (im APS-C-Format etwa 19 mm) ist deshalb hinter Planglas nicht empfehlenswert. Bei Freiwassermotiven kann man eventuell 24 mm (APS-C etwa 16 mm) gerade noch tolerieren, weil Wasser in den Bildecken keine Unschärfen aufweist. Sobald aber Objekte wie Korallen oder Wasserpflanzen am Bildrand liegen, muss man dort mit Unschärfen rechnen.
Wenig bekannt ist, dass sich beim Eintauchen der Kamera nicht nur die Brennweite (scheinbar) verlängert, sondern dass sich aus diesem Grund auch der Lichteinfall bei der Belichtung ändert – einfach deshalb, weil der wirksame Öffnungsdurchmesser gleich groß wie an Land bleibt, während die Brennweite größer wird. Um den Lichtverlust an einer fest eingestellten Blende infolge der Lichtbrechung am Planglas des Unterwassergehäuses auszugleichen, muss entweder die Blende um einen Wert geöffnet oder die Verschlusszeit um einen Wert verlängert werden.
Dieses Gesetz gilt für alle Blendenwerte und alle Brennweiten. Normalerweise muss man sich als Unterwasserfotograf um diese Dinge nicht kümmern, denn die Belichtungsautomatik der digitalen Spiegelreflexkameras berücksichtigt das automatisch.

Die (scheinbare) Brennweitenverlängerung von Makroobjektiven hinter Planglas muss bei der Motivdistanz berücksichtigt werden.

Merke

1. Die (scheinbare) Brennweitenverlängerung tritt immer auf, wenn durch ein Planglas fotografiert wird.

2. Der Verlängerungsfaktor von 1,33 begrenzt üblicherweise in der Praxis die Brennweiten nach oben. Digitale Spiegelreflexkameras ermöglichen aber selbst in Verbindung mit Tele-Makroobjektiven sehr kurze Einstellentfernungen, so dass die Obergrenze bei Vollformatsensoren etwa bei 200 mm liegt. Bei APS-C-Bildsensoren liegt die Grenze bei etwa 150 mm und im 4/3-Zoll-Format bei rund 100 mm.

3. Durch die (scheinbare) Brennweitenverlängerung steigt der Abbildungsmaßstab um ein Drittel an, d. h. die Motive werden bei gleichem Objektabstand größer abgebildet als an Land.

4. Durch die (scheinbare) Brennweitenverlängerung kommt es zu einer Verkleinerung des Bildwinkels. Gelegenheitsfotografen können bei langen Brennweiten Mühe haben, das Objekt im Sucher zu orten.

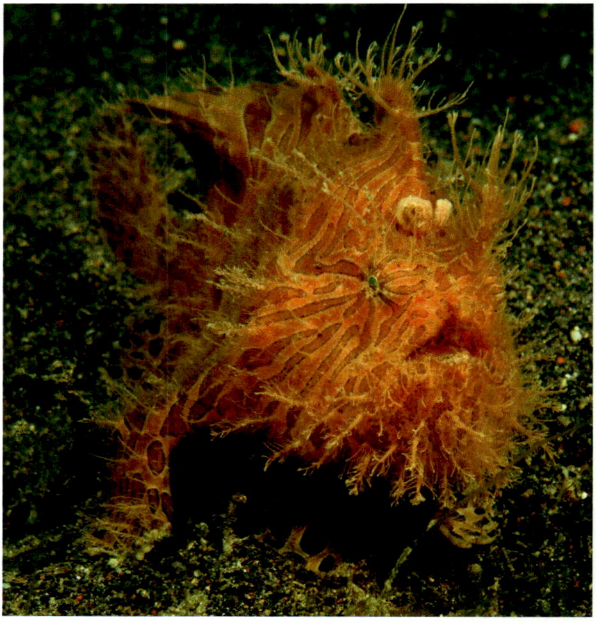

Nähe macht die Farben klar und brillant. D-SLR und TTL-Blitz berücksichtigen die Belichtungsänderungen (rechts).

Die Lichtbrechung am Planglas des Frontports erweist sich bei vielen Motiven wegen des Vergrößerungseffektes als vorteilhaft (rechte Seite).

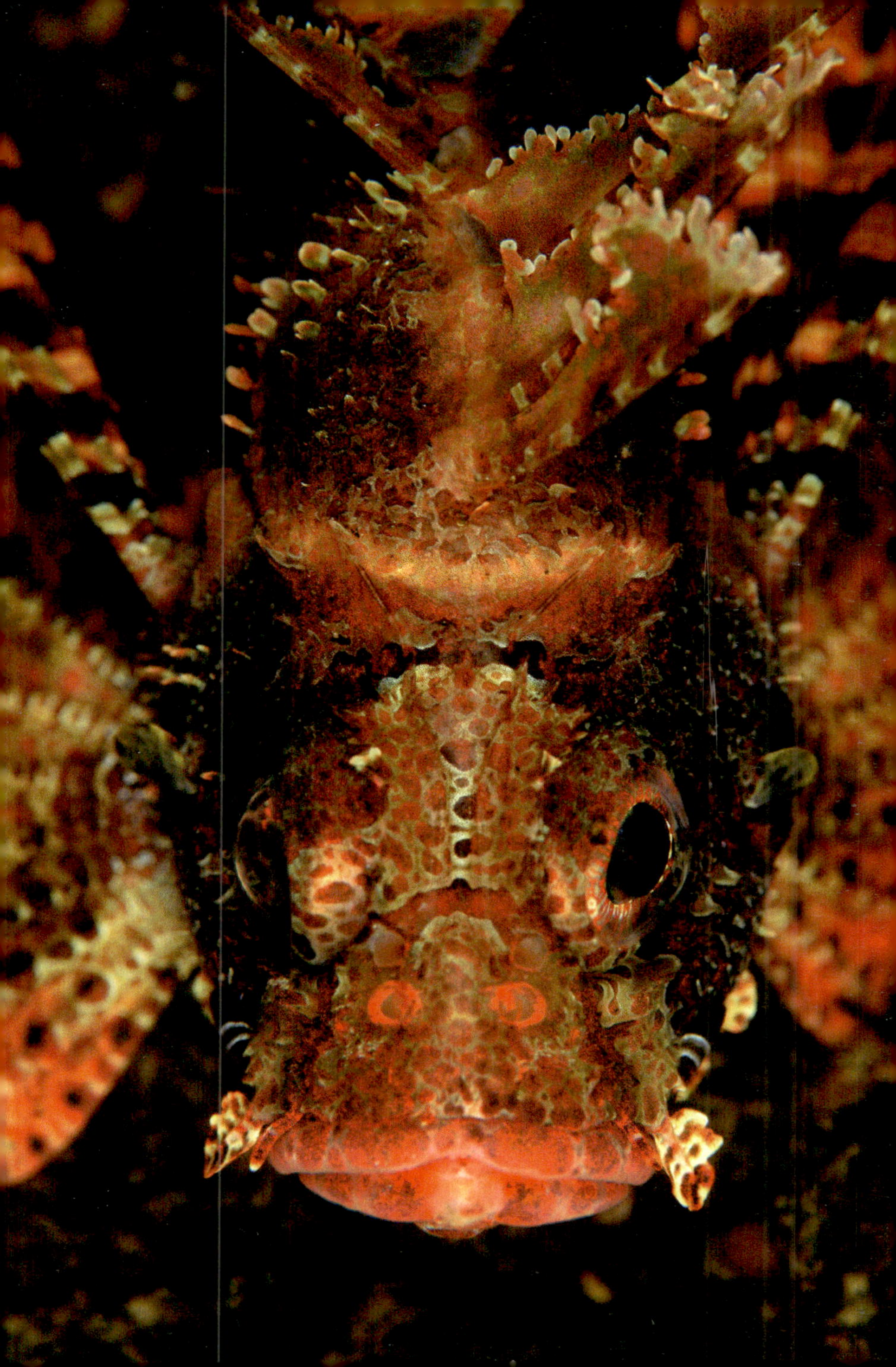

Tipp

In diffusen Gewässern kann es manchmal besser sein, das eine oder andere Bild ohne Blitzlicht zu machen, insbesondere im Weitwinkelbereich.

Streuung und Diffusion

Wenn Sonnenlicht auf schwebende Partikel trifft, wird es abgelenkt, gestreut und erzeugt ein diffuses Umfeld. Je trüber ein Gewässer, desto diffuser das Umgebungslicht. Dadurch nimmt das Wasser manchmal eine milchige Farbe an, die das Fotografieren mit Blitzlicht erheblich erschwert.

In trüben Gewässern sollte nach Möglichkeit vermieden werden, dass das Sonnenlicht von vorne auf das Objektiv trifft.

Farbenpracht, Durchzeichnung und Kontraste sind bei geringer Transparenz grundsätzlich stark eingeschränkt. Man trifft auf solche ungünstigen Umfeldbedingungen vorzugsweise in heimischen Gewässern; bei stürmischer See, starkem Wind und Regen aber auch in den Tropen.
Licht wird aber nicht nur an Trübstoffen gestreut, sondern auch an den winzigen Wassermolekülen selbst, deren Durchmesser kleiner als die Wellenlänge des Lichtes sind. Diese Art von Streuung ist allgegenwärtig und faktisch durch nichts auszumerzen. Selbst in einem gefilterten Wasser könnte man deshalb auch nicht weiter als etwa 250 bis 300 m sehen.

Zitronenhai über einer Untiefe. Sandpartikel im Wasser erfordern kurze Aufnahmedistanzen.

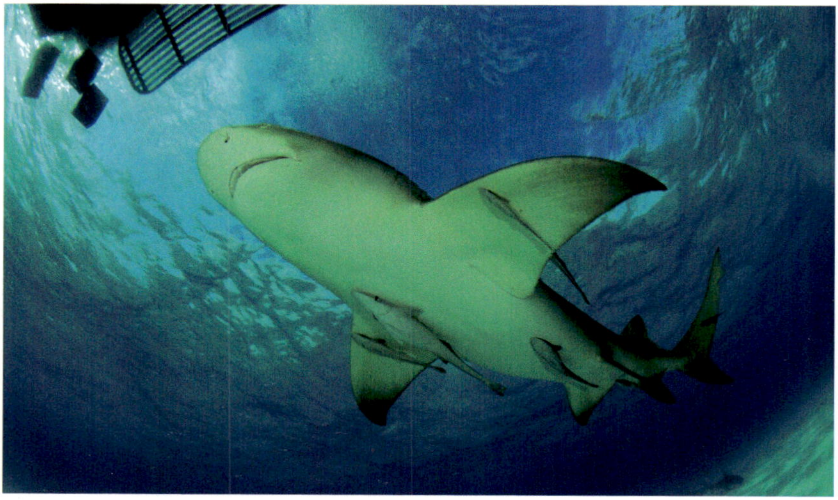

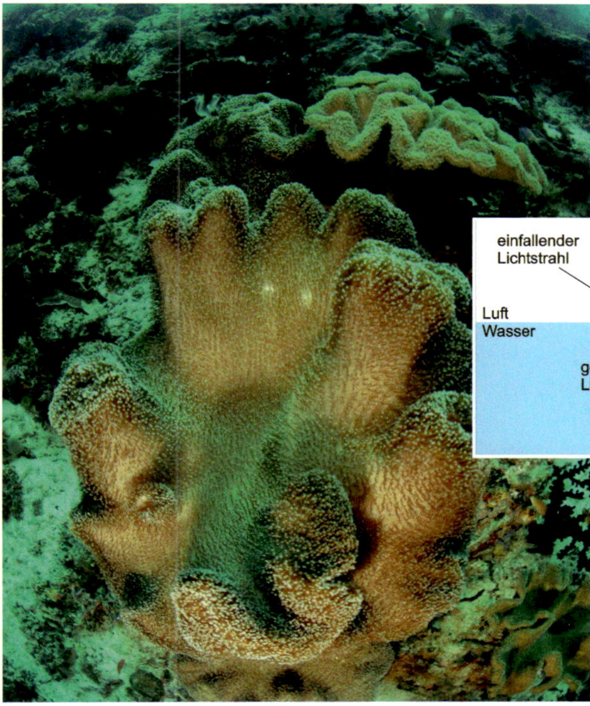

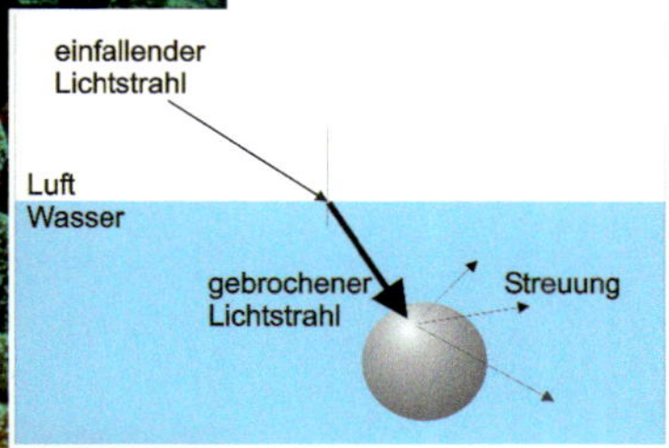

Licht wird an den Trübstoffen gestreut. Dadurch verschlechtert sich die Sicht (links und Grafik oben).

Merke

1. Wenn sich auf Ihren Bildern reflektierende Vielecke zeigen, ist das ein Zeichen, dass sich viele Schwebeteilchen im Wasser befunden haben. Man nennt diese Vielecke auch Blendenreflexionen. Sie können – zum Teil allerdings recht aufwändig – nachträglich in Bildbearbeitungsprogrammen entfernt werden.

2. Auch bei starker Diffusion kann es dicht unter der Wasseroberfläche recht klar sein.

3. Wasser kann Schichten bilden, in denen es nicht nur diffus, sondern auch schlierig ist. Besonders schlimm ist es, wenn sich Süß- mit Salzwasser mischt oder warmes mit kaltem Wasser.

4. Der Grad der Streuung ist ein Maß für die Sichtweite.

Digitale Spiegelreflexkameras

Eine digitale Spiegelreflexkamera (Abkürzung: D-SLR) weist, wie der Name bereits sagt, einen Schwingspiegel auf, der im Augenblick des Auslösens den Weg für das Licht auf den Bildsensor freigibt. Dieser kurze Augenblick reicht aus, das Bild zu belichten. Anders als bei digitalen Kompaktkameras dient der Monitor auf der Kamerarückseite nicht zum Anvisieren und zur Bildgestaltung, sondern nur zur Beurteilung des bereits belichteten Bildes. Die Dauer der automatischen Einblendung des belichteten Bildes kann in einem Untermenü eingestellt werden. Betrachtet wird das Motiv durch einen optischen Sucher, der sich entweder im Pentaprisma oder als Porro-Konzeption seitlich unter dem Gehäusedach befindet. Sucher von Spiegelreflexkameras sind, weil man durch das Objektiv schaut, immer parallaxenfrei und liefern ein klares, helles und brillantes Sucherbild. Dies begünstigt die Bildgestaltung, wenn man bei hellem Umgebungslicht fotografiert und deshalb auf einem Monitor wenig erkennen würde.

Als Alternative zu den üblichen digitalen Spiegelreflexkameras gibt es mittlerweile auch D-SLR-Modelle, deren Monitor ein Live-Bild anzeigen kann. Vorreiter dieser Technik sind Olympus und

Profikamera von Nikon (12,7 Megapixel) und Profigehäuse von Sealux

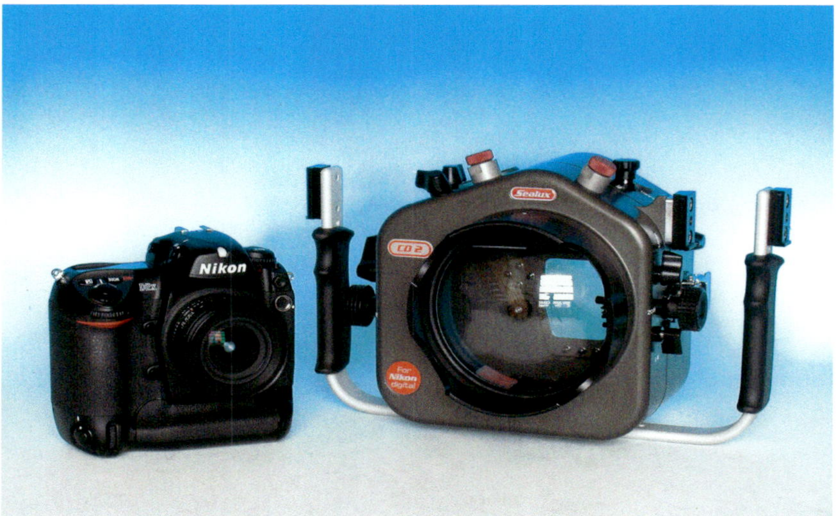

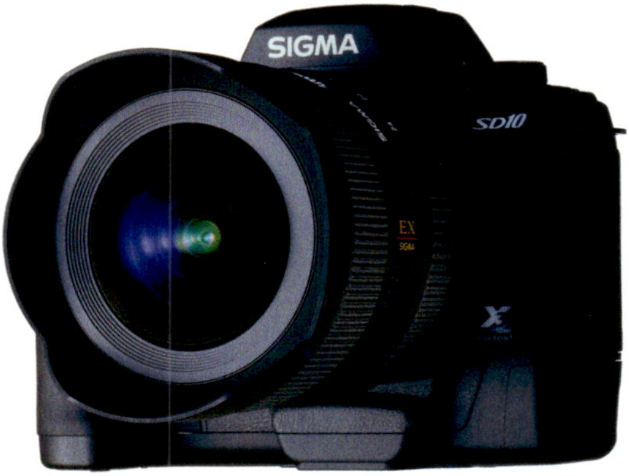

Solide und leistungsfähige D-SLR-Kamera von Sigma

Panasonic. Mit diesen Modellen ist es möglich, wahlweise durch den optischen Sucher zu schauen oder das Bild am Monitor zu gestalten. Interessant sind diese Kameras für Unterwasserfotografen, die in die SLR-Liga aufsteigen wollen, aber weiterhin in gewohnter Weise mit dem Monitorbild arbeiten wollen.
Der entscheidende Vorteil aller digitalen Spiegelreflexkameras gegenüber digitalen Kompaktkameras ist die Möglichkeit, das Objektiv zu wechseln. Dies eröffnet kreativen und ambitionierten Unterwasserfotografen viele Möglichkeiten, besondere Gestaltungsideen umzusetzen. Von der Makrooptik über diverse Zoom-

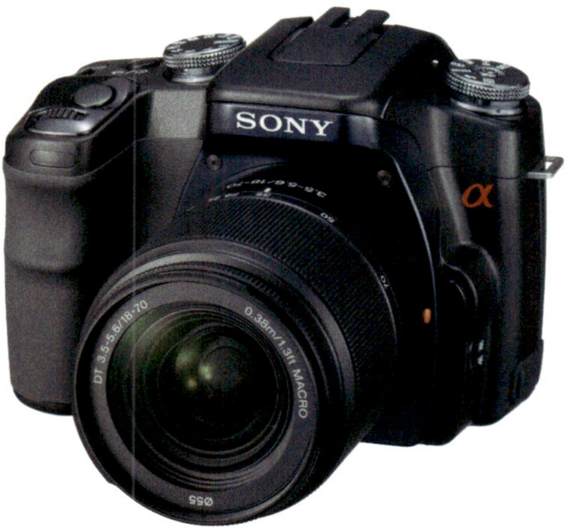

D-SLR-Kamera von Sony mit Super-Steady-Shot-Bildsensor

Consumer-SLR von Olympus (7,5 Megapixel) – für Urlaubsfotografen mehr als ausreichend

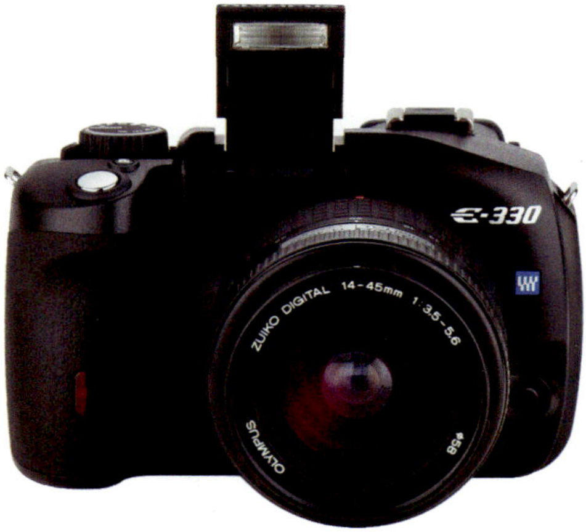

objektive bis zum Fisheye bieten praktisch alle angebotenen Modelle eine ungeheuere Bandbreite an unterschiedlichen Brennweiten, mit denen man nahezu jedes Motiv unter Wasser ablichten kann. Das größte Problem für ungeübte Unterwasserfotografen dürfte vermutlich die Wahl des passenden Objektives darstellen, mit dem sich die individuellen Vorstellungen über ein bestimmtes Motiv optimal realisieren lassen.
Vielfach machen sich Unterwasserfotografen völlig falsche Vorstellungen über digitale Spiegelreflexkameras und Objektive. Auch mit der besten D-SLR kann man nur dann wirklich gute Bilder machen, wenn man das Gerät beherrscht. Mit anderen Worten: Nicht die Kamera macht das Bild, sondern der Fotograf. Und bei jeder digitalen Spiegelreflexkamera, gleich von welchem Hersteller, gibt es drei Komponenten, die harmonieren müssen, damit ein gutes Bild entsteht. Es sind dies das Objektiv, die Blende und die Verschlusszeit. Unabhängig von jeglichem Schnickschnack, raffinierten Features und tollem Design benötigt jede Belichtung eine bestimmte Blende und eine dazu passende Verschlusszeit. Digitale Spiegelreflexkameras mit ihren vielen Eingriffsmöglichkeiten nehmen dem Anwender mittlerweile viel an Denkarbeit ab. Da aber unter Wasser andere Licht- und Sichtverhältnisse herrschen, kommt man auch heute und in Zukunft nicht umhin, sich mit den theoretischen Grundlagen zu beschäftigen, die Voraussetzung für die korrekte Belichtung einer Unterwasseraufnahme sind.

Die Blende

Unter dem Begriff »Blende« versteht man einen im Objektiv sitzenden mechanischen Lichtbegrenzer. Fast immer handelt es sich dabei um einen Lamellenfächer, dessen unterschiedliche Öffnungsdurchmesser durch bestimmte Blendenzahlen gekennzeichnet sind. Die Blendenzahlen, die sich voneinander durch den Faktor 1,4142135 (√ 2) unterscheiden, sind international genormt und ergeben folgende Reihe:

1; 1,4; 2; 2,8; 4; 5,6; 8; 11; 16; 22; 32; 45; 64; 90; 128

Die Blendenzahlen ergeben sich, wenn man die Brennweite durch den Durchmesser der Blendenöffnung teilt. Bei Blende 8 beträgt beispielsweise der effektive Durchmesser der Blendenöffnung ein Achtel der Brennweite. Bei einem Objektiv mit digitaler Brennweite von 40 mm wären das exakt 5 mm. Je größer also die Blendenzahl, desto kleiner die Blendenöffnung. Ab Blende 16 spricht man optisch von kleinen Blenden. 5,6 bis 11 sind mittlere Blenden. Große Blenden sind 2, 2,8 oder 4. Die größte Blende eines Objektives beschreibt auch gleichzeitig die Lichtstärke der Optik. Wenn Sie auf einem Objektiv die Bezeichnung 1:2,8 lesen,

Tipp

Große Lichtstärken ergeben bei digitalen Spiegelreflexkameras Vorteile hinsichtlich eines helleren Sucherbildes und einer schnelleren und effizienteren automatischen Scharfstellung.

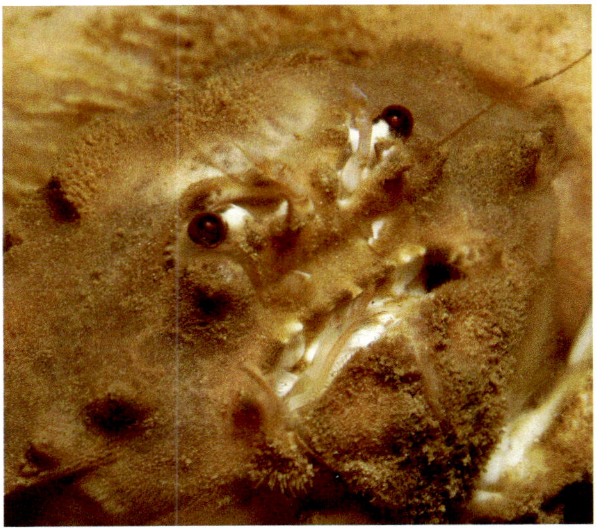

»Gesicht« eines Taschenkrebses. Bei derartigen Motiven ist die Blende eines der wichtigsten Gestaltungsmittel.

Merke

1. Durch die Blendenöffnung fällt das Licht (Sonne, Scheinwerfer- oder Blitzlicht) auf den Bildsensor. Die Größe der Blendenöffnung steht in Zusammenhang mit der Belichtungszeit.

2. Wenn man die Blende von 11 auf 16 schließt, fällt bei gleicher Verschlusszeit nur noch halb so viel Licht auf den Sensor. Öffnet man die Blende von 11 auf 8, fällt doppelt so viel Licht auf den Sensor.

3. Gleiche Blenden lassen auch bei verschiedenen Brennweiten immer gleiche Lichtmengen auf den Sensor fallen, obwohl sich die Blendenöffnungen im Durchmesser unterscheiden. Man spricht hier von relativen Blenden.

4. Die Blende hat für kreative Unterwasserfotografen nicht nur die Aufgabe, die Lichtmenge, die durch das Objektiv fällt, zu regulieren; sie ist auch ein wichtiges Einstellmittel, um bestimmte Bildresultate zu erzielen, insbesondere bei der Bildgestaltung mit selektiven Schärfen.

dann hat das Objektiv eine größte Blende von 2,8. Sehr lichtstarke Objektive weisen Lichtstärken von 1,4 oder 2,0 auf. Die Vorteile eines lichtstarken Objektives liegen vor allem im hellen Sucherbild, auch der Autofokus kann schneller arbeiten. Nachteilig sind das größere Gewicht und der höhere Preis.
Normalerweise enden die Blendenzahlen in der Praxis bei 22 oder 32, nur Spezialobjektive sind mit noch kleineren Blenden ausgestattet. Abhängig ist das aber von der Größe des Bildsensors. Kleine Bildsensoren, beispielsweise »Four-Thirds-Systeme«, in digitalen Spiegelreflexkameras und die daraus resultierenden kurzen Brennweiten machen es aus physikalischen Gründen erforderlich, die Blendenwerte in diesen Geräten auf den Wert 22 zu begrenzen. Der Grund dafür ist die Lichtbeugung an den kleinen Blendenöffnungen, die zu allgemeinen Unschärfen auf dem Bild führt, wenn die Öffnungsdurchmesser immer kleiner werden.
Hochwertige Blendenmechaniken weisen sieben oder neun Lamellen, manchmal sogar noch mehr. Digitale Spiegelreflexkameras können auch mit Zwischenwerten wie halben oder Drittelblenden belichten.

Estuariensteinfisch. Die Blende darf immer nur so weit geschlossen werden, dass eine korrekte Blitzbelichtung noch möglich ist.

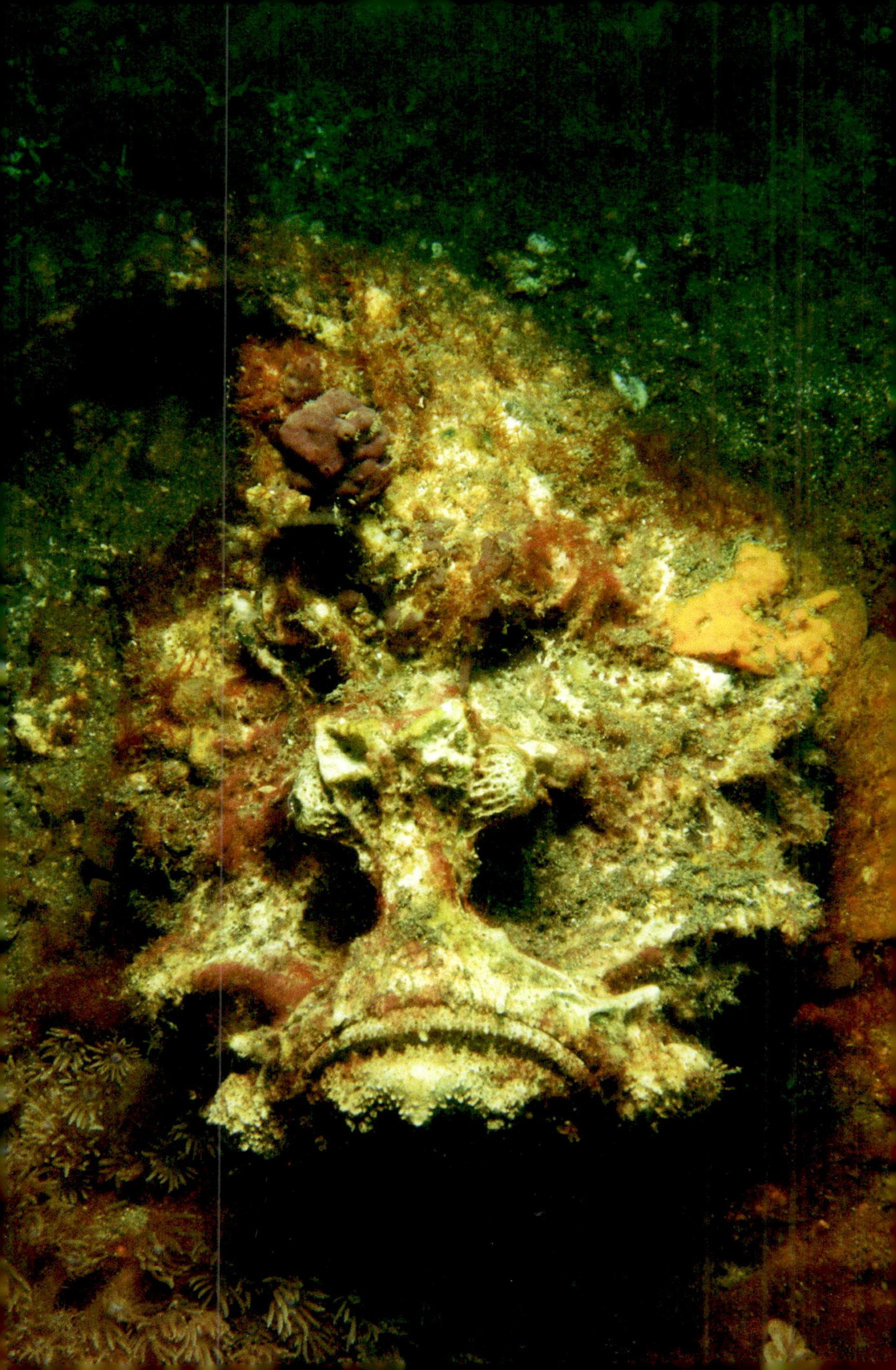

Verschlusszeit

Um die Dauer des Lichteinfalls auf den Sensor zu regulieren, besitzen alle digitalen Spiegelreflexkameras festgelegte Verschlusszeiten. Die Regulierung der Belichtungszeit erfolgt durch eine Mechanik, die üblicherweise als Schlitzverschluss bezeichnet wird. Die Verschlusszeiten sind wie die Blenden international genormt und gehorchen denselben Belichtungsgesetzen. Eine Verkürzung der Verschlusszeit um einen vollen Wert entspricht einer Halbierung der Lichtmenge, die auf den Sensor fällt. Wird die Verschlusszeit hingegen um einen Wert verlängert, verdoppelt sich die Lichtmenge auf dem Bildsensor. Für die korrekte Belichtung einer Aufnahme muss einer bestimmten Blende auch eine definierte Verschlusszeit zugeordnet werden. Die internationalen Verschlusszeiten lauten für einen vollen Blendensprung in Sekunden:

B, 64; 32; 16; 8; 4; 2; 1; 1/2; 1/4; 1/8; 1/15; 1/30; 1/60; 1/125; 1/250; 1/500; 1/1000; 1/2000; 1/4000; 1/8000; 1/16000

Döbel sind nicht nur scheu, sondern auch flink. Meistens kann man sie nur mit schneller Verschlusszeit fotografieren.

Beispiel: Stellt der eingebaute Belichtungsmesser bei einem bestimmten Motiv eine korrekte Belichtungseinstellung von Blende 5,6 und 1/125 s fest, dann muss man die Blende auf den Wert 8 schließen, wenn die Verschlusszeit auf 1/60 s verlängert wird. Verkürzt man hingegen die Verschlusszeit auf 1/250 s, muss

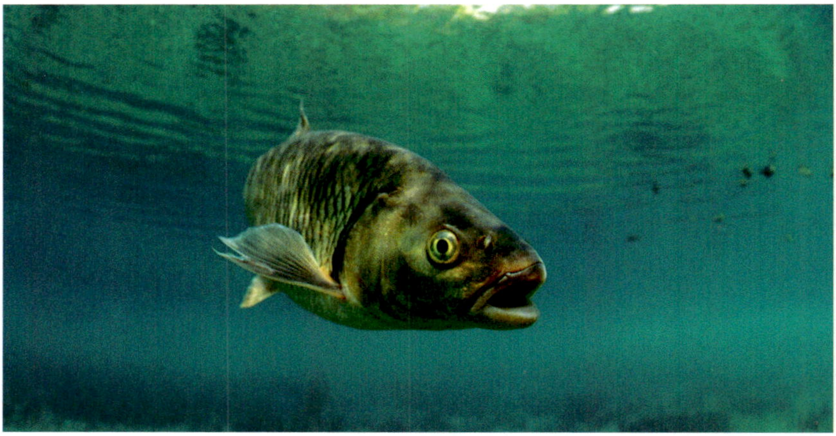

Merke

1. Wenn unter Wasser ohne Blitz fotografiert wird, ist die Verschlusszeit ein primärer Faktor. Sie muss immer so schnell sein, dass keine Verwackelungsunschärfen entstehen.

2. Extrem schnelle Verschlusszeiten werden in der Unterwasserfotografie nur selten benötigt. Eine schnellste Verschlusszeit von ca. $^1/_{4000}$ s reicht völlig aus.

3. Die Zeitautomatik steuert die Verschlusszeit unter Berücksichtigung der Blende. Wenn die Verschlusszeit für eine korrekte Belichtung zu schnell oder zu langsam ist, blinkt auf dem Kameradisplay und in der Sucheranzeige eine Warnmeldung.

man die Blende im Gegenzug auf den Wert 4,5 öffnen, um wieder auf eine korrekte Lichtmenge zu kommen.
Der Buchstabe B (Bulb) steht für den offenen Verschluss. Solange B gedrückt wird, bleibt der Verschluss offen und das Umgebungslicht fällt durch das Objektiv auf den Bildsensor. Diese Funktion wird normalerweise unter Wasser nicht benötigt, da zum Fotografieren mit Langzeitbelichtung ein Stativ erforderlich ist. Digitale Spiegelreflexkameras können selbstverständlich auch Zwischenwerte wie $^1/_{300}$ s oder $^1/_{75}$ s belichten. Programme wie Zeit- oder Programmautomatik steuern das vollautomatisch.

Um diesen schnell schwimmenden Weißen Hai scharf auf den Sensor zu bannen, wurde eine Verschlusszeit von $^1/_{200}$ s gewählt.

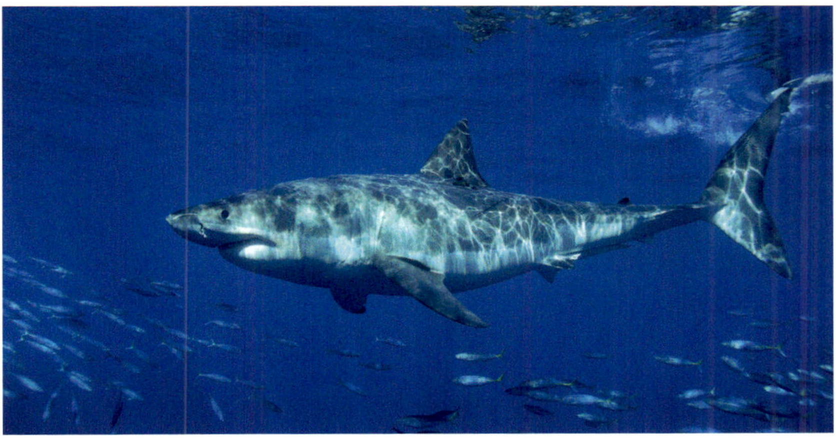

Synchronisation

Um die Lichtleistung des Blitzlichts auch vollständig auf den Bildsensor zu bringen, muss eine bestimmte Synchronisations- bzw. Synchronzeit eingehalten werden. Synchronisationszeiten sind also Verschlusszeiten, bei denen der Blitz uneingeschränkt verwendet werden kann. Normalerweise synchronisieren digitale Spiegelreflexkameras im manuellen Modus den Blitz zwischen 30 s und $^1/_{250}$ s. Überlässt man die Synchronzeit der Belichtungsautomatik, liegen die verwertbaren Synchronzeiten je nach Kameramodell zwischen $^1/_{25}$ s und $^1/_{250}$ s. Grund dieser Beschränkungen ist die Verwackelungsgefahr, wenn die Verschlusszeiten länger werden. Sehr lange Verschlusszeiten von beispielsweise $^1/_{15}$ s und noch länger benötigt man im Prinzip nur bei Mischlichtaufnahmen in großen Tiefen. Um damit absolut scharfe Bilder zu erhalten, ist normalerweise eine Bildstabilisierungsfunktion im Objektiv oder am Bildsensor erforderlich.

Synchronzeiten können variieren. Im Nahbereich blitzt man üblicherweise mit $^1/_{60}$ s.

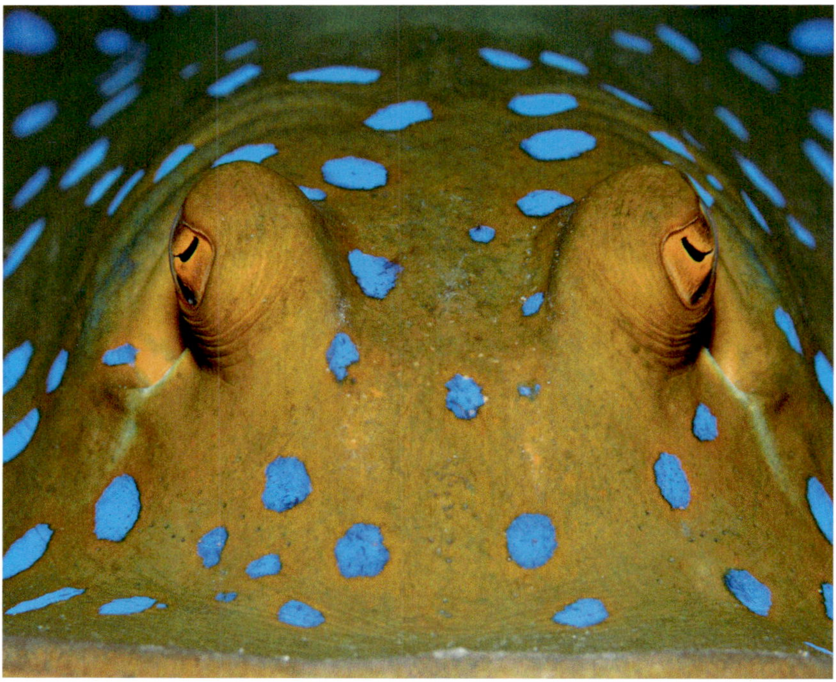

Was aber passiert, wenn man versehentlich eine extrem schnelle Verschlusszeit manuell eingestellt hat? Würde man beispielsweise mit einer schnelleren Verschlusszeit als der kürzesten Synchronzeit blitzen, käme es zu einer ungleichen Lichtverteilung bis hin zu seitlichen Abdunkelungen, weil der schnelle Verschluss das Blitzlicht abschneiden würde. Zum Glück stellen sich, um solche Pannen zu verhindern, alle digitalen Spiegelreflexkameras beim Aktivieren eines mit dem Kamerasystem kommunizierenden Blitzgerätes auf eine passende bzw. dem Umgebungslicht angepasste Synchronzeit ein, die sich bei anspruchsvolleren Modellen sogar an den Lichtverhältnissen orientiert. Bei Bedarf gibt die Kamera dann auch eine längere oder kürzere Synchronzeit vor. Neben den offiziellen Synchronzeiten verfügen manche digitalen Spiegelreflexkameras noch über die Option »Highspeed-Blitzen«. Man versteht darunter Blitzen mit Verschlusszeiten bis $^1/_{4000}$ s oder noch kürzer. Allerdings sind das keine echten Synchronzeiten. Beim Highspeed-Blitzen gibt das Blitzgerät viele Kurzblitze dicht hintereinander ab, so dass es aussieht, als ob ein einziger langer Blitz gezündet worden wäre. Im Prinzip wird das Bild dann wie mit einer starken Lampe belichtet. Da die Highspeed-Blitze nur über eine geringe UW-Leitzahl verfügen, ist diese Blitzoption unter Wasser nur beschränkt einsetzbar.

Tipp

Die Funktion und das Zusammenwirken von Blende und Verschluss sollte jedem Fotografen klar sein, weil das die fundamentalen Parameter für eine korrekte Belichtung sind. Dies gilt für Aufnahmen mit oder ohne Blitz.

Merke

1. Wird mit digitalen Spiegelreflexkameras und dem System nicht angepassten amphibischen Blitzgeräten belichtet, muss das Modusrad auf M gestellt und die Verschlusszeit unterhalb der schnellsten Synchronzeit gewählt werden. Es könnte sonst zu Blitzlichtbeschneidungen durch den Schlitzverschluss kommen. Als praktikabel haben sich Verschlusszeiten zwischen $^1/_{30}$ s und $^1/_{90}$ s erweisen.

2. Blitzlicht friert in gewissem Maße die Motivbewegungen ein, dennoch ist es sinnvoll, bei einer Synchronzeit von etwa $^1/_{60}$ s zu bleiben, insbesondere in den oberen Wasserschichten, wenn Wellenbewegungen sowohl die Gerätschaft als auch den Körper zum Dümpeln bringt.

3. Belichtung wird definiert als Lichtmenge pro Zeiteinheit. Es steht Ihnen in gewissen Grenzen weitgehend frei, diese Lichtmenge über die Verschlusszeit oder über die Blende zu regeln. Grenzen setzen die kürzeste Synchronzeit und die Verschlusszeit, bei der die Verwackelung beginnt. Ebenso die größte und die kleinste Blende.

Autofokus

Autofokus (abgekürzt AF) heißt »automatische Scharfstellung«. Alle digitalen Spiegelreflexkameras verfügen ohne Ausnahme über dieses Ausstattungsmerkmal.
Grundsätzlich arbeitet der AF in einer D-SLR nach dem Prinzip der Phasenerkennung bzw. der Kontrastmessung. Diese Technik beruht auf der Tatsache, dass das Bildelement mit dem größten Kontrast auch immer das schärfste ist. Nur dieses Verfahren ist auch unterwassertauglich.
Manche digitalen Spiegelreflexkameras sind zusätzlich noch mit anderen AF-Messverfahren ausgestattet, die in besonderen Situationen, beispielsweise beim Scharfstellen auf monochrome Flächen oder bei wenig Umgebungslicht, in Aktion treten. Solche AF-Systeme funktionieren nur an der Luft. Denn wenn der Autofokus einer Kamera auf dem Prinzip von Ultraschall oder Infrarot basiert, kann er unter Wasser nicht verwendet werden. Nicht nur, dass ein solcher Autofokus die scheinbare Entfernung von der geometrisch richtigen nicht unterscheiden kann, es käme auch zu Fehlinterpretationen der Automatik an großen Trübstoffpartikeln und möglicherweise auch am Frontglas selbst. Infrarotlicht wird zudem unterhalb von 1 m Wassertiefe durch die Extinktion ausgelöscht. Über die Technik des phasenerkennenden Autofokus muss sich der Fotograf keine Gedanken machen. Was er verstanden haben sollte, ist aber die Funktionsweise der automatischen Scharfeinstellung.
Im optischen Sucher der Kamera entdeckt man je nach Modell horizontale (waagerechte) und vertikale (senkrechte) Striche bzw. Balken. Das sind die AF-Sensoren. Erfassen diese ein Objekt, wird ein solches durch leichten Druck auf den Auslöser scharf gestellt.

> **Tipp**
>
> Typisch für misslungene AF-Bilder sind abgeschnittene Motive – Beine beim Taucher, Schwanzflossen beim Fisch etc. Dafür gibt es eine recht einfache Erklärung: Das Sucherzentrum wird meistens zum Scharfstellen auf das Auge oder den Kopf eines Fisches bzw. auf den Kopf des Tauchers gehalten. Dabei vergisst man in der Eile oder Nervosität, dass auch noch ein Körper dazugehört.

Es ist wichtig, auf welchen Bereich im Sucherbild man die Sensoren richtet, denn der AF stellt auf jenen Teil des Motivs scharf, den die AF-Sensoren erfassen.

Am besten funktionieren digitale Spiegelreflexkameras, wenn sie im Zentrum einen Kreuzsensor aufweisen, weil dann sowohl horizontale als auch vertikale Strukturen erkannt werden. Manche Modelle zeigen H-förmige Sensor-Anordnungen oder X-för-

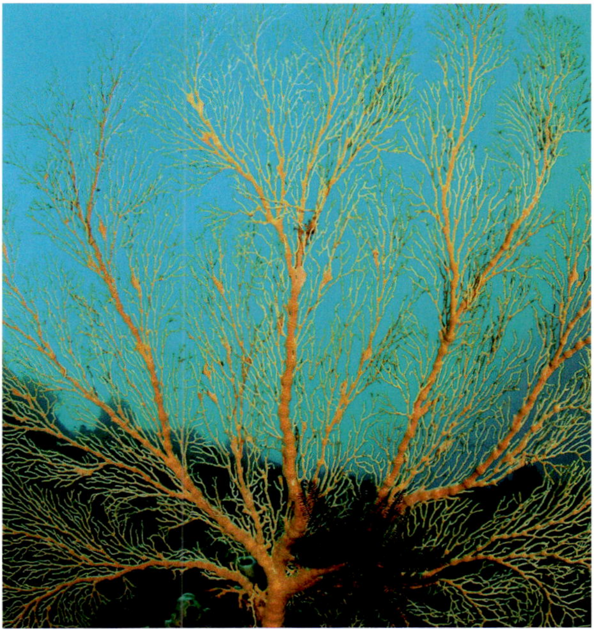

Statisches Motiv, kann mit Schärfepriorität abgelichtet werden

mige AF-Balken im Zentrum. Üblicherweise besitzten D-SLRs immer mehrere AF-Sensoren. Man sollte dann alle bis auf einen oder zwei im Zentrum abschalten. Sonst kann es geschehen, dass ein seitlicher positionierter Sensor auf ein Objekt scharf stellt, das man gar nicht als Motiv haben wollte. Hinzu kommt, dass die Rechenvorgänge in der D-SLR länger dauern, wenn alle AF-Sensoren aktiviert sind.

Die von der Automatik eingestellte Schärfe kann man (abhängig vom Kameramodell) entweder durch leichtes Drücken des Auslöseknopfes oder durch Betätigen einer separaten AF-Lock-Taste speichern. Mit der gespeicherten Schärfe schwenkt man die Kamera und gestaltet die Aufnahme so, dass alle bildwichtigen Teile vom Sucher erfasst werden. Diese Verfahrensweise erfordert etwas Übung – insbesondere, wenn die Kamera in einem Unterwassergehäuse steckt. Das Handling der Bildspeicherung ist zwar nicht ganz einfach – insbesondere mit dicken Handschuhen im Süßwasser – und erfordert etwas Gefühl und Übung, ist aber auch von Urlaubsfotografen zu erlernen.

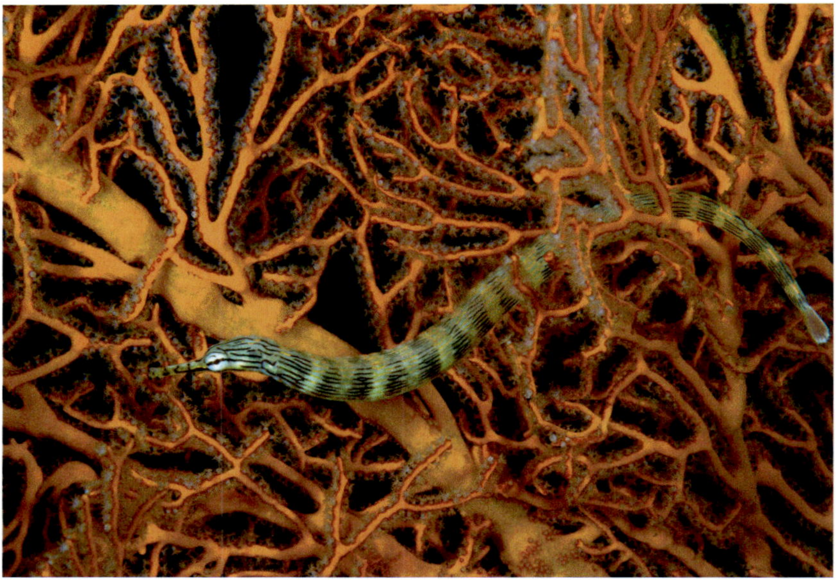

Tipp

Der Autofokus arbeitet am schnellsten mit neuen Batterien, in warmem Wasser, mit einem lichtstarken Objektiv und einer Optik mit kurzer Brennweite. Die Scharfeinstellung verlangsamt sich spürbar bei Objektiven mit langer Brennweite, ebenso wenn Telekonverter verwendet werden und dadurch die Lichtstärke des Linsensystems abnimmt.

Single-AF

Man nennt diesen AF-Modus »Einzelautofokus« oder »Autofokus mit Schärfepriorität«. Er ist in jeder D-SLR Standard. An fast allen Modellen kann man ihn separat vorwählen. Theoretisch sollte man mit dem Single-AF die Kamera nur auslösen können, wenn das Bild von der Elektronik als scharf erkannt worden ist. In der Praxis sieht es etwas anders aus. Digitale Spiegelreflexkameras lassen sich – zumindest unter Wasser – im Einzellfall durchaus mit Bildunschärfen auslösen. In der Konsumklasse gibt es sogar Modelle, mit denen man bei mobilen Objekten in diesem Modus ganze Serien mit leichten Unschärfen produzieren kann, ohne dass man es merkt. Denn der Monitor auf der Kamerarückseite ist viel zu klein, als dass man darauf solche Fehler erkennen könnte. Feststellen kann man diese Unschärfen leider nur am PC, und dann ist es für eine Wiederholung der Aufnahme meistens zu spät.

Digitale Spiegelreflexkameras mit fortschrittlicher Autofokus-Technik verfügen deshalb über einen Prädiktionsautofokus. Dieser erkennt, ob sich ein Objekt auf die Kamera zu bewegt oder sich von ihr entfernt. Er erkennt auch, ob es sich auf einer Kreis-

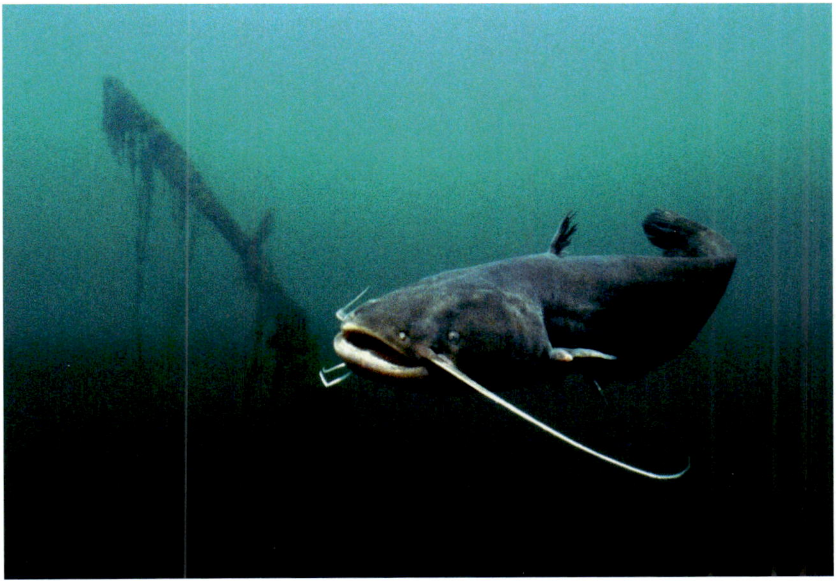

bahn zum Bildsensor befindet. Teilweise können sogar Objektbeschleunigungen und Verzögerungen erkannt werden. Der Kameracomputer errechnet meistens sehr zuverlässig, in welcher Entfernung zum Bildsensor sich das mobile Objekt nach dem Auslösen befindet, und führt die Schärfe beim Einstellvorgang entsprechend nach. Eine D-SLR mit Prädiktions-AF erhöht deshalb die Quote an perfekt scharfen Bildern erheblich. Wenn die D-SLR einen CSM- oder SACM-Schalter besitzt, muss dieser für das Fotografieren mit dem Single-AF auf »S« gestellt werden.

Wenn das Motiv nicht zu schnell schwimmt, kann man mit dem Single-AF fotografieren (oben und linke Seite).

Continous-AF

Übersetzen kann man diesen Begriff mit »kontinuierlicher Autofokus«. Gemeint ist die automatische Scharfstellung mit Auslösepriorität. In diesem Modus sucht der AF kontinuierlich einen Schärfepunkt, solange der Auslöser gedrückt wird. Auslösepriorität heißt, dass man die Kamera beliebig auslösen kann, auch wenn das Bild total unscharf sein sollte.

Dieser Modus wird normalerweise gewählt, wenn schwimmende bzw. sich schnell bewegende Objekte anvisiert werden. Da man die D-SLR jederzeit auslösen kann, produziert man logischerwei-

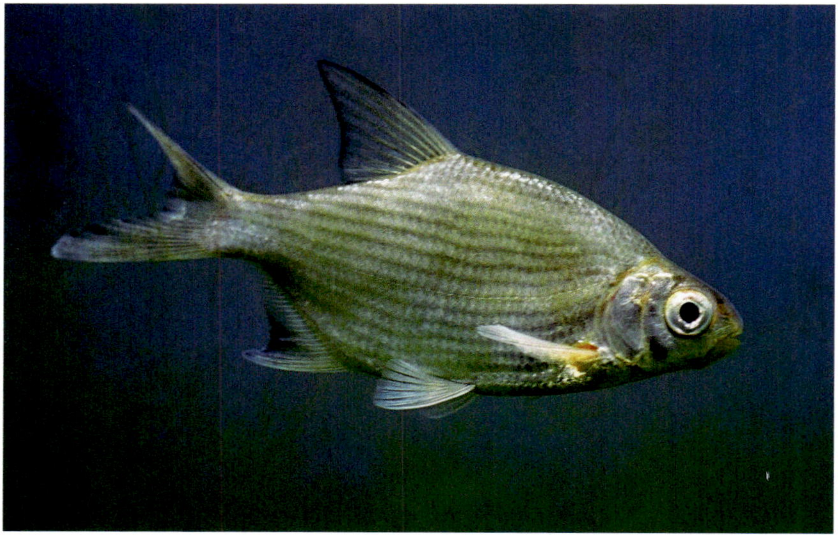

Wenn Fische auf Kreisbahnen schwimmen oder sich mit gleichmäßiger Geschwindigkeit auf die Kamera zubewegen, ist ein Autofokus mit Prädiktionsmodus erfoprderlich.

se viele unscharfe Bilder, mitunter aber auch sensationelle Aufnahmen. Wenn aber die digitale Spiegelreflexkamera mit einer ihrer Auflösung und Bildqualität entsprechend großen Speicherkarte (mindestens 1 bis 2 GB) ausgestattet ist, verfügt man über genügend Bildspeicherplatz, um großzügig mit Schnappschüssen experimentieren zu können.

Auch im Continous-AF-Modus kann die D-SLR automatisch Motivverfolgungen aufnehmen und Richtungsänderungen der Objekte erkennen. Und man kann sogar die Schärfe speichern – allerdings nicht über den Kameraauslöser, denn damit aktiviert man den kontinuierlichen Autofokus – sondern über eine separate AF-Lock-Taste. Über diese Ausstattung verfügen aber nicht alle D-SLR, ebenso wenig über den CSM- bzw. SACM-Schalter, an dem man die verschiedenen AF-Mobilitätsarten einstellen kann. Der Continous-AF wird dort mit »C« bezeichnet.

Während der Single-AF in jeder D-SLR vorhanden ist, kann der Continous-AF nicht bei allen Modellen vorgewählt werden. Manchmal ist er konzeptionellen Überlegungen zum Opfer gefallen oder nur in bestimmten Motivprogrammen (beispielsweise »Sport bzw. Kinder«) vorhanden. Unter Wasser kann man diese Motivprogramme nicht immer sinnvoll einsetzen, weil sie normalerweise keine kreativen Eingriffe im Hinblick auf ein externes Blitzgerät gestatten. Mit anderen Worten: Blitzlicht kann nur verwendet werden, wenn das Motivprogramm dafür eingerichtet ist. Und auch die freie Blendenvorwahl kann in diesen Fällen nicht immer genutzt werden.

Manuelle Scharfeinstellung

Nur noch wenige Unterwasserfotografen ziehen es vor, ihre Bilder von Hand scharf zu stellen. Meistens handelt es sich dabei um Makrospezialisten, die winzige Motive im extremen Nahbereich – z. B. Abbildungsmaßstab 2:1 – ablichten wollen. In diesen Dimensionen tut sich der Autofokus schwer, weil der Kontrast durch die exorbitante Vergrößerung zurückgeht und die Automatik bei nachlassender Lichtstärke (Makroobjektiv + Telekonverter) keinen eindeutigen Schärfepunkt mehr findet.
Damit die Schärfe überhaupt manuell eingestellt werden kann, muss das AF-System abgeschaltet werden. Das macht man entweder mit einem Schalter, der mit CSM bzw. SACM gekennzeichnet ist – hier auf M stellen –, oder am Objektiv (z. B. bei Canon).

Tipp

Wenn Sie mit Ihrer D-SRL nachts oder in Höhlen fotografieren wollen, müssen Sie eine Einstelllampe mitnehmen. Bei zu schwachem Licht stellt der AF seine Funktion ein. Ein an der Kamera installiertes AF-Hilfslicht bewirkt durch die transparente Festkörperhülle eines Unterwassergehäuses nur wenig. Manchmal funktioniert die luminante AF-Unterstützung, wenn der Portdurchmesser so groß ist, dass neben dem Objektiv auch das AF-Hilfslicht noch genügend Platz hat, um nach draußen zu dringen. Zu AF-Störungen kommt es auch in sehr trübem Wasser.

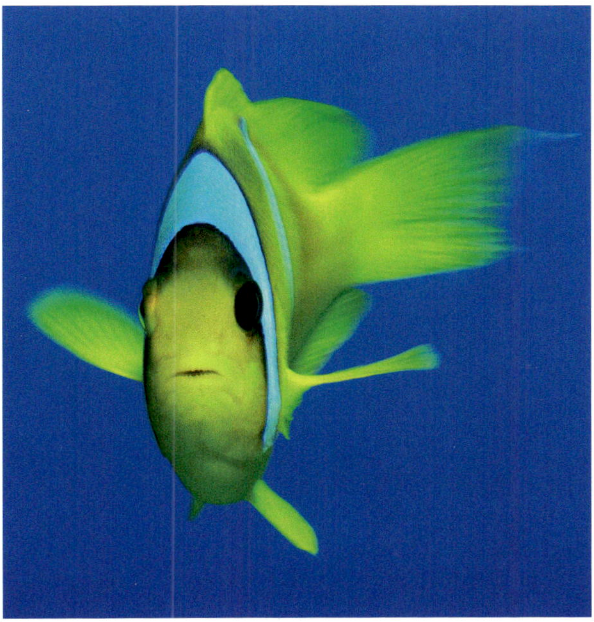

Für flinke und unorthodox schwimmende Fische eignet sich die Auslösung mit Auslösepriorität.

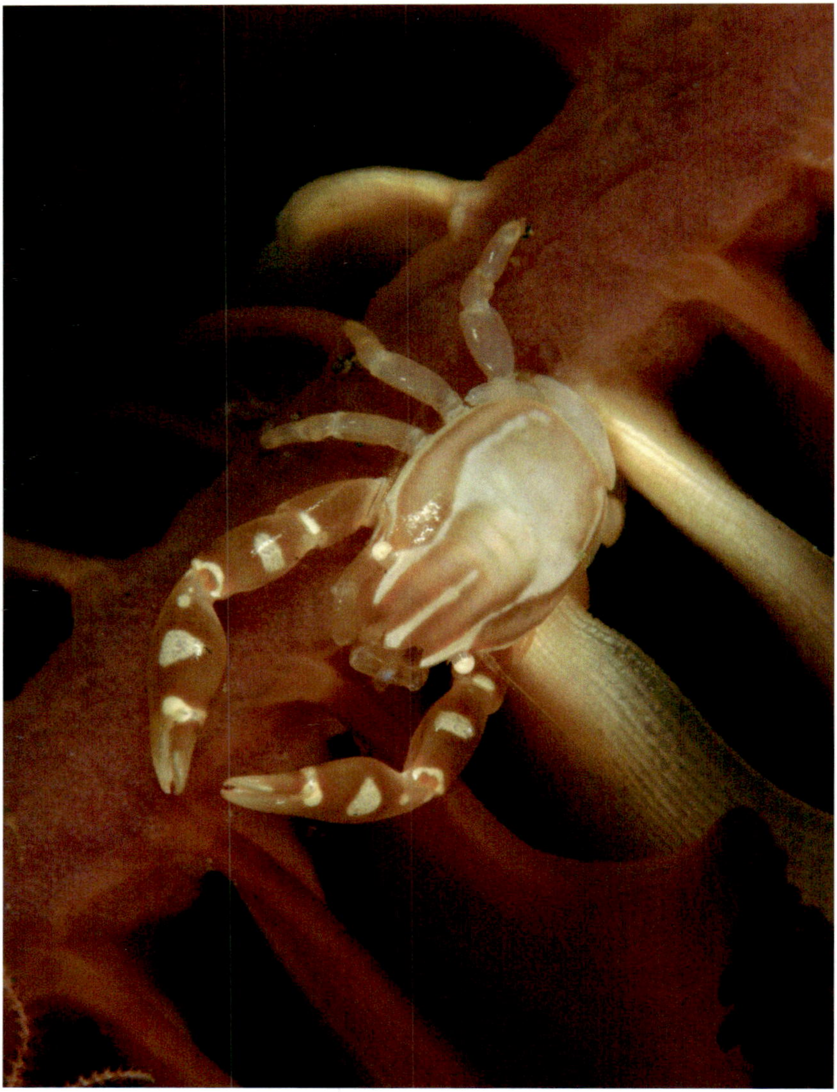

Manche Kameramodelle weisen hierfür auch einen Knopf oder Hebel am Body auf. Diese Einstellung sollte man am besten vor dem Einbau der Kamera ins Unterwassergehäuse vornehmen, da

Merke

1. Der Autofokus kann in einer digitalen Spiegelreflexkamera als S-AF in Schärfepriorität oder als C-AF in Auslösepriorität arbeiten. Auslösepriorität wird vorzugsweise bei schnell schwimmenden Fischen eingesetzt.

2. Ein auf der Kontrastmessung basierender Autofokus hat immer Probleme, wenn er auf monochrome Flächen scharf stellen soll. Hier kommt es dann zu nervigen Fehlfahrten. Auf einfarbigen und silbrig schimmernden Fischen pendelt der AF häufig hin und her. Man muss dann mit dem AF-Sensor auf eine Kante am Rücken, eine Flosse oder am besten auf ein Auge zielen.

3. Bei manchen D-SLRs kann der Autofokus erkennen, ob sich ein Fisch von der Kamera wegbewegt, auf einer Kreisbahn schwimmt oder sich dem Fotografen nähert. Mit dem Prädiktionsautofokus, einer Funktion, die berechnet, in welcher Entfernung sich der Fisch nach dem Auslösen befindet, können schwimmende Objekte recht gut erfasst werden. Für Fische, die aus kurzer Entfernung (weniger als 50 cm) schnell auf die Kamera zuschwimmen, ist der AF selbst aber in einer teuren D-SLR immer noch eindeutig zu langsam.

4. Der Grenzwert für die Lichtstärke des Linsensystems bei AF-Unterwasserfotografie liegt bei 1:5,6. Das entspricht der Addition eines Makroobjektives mit Lichtstärke 1:2,8 plus einem 2-fach-Telekonverter. Durch die reduzierte Lichtstärke wird der AF langsamer und verliert an Treffsicherheit.

5. Manuelle Scharfeinstellung ist allenfalls mit Makroobjektiven in Verbindung mit Telekonvertern sinnvoll. Mit Superweitwinkel-und Fisheyeobjektiven stellt man wegen der schwach ausgeprägten Schärfenebenen generell über den AF scharf.

selbst perfekt funktionierende Übertragungen unter besonderen Umständen versagen können, sei es, weil die D-SLR nicht hundertprozentig zentriert im Unterwassergehäuse sitzt oder weil sich eine Durchführung gelockert hat. Komplexe M-Umschaltungen werden von den Unterwassergehäuseherstellern deshalb nicht immer berücksichtigt. Zusätzlich muss das Makroobjektiv mit einem Zahnrad bestückt werden, dessen Eingriff nach außen zu übertragen ist – im Prinzip durchaus machbar, aber ein umständlicher Ablauf, der sich für Urlaubsfotografen wohl eher nicht lohnt.

Beim Fotografieren von sehr kleinen Objekten, großem Abbildungsmaßstab und schlechtem Umgebungslicht kommt der AF an seine Grenzen (linke Seite).

Bildsensoren

Auf dem Bildsensor wird das von den Pixeln (Fotodioden, die Licht in Strom umwandeln) erfasste optische Signal elektronisch zu einem Bild umgeformt. Man spricht deshalb auch von einem Bildwandler. Aus Kostengründen sind in digitalen Spiegelreflexkameras die Bildsensoren von wenigen Ausnahmen abgesehen kleiner als das vertraute Kleinbildformat (34 x 36 mm). Überwiegend werden Bildsensoren vom Typ CCD verwendet. Immer mehr setzt sich aber auch der CMOS-Typ durch, weil er preiswerter zu fertigen ist und weniger Strom verbraucht. Bildsensoren der vorstehend genannten Technologie zeichnen 25% Rottöne (R), 25% Blautöne (B) und 50% Grüntöne (G) auf. Bestückt sind sie mit Filtern, die jeweils nur für eine dieser Wellenlängen sensibilisiert sind. Andere Farbinformationen können daher an diesen Stellen nicht genutzt werden. Sie werden deshalb mittels Interpolation hinzugerechnet.
In digitalen Spiegelreflexkameras für Hobbyfotografen weisen die Bildsensoren Auflösungskapazitäten zwischen sechs und zehn Megapixel auf. Für die meisten Anwendungen ist das mehr als ausreichend. Höherwertigere Geräte erreichen auch schon mal Pixelzahlen, die zwölf Millionen oder mehr betragen. Mehr Pixel auf dem Bildsensor bedeutet in der Regel eine höhere Auflösung, aber auch höhere Anschaffungskosten beim Kauf der Kamera.

Viele Hobbyfotografen bewerten die Leistungsfähigkeit eines Modells ausschließlich nach der Zahl der Pixel. Nachteil der Pixelmanie: Wenn ein Nachfolgemodell mit mehr Pixeln auf den Markt kommt, muss der Body neu gekauft werden. Ein Update des Sensors ist von den Herstellern nicht vorgesehen, weil sich dabei immer auch der Datenfluss und die Software ändern.

Nicht die Pixelzahl als solche ist entscheidend für die Auflösungsqualität, sondern ebenso Pixelgröße und Pixelabstand. Dies spricht für die Verwendung von Vollformatsensoren.

Bildsensoren in digitalen Kameras arbeiten nicht störungsfrei. Die Empfindlichkeit der unter Strom stehenden Pixel ist nicht ganz gleichmäßig – ein Hardwareproblem, das von den Kameraherstellern auf unterschiedliche Art und Weise korrigiert wird. Wenig bekannt ist, dass bei den Pixelstörungen auch die Temperatur eine nicht unerhebliche Rolle spielt. Wenn der Sensor warm

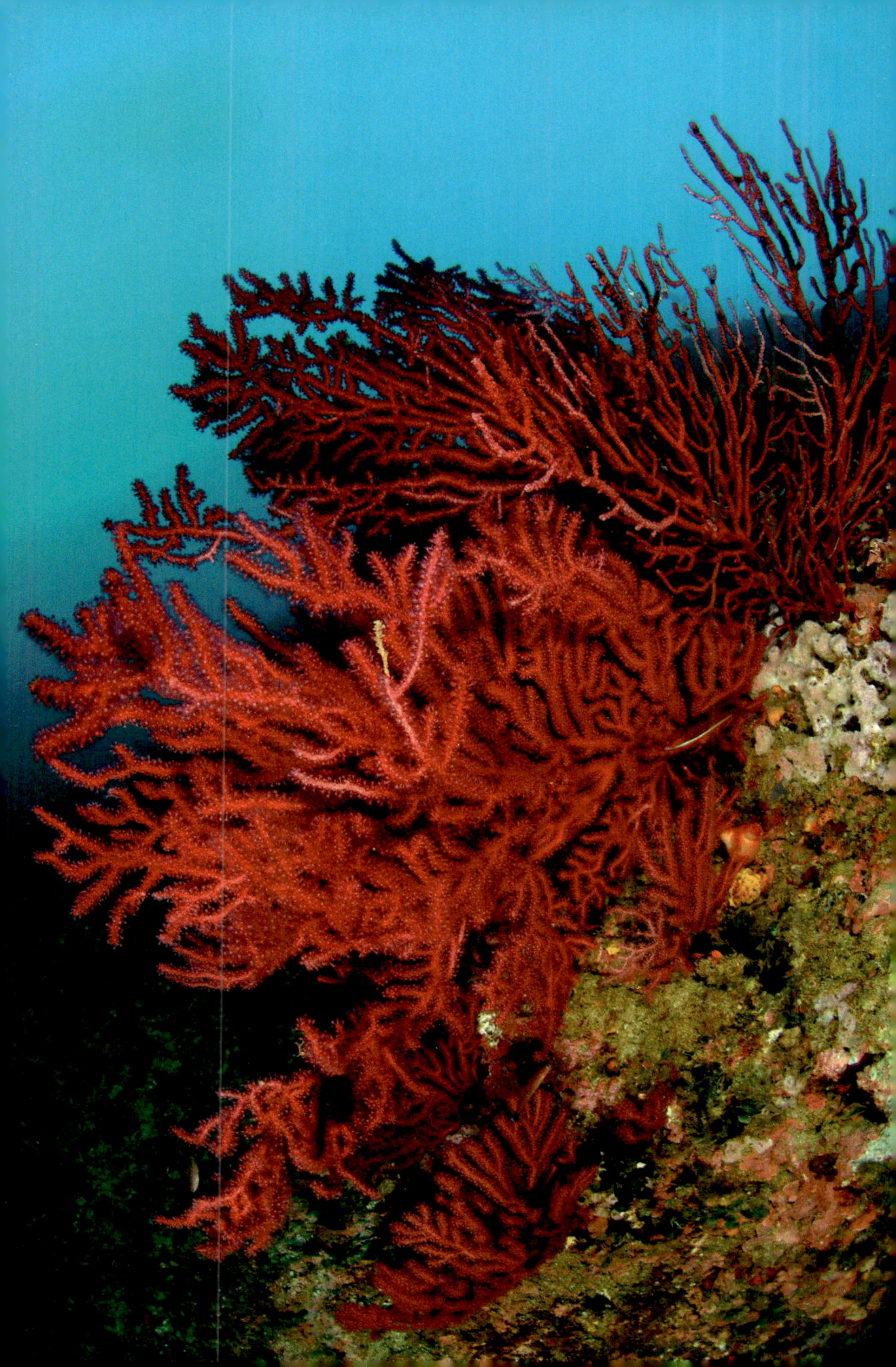

wird, kommt es zu Ladungssignalen, die nicht durch einen proportionalen Lichteinfall entstehen, sondern willkürlich durch Temperatureinflüsse. Ebenso spielt die Dauer der Belichtungszeit eine Rolle.

Kühles Wasser und kurze Verschlusszeiten verhindern bzw. unterdrücken Pixelstörungen. Allerdings kann der Datentransfer etwas dauern, weil eine unterkühlte D-SLR langsamer arbeitet als eine handwarme.

Vollformatsensoren

Bildsensoren von der Größe des Kleinbildformates (24 x 36 mm) bezeichnet man als Vollformatsensoren oder vollformatige Bildsensoren. Wegen ihres hohen Preises werden sie zur Zeit nur in Profikameras verwendet, und auch da nur in wenigen Modellen. An digitalen Vollformat-Spiegelreflexkameras können normale Kleinbildobjektive ohne Einschränkung von Brennweite und Bildwinkel verwendet werden. Die Objektivpalette ist enorm groß und reicht vom Tele-Makro bis zum 180° diametral abzeichnenden Zirkular-Fisheye.
Weil Bildsensoren anders als Filme auf telezentrische Lichtstrahlen angewiesen sind, können nicht alle Kleinbildobjektive mit optimalen Ergebnissen eingesetzt werden, wenn eine maximale Bildqualität angestrebt wird. Bei manchen Superweitwinkeloptiken kann es unter Umständen in den Randbereichen zu leichten Unschärfen, Abdunkelungen, Farbveränderungen und Kontrastverflachungen kommen. Holen Sie im Bedarfsfall beim Neukauf eines Kleinbildobjektives eine Herstellerempfehlung ein. Beim Fotografieren mit kleinen Bildwinkeln (z.B. Makroobjektive) wird man dagegen keinen sichtbaren Qualitätsabfall feststellen. Die bei Unterwasserfotografen so beliebten Kleinbild-Makrobrennweiten können deshalb unbedenklich verwendet werden. Hersteller wie Sigma oder Tamron haben sogar digital-optimierte Makroobjektive (50 mm; 90 mm; 105 mm; 150 mm etc.) für Vollformatsensoren im Programm.
Die Vorteile großer Bildsensoren liegen aber nicht nur in der Möglichkeit, das umfassende Angebot an Kleinbildobjektiven nutzen zu können, sondern in der geringen Neigung zum Bildrauschen. Diese Störungen können etwa mit der sichtbaren Körnung

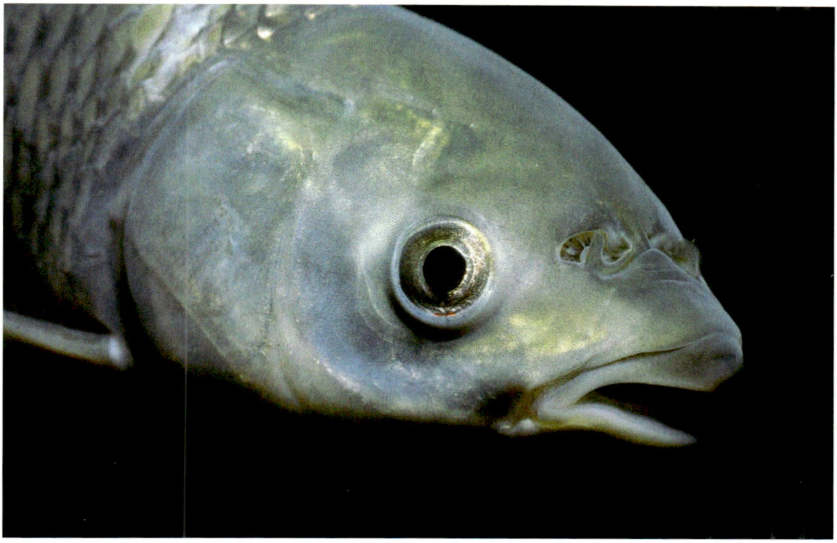

Amurkarpfen. Die große Sensorfläche des Vollformatsensors gewährleistet eine exzellente Bildqualität.

eines hochempfindlichen Films verglichen werden. Durch den größeren Abstand zwischen den Pixeln und weil diese auch größer sind als bei kleinen Bildsensoren, kommt es zu weitaus weniger Signalstörungen als üblich. Mit einer Vollformat-D-SLR können Sie deshalb ohne weiteres auch mit einer Empfindlichkeitseinstellung von ISO 400/27° Weitwinkelaufnahmen oder Wrackbilder gestalten, mit Spitzengeräten sogar problemlos im Nah- und Makrobereich. Die Bildqualität ist dabei deutlich besser als beim feinkörnigsten und schärfsten ISO 400/27°-Film.

APS-C-Bildsensoren

Digitale Spiegelreflexkameras sind mehrheitlich mit APS-C-Bildsensoren bestückt. Ihren Namen haben diese Sensoren vom APS-Farbnegativfilm, dessen Bildformat 30,2 x 16,7 mm beträgt. Dieses Flächenmaß wird aber von den Herstellern digitaler Spiegelreflexkameras nur ungefähr eingehalten. Die Größen der APS-C-Bildsensoren bewegen sich im Mittel zwischen 22,5 x 15,0 mm und 23,7 x 15,6 mm. Ein Sonderfall findet sich bei Canon, wo zum Vollformatsensor und den APS-C-Bildsensoren für professionelle Modelle auch noch eine Zwischengröße mit den Maßen 28,7 x 19,1 mm produziert wird.

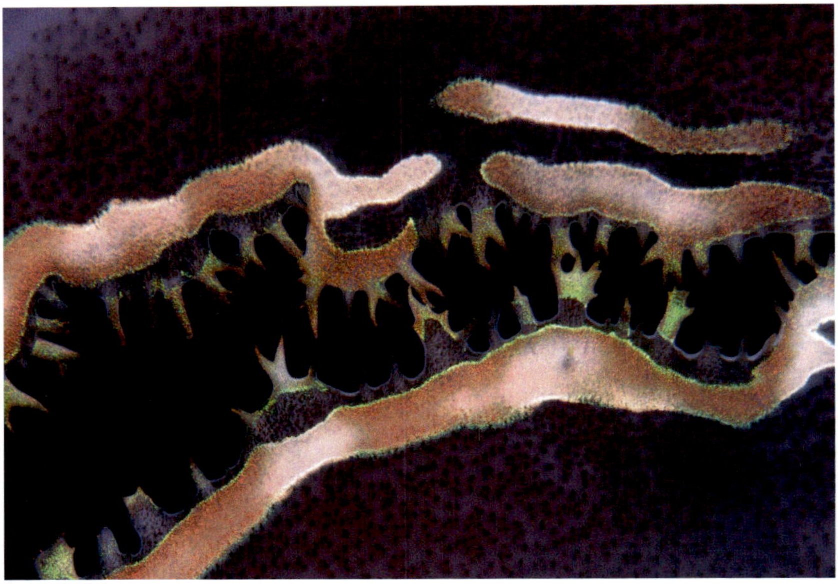

Mördermuschel.
Auflösungsprobleme gibt es bei APS-C-Bildsensoren nicht.

Die Sensorfläche von APS-C ist noch so groß, dass sie ohne sichtbaren Qualitätsabfall arbeitet. Pixelzahlen von 12 Millionen und mehr sind auf APS-C-Bildsensoren ohne große Beeinträchtigung des Rauschverhaltens realisierbar, weshalb man diese Sensorgröße in Verbindung mit digital optimierten Objektiven auch im professionellen Bereich findet.

Der Siegeszug der APS-C-Bildsensoren in digitalen Spiegelreflexkameras ist ein Ergebnis der relativ preiswerten Fertigung und der daraus resultierenden großen Stückzahlen. APS-C-Bildsensoren findet man sowohl als CCD- als auch als CMOS-Sensoren. Die Kamerahersteller entscheiden sich je nach Firmenphilosophie für die eine oder andere Konzeption. Langfristig gesehen scheint sich aber in hochwertigen digitalen Spiegelreflexkameras der CMOS-Bildsensor durchzusetzen.

Vorteilhaft ist, dass man auch an APS-C-Bildsensoren im Prinzip alle Kleinbildobjektive des jeweiligen Kameraherstellers weiterverwenden kann – allerdings mit etwas eingeschränktem Bildwinkel. Prinzipell geht ist es aber immer möglich, weil das Bildfeld der Kleinbildobjektive größer ist als die Formatdiagonale des APS-C-Formats. Dadurch wird nur das optische Zentrum der

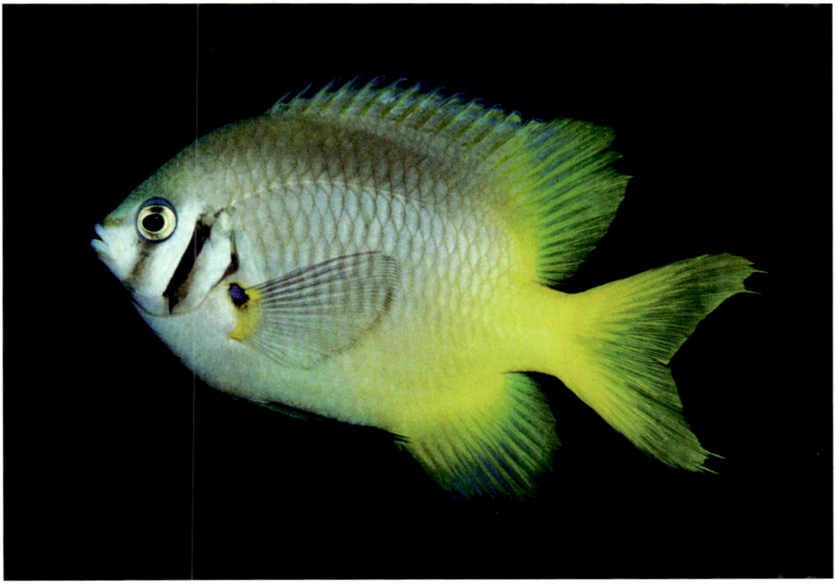

Kleinbildobjektive zur Bildaufzeichnung genutzt, man fotografiert also ausschließlich mit dem Filetstück des Linsensystems – mit dem Resultat, dass die Bilder nicht nur außerordentlich scharf, sondern auch hyperbrillant ausfallen können. Für Kleinbild-Makroobjektive trifft das nahezu uneingeschränkt zu. Einen Qualitätsabfall in den Randbereichen kann es bei der Verwendung von Kleinbild-Weitwinkelobjektiven geben, weil diese keinen telezentrischen Strahlengang aufweisen und deshalb bei sehr kurzen Brennweiten sichtbare Farbfehler, Kontrasteinbußen und Randunschärfen produzieren können.

Keine Beachtung findet in dieser Analyse das optische Verhalten der Mikroprismenlinsen, die jedem Pixel vorgesetzt sind, um die Lichtausbeute zu verbessern. In der Objektivmitte fangen die Mikroprismenlinsen das Licht ohne große Störung und Ablenkung auf. Am Objektivrand hingegen fällt das Licht schräg auf den Bildsensor und die Mikroprismenlinsen werden in ihrer Stellung zu den Pixeln mit dem Microlens-Shifting optimal ausgerichtet. Weil aber Kleinbildobjektive nicht mit einer einheitlichen Austrittspupille konstruiert werden – beim Film ist das überflüssig –, harmoniert das Microlens-Shifting grundsätzlich nicht mit

Spezielle Digitalobjektive gewährleisten im APS-C-System exzellente Abbildungsleistungen.

Tipp

In der Regel wird man bei der Arbeit mit Kleinbildobjektiven in Kombination mit APS-C-Bildsensoren außer der eventuell störenden Bildwinkeleinschränkung wenig Negatives festellen.

allen Kleinbildobjektiven und kann deshalb die Bildqualität verschlechtern.

Die beste optische Lösung ist grundsätzlich der Einsatz von speziellen Digitalobjektiven, sprich APS-C-Wechseloptiken.

Damit ziehen APS-C-Profikamerasysteme im Einzelfall nicht nur mit der Qualität von Vollformatsensoren gleich, sie können sogar bessere Bildergebnisse liefern als ein Vollformatsensor mit einem nicht optimal angepassten Kleinbildobjektiv.
Bedingt durch die relativ kleinen Flächenmaße der APS-C-Bildsensoren können die dafür speziell gefertigten Optiken kleiner und leichter als Kleinbildobjektive gebaut werden. Die Brennweitenangabe auf der Objektivfassung kennzeichnet die Digitalbrennweite des Objektives. Kleinbildäquivalente Brennweiten, wie man sie bei digitalen Kompaktkameras wegen der besseren Verständlichkeit noch häufig anbringt, fehlen hier. APS-C-Objektive können wegen ihres kleineren Bildkreises nicht an digitalen Spiegelreflexkameras mit Vollformatsensor verwendet werden und auch nicht an analogen Kleinbildkameras.

Tipp

Wer sich für eine Kamera mit Four-Thirds-System entscheidet, kann keine Kleinbildobjektive verwenden, weil das Bajonett nur für den Kameratyp Four Thirds konzipiert worden ist. Für Nostalgiker gibt es aber einen Adapter, mit dem man alte Olympus-Objektive vom damaligen OM-System adaptieren kann. Besonders sinnvoll ist das aber nicht.

Four-Thirds-System

Initiatoren dieser Bildsensorgröße (18,0 x 13,5 mm) waren die Firmen Kodak und Olympus. Erste Kamera mit Four-Thirds-Sensor (4/3 Zoll) war im Jahre 2003 die Olympus E1 mit 5 Megapixel. Die Sensordiagonale beträgt 22,5 mm. Der eigentliche Vorzug des Four-Thirds-Systems liegt in den kompakten Kameras und den kleinen, speziell auf diesen Sensor abgestimmten Objektiven. Die Bildqualität ist deshalb sichtbar besser als bei einer digitalen Spiegelreflexkamera mit APS-C- Bildsensor und adaptiertem Kleinbildobjektiv. Deshalb liefern Four-Thirds-Spiegelreflexkameras mit relativ wenigen Megapixel oftmals bessere Bilder als Mitbewerber mit größeren Bildsensoren und deutlich mehr Pixeln.
Im Prinzip handelt es sich hier um einen digitalen 4/3-Zoll-Vollformat-Sensor speziell für die Objektive des Four-Thirds-System. Die Formatdiagonale ist mit 22,5 mm etwa halb so groß wie beim Kleinbild (43,27 mm). Ein 8-mm-Fisheye hat demzufolge die Wirkung eines 16-mm-Fisheyes an einer D-SLR mit Vollformatsensor.

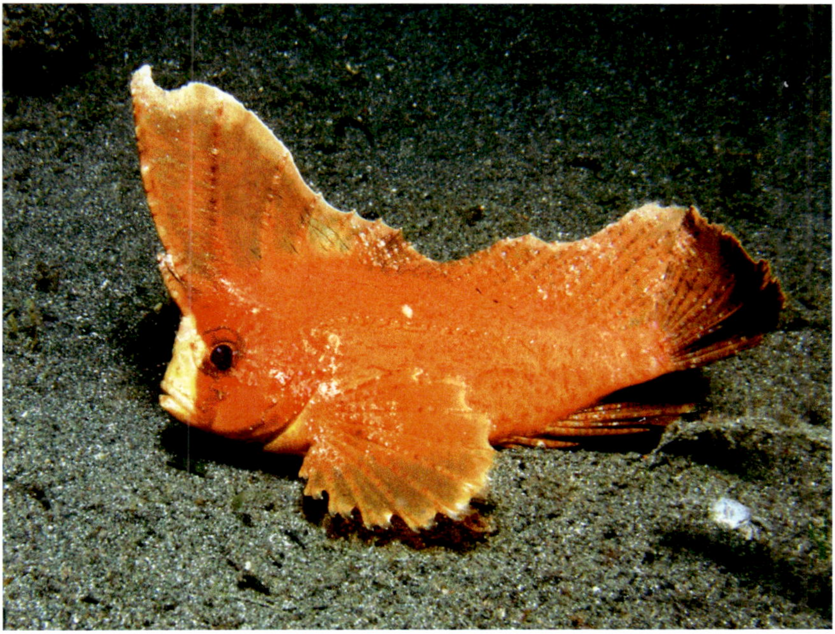

Das 7- bis 14-mm-Zoom entspricht bildwinkelmäßig einem 14- bis 28-mm-Kleinbild-Zoom.

Weil der 4/3-Sensor kleiner ist als die im Kleinbild- und APS-C-System verwendeten Bauteile, sitzen die Objektive näher an der Bildebene. Deshalb hat ein Four-Thirds-Objektiv bei identischem Bildwinkel eine kürzere Brennweite. Zusätzlich gilt, dass bei gleichem baulichem und konstruktivem Aufwand die Lichtstärke größer werden kann, ohne dass das Objektiv unbezahlbar werden würde. Dies trifft insbesondere auf Weitwinkelzooms zu.

Ein 50-mm-Makroobjektiv im Four-Thirds-System entspricht dem Bildwinkel nach einem 100-mm-Makroobjektiv für das Vollformat.

Trotz des flächenmäßig kleinen Bildsensors neigen die Kameras kaum zum Rauschen. Mit fortschreitender Technologie werden auf der kleinen Sensorfläche auch hohe Pixelzahlen jenseits von 15 Millionen Bildpunkten untergebracht werden können, falls der Käufer solche Kameras wünscht und bereit ist, entsprechend dafür zu bezahlen.

Die Bildwinkel sind im Four-Thirds-System bei gleicher Brennweite nur halb so groß wie bei Objektiven für Vollformatsensoren.

Das Four-Thirds-System wurde speziell für die Digitalfotografie entwickelt.

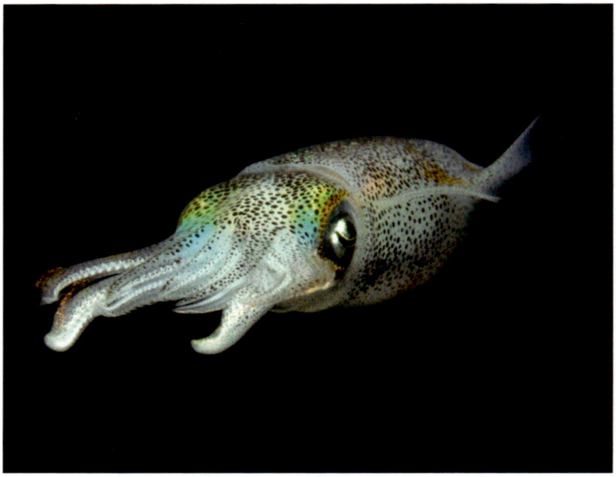

Foveon-Bildsensor

Sigma ist der einzige Kamerahersteller, der in seinen digitalen Spiegelreflexkameras Foveon-Bildsensoren einsetzt. Das mag mit ein Grund dafür sein, dass dieser Bildsensor etwas unterschätzt wird und unter Wasser eher eine Außenseiterrolle spielt. Dabei hat er unbestreitbare Vorteile gegenüber CCD- und CMOS-Bildsensoren.

Während bei anderen Bildsensoren jeder Pixel nur eine der drei Grundfarben Rot, Blau und Grün erfassen kann – man spricht dann von einem RGB-Bildsensor –, kann der Foveon-Bildsensor ähnlich einem Film mit jedem seiner Pixel alle drei Grundfarben erkennen.

Ein 3,4-Megapixel-Foveon-Bildsensor weist deshalb 10,2 Millionen Farbrezeptoren auf. Das entspricht in der Auflösung etwa einem 8-Megapixel-Bildsensor konventioneller Herstellung. Die Technologie der vollen Farbinformation vermeidet auch die fehlerbehaftete Farbinterpolationen durch Nebenpixel. Das Resultat sind ungleich reinere und brillantere Farben, weniger Farbartefakte, eine verbesserte Bildschärfe und bessere Auflösung. Der Foveon-Bildsensor weist ein Flächenmaß von 20,7 x 13,8 mm auf, die Sensordiagonale beträgt 24,9 mm. Damit gehört er noch zur Gruppe der APS-C-Bildsensoren.

Der Einstieg in die Foveon-Welt bedingt freilich, dass man sich fast immer mit neuen Objektiven mit Sigma-Anschluss ausstatten muss. Das Sigma-Bajonett ist nicht kompaktibel mit anderen, und Adapter gibt es nicht, weshalb alte Objektive nur verwendet werden können, wenn sie für analoge Sigma-Kameras konzipiert wurden. Für digitale Spiegelreflexkameras mit Foveon-Bildsensor hat Sigma auch spezielle APS-C-Objektive im Programm.

Bildwinkelfaktor

Wenn der Bildsensor kleiner ist als das Kleinbildformat, bekommt man bei Verwendung eines Kleinbildobjektives einen kleineren Bildausschnitt als üblich. Der Bildausschnitt verkleinert sich in dem Maße, in dem der Bildsensor kleiner als das Kleinbildformat ist. Vollformat-Bildsensoren sind davon nicht betroffen, weil ihre Bildsensor-Diagonale dem des Kleinbildes (43,27 mm) entspricht. Der Bildwinkelfaktor beträgt hier also 1,0. Bei APS-C-Bildsensoren liegt er zwischen 1,5 und 1,7.

Der Bildwinkelfaktor BF einer digitalen Spiegelreflexkamera errechnet sich aus der Division Kleinbild-Diagonale DK durch Bildsensor-Diagonale (DB).

$$F = \frac{DK}{DB} = \frac{43,27\,m}{DB}$$

Beispiel: Wie groß ist der Bildwinkelfaktor einer digitalen Spiegelreflexkamera mit Bildsensor-Diagonale 28,85 mm?

$$BF = \frac{43{,}27\,mm}{28{,}85\,mm} = 1{,}4998$$ Der Bildwinkelfaktor beträgt 1,5.

Um das Diagonalmaß eines Sensors ausrechnen zu können, müssen Sie dessen Formatlängen kennen. Beispielsweise 20,7 mm x 13,8 mm. Die Bildsensor-Diagonale berechnt man mit Hilfe des Pythagoräischen Lehrsatzes:

$$DB = \sqrt{20{,}7\,mm \times 20{,}7\,mm + 13{,}8\,mm \times 13{,}8\,mm}$$
$$= 24{,}88\,mm$$

Wenn man die Kleinbild-Brennweite mit dem Bildwinkelfaktor multipliziert, bekommt man eine fiktive Brennweite, deren Bildwinkel nun dem des montierten Kleinbildobjektives entspricht.

Gängige Bildwinkelfaktoren

Bildsensorformat	Hersteller	Bildwinkelfaktor
24 x 36 mm	Canon	1,0
28,7 x 19,1 mm	Canon	1,3
26,4 x 17,6 mm	Leica	1,36
APS-C-Bildsensor ca. 23 x 15,3 mm	Canon, Fuji, Nikon, Pentax Samsung , Sigma, Sony	1,5 bis 1,7
Four-Thirds-System 18,0 x 13,5 mm	Olympus, Panasonic	2,0

Beispiel: Der Bildwinkelfaktor BF einer D-SLR beträgt 1,6. Welcher Bildwinkel steht zur Verfügung, wenn mit einem 50-mm-Kleinbild-Makroobjektiv (Bildwinkel 47°) fotografiert wird?

50 mm x 1,6 = 80 mm fiktive Brennweite

Diese fiktive Brennweite entspricht einem Bildwinkel von 30°. Ihnen steht also nur noch ein bescheidener Bildwinkel von 30° zur Verfügung, gegenüber ursprünglich 47°. Zu beachten ist, dass der effektive Bildwinkel durch Dividieren des Kleinbildwinkels durch den Bildwinkelfaktor (47° : 1,6 = 29°) nur näherungsweise berechnet werden kann, wenn die Brennweite des Kleinbildobjektives nicht kleiner als 28 mm (rechnerisch 48°, überschlägig 44,5°) ist. Schon bei einem 20-mm-Weitwinkel beträgt die Ungenauigkeit mehr als 8°.

Die Verkleinerung des Bildausschnitts ist in jedem Fall störend. Ein 100-mm-Makroobjektiv (24,4°) bekommt mit einem Bildwinkelfaktor von 1,5 den Bildwinkel eines 150-mm-Teleobjektives (16,4°). Damit lassen sich dann zwar Pygmäenseepferdchen fast formatfüllend aufnehmen, aber schon ein mittelgroßer Drachenkopf kann kaum noch vernünftig abgelichtet werden. Zwangsläufig beginnt die Suche nach kleinen Motiven. Deshalb haben sich 50- bis 60-mm-Kleinbild-Makroobjektive an APS-C-Digitalkameras als vielseitiger erwiesen, entsprechen sie doch eher den gewohnten Sehweisen bei Nah- und Makromotiven.

Gravierende Auswirkungen haben die Bildwinkelfaktoren bei der Bildgestaltung mit Superweitwinkelobjektiven. Ein 14-mm-

Tipp

Die Bildwinkel bei Digitalobjektiven sind schmaler als bei Kleinbildoptiken mit identischen Brennweiten. Ein 12- bis 24-mm-Weitwinkelzoom hat vor einem APS-C-Bildsensor mit Formatdiagonale 28,8 mm die Wirkung eines Kleinbildzooms mit 18 bis 36 mm Brennweite. Und um den vollformatige 180° Fisheye-Effekt zu erzielen, muss das APS-C-Fisheye statt der üblichen 16 mm Kleinbildbrennweite eine von 10,5 mm (Nikon) aufweisen.

Objektiv entspricht in seinem Bildwinkel je nach Bildwinkelfaktor (1,5 bis 1,7) einem Weitwinkelobjektiv von 21 bis 24 mm Brennweite. Um auf den imposanten Bildwinkel eines 14-mm-Kleinbildobjektives (114°) zu kommen, muss im APS-C-System eine Brennweite von 8 bis 9 mm vorliegen.
Ein 50-mm-Makroobjektiv weist dann unter Wasser nur noch den Bildwinkel eines 100-mm-Makroobjektives vor einem Vollformatsensor auf. Also ca. 24° zu vorher 47°. Und aus einem 100-mm-Makroobjektiv wird quasi eine Optik mit dem Bildwinkel eines 200-mm-Makroobjektives mit etwa 12°. Daraus wird ersichtlich, dass 180-mm- bzw. 200-mm-Kleinbild-Makroobjektive an Kameras mit APS-C-Sensoren nur mit viel Aufwand und Mühe verwendet werden können

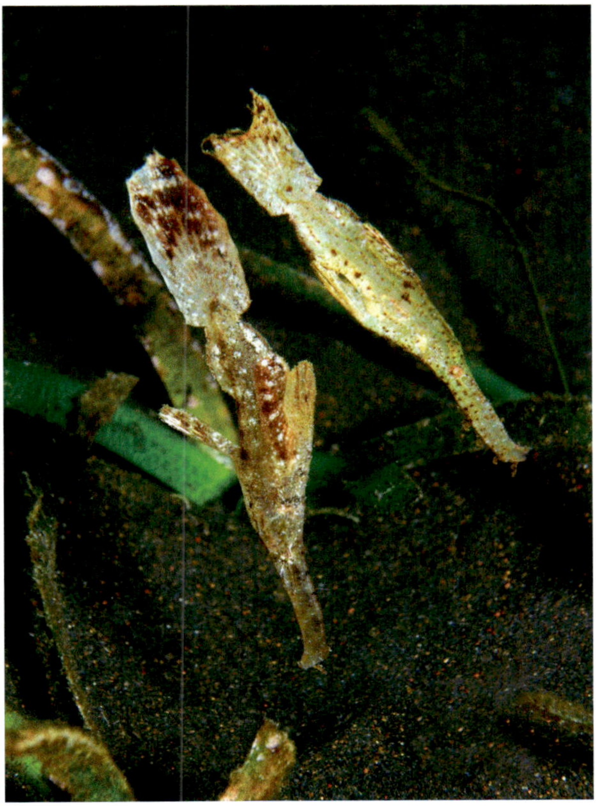

Wenn Kleinbildobjektive an APS-C-Kameras montiert werden, verringert sich der Bildwinkel.

Merke

1. Wird ein Kleinbildobjektiv an eine digitale Spiegelreflexkamera montiert, ändert sich nur der Bildausschnitt, nicht aber die Brennweite. Brennweiten ändern sich nur, wenn Linsen mit ins Spiel kommen.

2. Der Bildwinkelfaktor, auch Crop-Faktor oder Verlängerungsfaktor genannt, hat keinen Einfluss auf Naheinstellung, Abbildungsmaßstab und Schärfentiefe. Auch der Autofokus wird davon nicht beeinflusst.

3. Werden Digitalobjektive verwendet, entsteht kein Bildwinkelfaktor. Die bei diesen Optiken angegebenen Brennweiten sind echte Brennweiten.

4. Bei den Kameras von Olympus und Panasonic mit Four-Thirds-System entsteht nur ein theoretischer Bildwinkelfaktor, weil Kleinbildobjektive sinnvollerweise nicht adaptiert werden, obwohl es möglich wäre.

5. Digitalobjektive für das APS-C-System können nicht an Kleinbildkameras und auch nicht an Digitalkameras mit Vollformatsensoren verwendet werden, weil der kleine Bildkreis zu starken Vignettierungen führen würde.

6. Wenn Kleinbild-Makroobjektive mit APS-C-Sensoren und hinter Planglas verwendet werden, kommt zu einem Crop-Faktor von 1,5 noch die Lichtbrechung mit einem Verlängerungsfaktor von 1,33 hinzu.

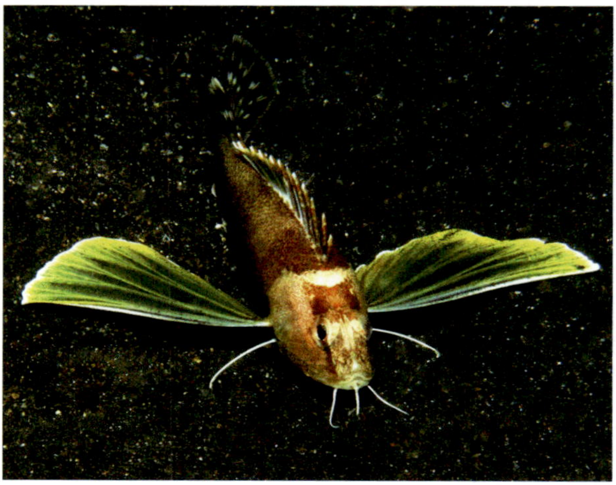

Wegen des Bildwinkelfaktors (1,5 bis 1,7) wirken 50- bis 60-mm-Makroobjektive an APS-C-Kameras wie leichte Teleoptiken.

Sensorverschmutzung

Sensorverschmutzungen kommen nur bei digitalen Spiegelreflexkameras vor, weil man an ihnen das Objektiv wechseln kann. Diese kaum zu vermeidende Verschmutzung macht sich besonders unangenehm bemerkbar, wenn das Objektiv in staubigem oder sandigem Umfeld gewechselt wird. Es ist dies ein Problem, das von vielen Digitalfotografen nicht nur unterschätzt, sondern auch völlig verkannt wird. Staubpartikel, die sich auf dem Bildsensor absetzen, sind als dunkle Punkte zu sehen. Wenn sie nur vereinzelt auftreten, wird man sie auf stark strukturierten Unterwasseraufnahmen kaum bemerken. Zur Not kann man sie auch mit einem Bildbearbeitungsprogramm entfernen, was aber mühsam sein kann, wenn diese Punkte zu Dutzenden auftreten. Kritisch wird es, wenn die Sensorverschmutzungen kleine Flächen oder sogar deutliche Schlieren bilden.

Diverse Gegenmaßnahmen wie ein neutrales Filter vor dem Sensor (Sigma) oder eine Ultraschallreinigung (Olympus) haben sich als sehr effizient erwiesen. Beim Objektivwechsel an digitalen Spiegelreflexkameras ohne Herstellervorsorge sollte man in staubiger oder rauchiger Umgebung sehr vorsichtig sein und vor allem schnell handeln. Eine Sensorreinigung im Do-It-yourself-Verfahren wird von fast allen Firmen in einem Untermenü als Reinigungsmodus angeboten. Wenn man es anwählt, bleibt der Verschluss geöffnet, und man kann den Sensor reinigen. Dabei besteht aber ein gewisses Risiko, den Bildsensor zu beschädigen. Außerdem ist darauf zu achten, dass der Akku voll geladen ist. Denn wenn der Strom ausfällt, während man mit dem Reinigungsbesteck in der Kamera hantiert, ist ein neuer Verschluss fällig.

Die von Zubehörfirmen und auch von Kameraherstellern angebotenen Reinigungswerkzeuge sind zumindest nicht immer narrensicher zu bedienen. Ein durch Eigenverschulden zerkratzter Bildsensor kann eine Einsteigerkamera ruinieren, wenn sich dessen Austausch – der eventuell mehrere hundert Euro kostet – nicht mehr rechnet. Auspusten mit einem Blasebalg funktioniert nicht bei fett- und ölhaltigen Rückständen. Manche der empfohlenen Reinigungslösungen, z. B. Methanol, sind zudem so giftig, dass man vorsichtig und mit Mundschutz hantieren sollte.

Wenn Sie wissen wollen, ob sich am Bildsensor Ihrer D-SLR bereits Staubpartikel festgesetzt haben, müssen Sie mit Blende

Tipp

Bei verschmutztem Bildsensor ist es am besten, die D-SLR zum Herstellerservice einzuschicken.

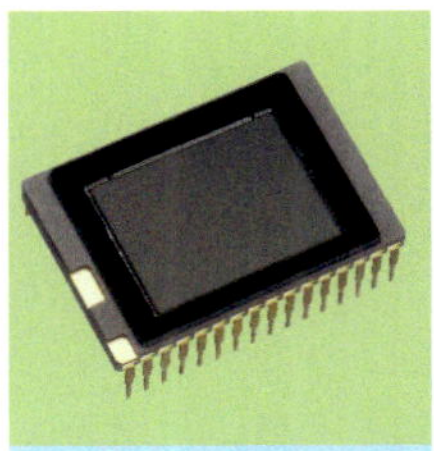

Bildsensoren müssen von Zeit zu Zeit gereinigt werden, wenn der Kamerahersteller keine besonderen Schutz- und Reinigungsvorkehrungen getroffen hat.

22 oder 32 eine glatte, weiße Fläche – keine grob verputzte Hauswand! – fotografieren und dabei eventuell noch mit zwei Blenden überbelichten. Am PC oder Mac vergrößern Sie das Bild um hundert Prozent. Dann können Sie alle dunklen Staubpunkte sofort erkennen. Interessanterweise kann man winzige Pünktchen sogar noch nach einer Herstellerreinigung festellen – ein Zeichen dafür, dass ein Bildsensor selbst von Fachleuten nicht absolut sauber gemacht werden kann. Aber diese winzigen Reste sind unerheblich. Man sieht sie wirklich nicht.

Dieser Speerschreckenkrebs wurde mit einer Fuji D-SLR und 100-mm-Makroobjektiv fotografiert.

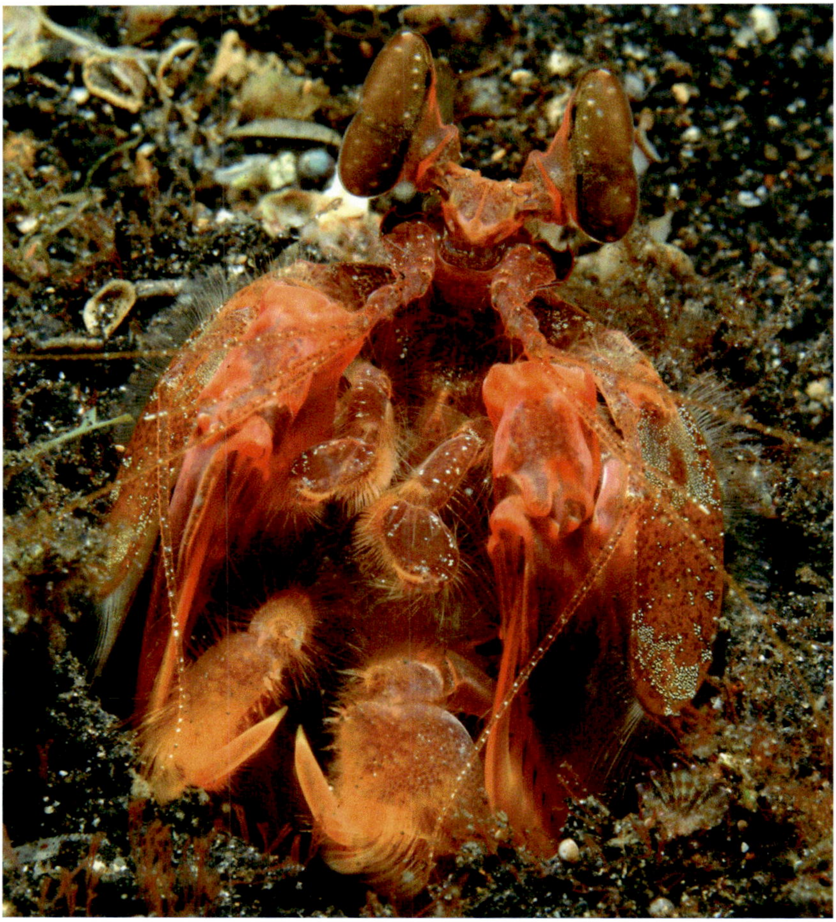

Brennweiten

Jede Linse und jedes Objektiv weist eine genau definierte Brennweite auf. Grundsätzlich könnte man die Brennweite eines Linsensystems auch ermitteln, indem man es in die Sonne hält und den Abstand misst, bei dem das gebündelte Licht ein Stück Papier entzündet. Aber das wäre sehr umständlich und auch ziemlich ungenau.

Auf allen Objektiven ist deshalb die Brennweite angegeben, z. B. f = 50 mm. Diese Aufschrift bedeutet, dass die Brennweite 50 mm beträgt und dass man es hier mit einem so genannten Normalobjektiv zu tun hat, und zwar bezogen auf das Kleinbild- bzw. Vollformat. Mit dem Zusatz »Makro« oder »Macro-Lens« wird angedeutet, dass es sich dabei um ein Objektiv handelt, mit dem man auf sehr kurze Distanz zum Motiv fotografieren kann.

Die Brennweite eines Objektives steht auch immer für einen bestimmten Bildwinkel, und dieser ist abhängig von der Sensorgröße. Mit einem 100-mm-Objektiv kann man keine Unterwasserlandschaften fotografieren, und mit einem 12-mm-Weitwinkel keine extremen Makroaufnahmen machen. Die Wahl der Brennweite ist entscheidend für den Abbildungsmaßstab und die Größe eines Motives.

Die Brennweiten von Objektiven für digitale Spiegelreflexameras mit APS-C-Bildsensoren sind kürzer als die für Vollformatsensoren. Der Grund dafür liegt im kleineren Bildsensor. Üblicherweise rechnet man mit einem Umrechnungsfaktor zwischen 1,3 und 1,7.

An digitalen Spiegelreflexkameras mit Bildsensoren im Kleinbildformat, also 24 x 36 mm, gibt es keinen Umrechnungsfaktor, weshalb Kleinbildobjektive ohne Einschränkung der Brennweite und des Bildwinkels verwendet werden können. Produziert werden solche »Boliden« von Canon. Wegen ihrer hohen Preise findet man dafür nur ausgesuchte Unterwassergehäuse zu entsprechend exotischen Preisen.

Makroobjektive

Nah- und Makroaufnahmen gehören zu den beliebtesten Bereichen der Unterwasserfotografie. Entsprechende Objektive zäh-

Tipp

Bei digitalen Spiegelreflexkameras kann man die Objektive mittels eines Bajonettanschlusses wechseln. Dies eröffnet ungeahnte kreative Möglichkeiten, weil man praktisch vom rundzeichnenden Zirkular-Fisheye bis zum Tele-Makroobjektiv alle Brennweiten nach Aufgabenstellung und Gusto verwenden kann – allerdings nicht unter Wasser. Spiegelreflexfotografen müssen sich vorher entscheiden, mit welchem Objektiv sie tauchen wollen.

Tipp

Bei Bildwinkelfaktor 1,5 verringert sich der Bildwinkel eines 50-mm-Makroobjektives auf den eines Objektives mit 75 mm, bei Bildwinkelfaktor 1,6 mit 80 mm Brennweite. Bei einem 60-mm-Makro bzw. einem 90-mm-, 100-mm- oder 105-mm-Makro wird der Bildwinkel entsprechend noch kleiner.

len deshalb zur Grundausrüstung einer digitalen Spiegelreflexkamera. Wenn Sie eine D-SLR mit APS-C-Bildsensor besitzen, können Sie Ihre Kleinbild-Makroobjektive ohne Bedenken weiterverwenden. Der Bildausschnitt entspricht dann allerdings dem eines Objektives mit der durch den Bildwinkelfaktor multiplizierten Brennweite, wird also kleiner. Mehrheitlich betragen die Bildwinkelfaktoren zwischen 1,5 und 1,7. Um sich bildlich vorstellen zu können, wie sich der Bildwinkel verkleinert, müssen Sie einfach die Brennweite mit dem Bildwinkelfaktor – dieser steht in der Bedienungsanleitung – multiplizieren. Sie erhalten dann die fiktive Brennweite, mit der Sie fotografieren.
Kritisch wird es bei Kleinbild-Telemakroobjektiven von 150 mm, 180 mm oder 200 mm Brennweite bzw. speziellen Telemakrozooms. Bei diesen entsprechen die Bildwinkel bereits Teleobjektiven von etwa 240 mm bis 320 mm Brennweite. Deren Bildwinkel beträgt nur noch knapp 8° bis 11° und ist damit ausschließlich für spezielle Motive geeignet. Probleme bereitet in solchen Fällen auch die Aufnahmeentfernung. Die kürzeste Einstelldistanz beträgt bei einem 200-mm-Kleinbild-Makroobjektiv knapp 60 cm. Unter Wasser leidet dann bereits die Farbbrillanz.

Die Praxis hat gezeigt, dass 105 mm, in Ausnahmefällen 150 mm, das Limit für Kleinbild-Makroobjektive an digitalen Spiegelreflexkameras mit APS-C-Bildsensoren sein sollten.

Immer mehr Kamera- und Objektivhersteller drängen auch mit speziellen Makroobjektiven für APS-C-Bildsensoren auf den Markt. Ungeeignet für Kleinbildkameras und solche mit Kleinbild-Vollformatsensor, erfüllen sie vorzüglich ihren Zweck in Verbindung mit den APS-C-Bildsensoren, vornehmlich bei kleinen Motiven und der Fischfotografie. Ein 60-mm-Makroobjektiv entspricht mit seinem Bildwinkel fast einem 100-mm-Kleinbildmakro (60 mm x 1,6). Auch das 50-mm-Makro im Four-Thirds-System (50 mm x 2,0) spielt in dieser Liga.
Selten bzw. gar nicht angeboten werden APS-C-Makroobjektive mit Bildwinkeln bzw. Bildausschnitten, wie sie dem 50-mm-Kleinbild-Makroobjektiv entsprechen. In den Genuss dieser Objektive kommen vornehmlich Fotografen, die mit einem Vollformatsensor bzw. Bildwinkelfaktor 1,3 (Canon) fotografieren. Ein

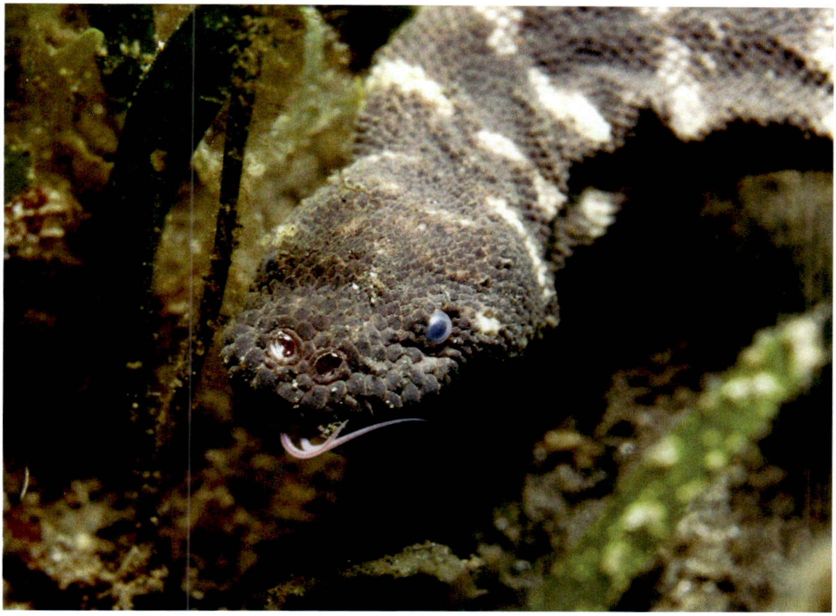

APS-C-Makroobjektiv mit entsprechenden Eigenschaften müsste demzufolge eine Brennweite von 31 bis 35 mm aufweisen, beim Four-Thirds-System gar nur 25 mm.

Die Blattschuppen-Seeschlange gehört zu den giftigsten Lebewesen im Meer; 50-mm-Makroobjektiv, Olympus D-SLR

Weitwinkelobjektive

Im Bereich der Weitwinkelobjektive sind die Bildwinkelfaktoren noch störender als bei den Makroobjektiven, wo man ihnen ja noch den Vorteil des kleinen Bildausschnitts bei winzigen Motiven zugute halten kann. Wer mit einem Weitwinkelobjektiv fotografiert, will aber Weite auf dem Bild darstellen, und das geht nicht mehr, wenn der Bildausschnitt wegen des Bildwinkelfaktors kleiner wird. Unbeeinträchtigt davon sind nur Unterwasserfotografen, deren Kameras Bildwinkelfaktor 1,0 – eventuell noch 1,3 aufweisen. Die Mehrheit fotografiert aber mit APS-C-Bildsensoren und muss deshalb spürbare Bildwinkelverengungen in Kauf nehmen, wenn Kleinbildobjektive montiert werden.
Diesem Dilemma kann nur entgehen, wer echte APS-C-Weitwinkelobjektive mit Festbrennweiten zwischen 8 und 12 mm verwendet. Nur dann bekommt er wieder Bildwinkel, wie sie Super-

Tipp

An einer Kamera mit Bildwinkelfaktor 1,5 muss das Weitwinkelobjektiv eine Brennweite von 9 mm aufweisen, damit der 114°-Bildwinkel eines 14-mm-Kleinbildobjektives erreicht wird. Beim Four-Thirds-System sind es 7 mm.

weitwinkelobjektive aus der Kleinbild- bzw. Vollformatszene bieten.
Mit Weitwinkelobjektiven will man räumliche Stimmungen einfangen, Taucher am Riff, Wracks, große Schwämme oder Unterwasserlandschaften. Wichtig ist in erster Linie der Bildwinkel. Richten Sie Ihr Augenmerk nicht nur auf die Brennweite. Sie ist bei digitalen Spiegelreflexkameras nicht mehr die absolute Prämisse. In erster Linie zählt, was Sie machen wollen. Für das Ablichten von Korallen oder Schwämmen reicht unter Umständen ein Bildwinkel von 92°. Dieser entspricht einer 21-mm-Kleinbild-Weitwinkeloptik und wird deshalb an einer D-SLR mit APS-C-Bildsensor und Bildwinkelfaktor 1,5 mit einem 14-mm-Kleinbild-Superweitwinkel (14 x 1,5 mm) erreicht. Sie müssen also nicht unbedingt in ein original 14-mm-APS-C-Weitwinkelobjektiv investieren, wenn Sie bereits ein solches für das Kleinbildformat besitzen, sollten aber in Rechnung stellen, dass das APS-C-Objektiv hinsichtlich der Abbildungsleistungen besser sein wird, weil es speziell für diese Bildsensoren gerechnet ist.

Große Bildwinkel sind unerlässlich beim Ablichten von Fischschwärmen.

Hecht frisst Aal. Weitwinkelobjektive steigern mit ihren optischen Eigenschaften die Dramatik einer Aufnahme.

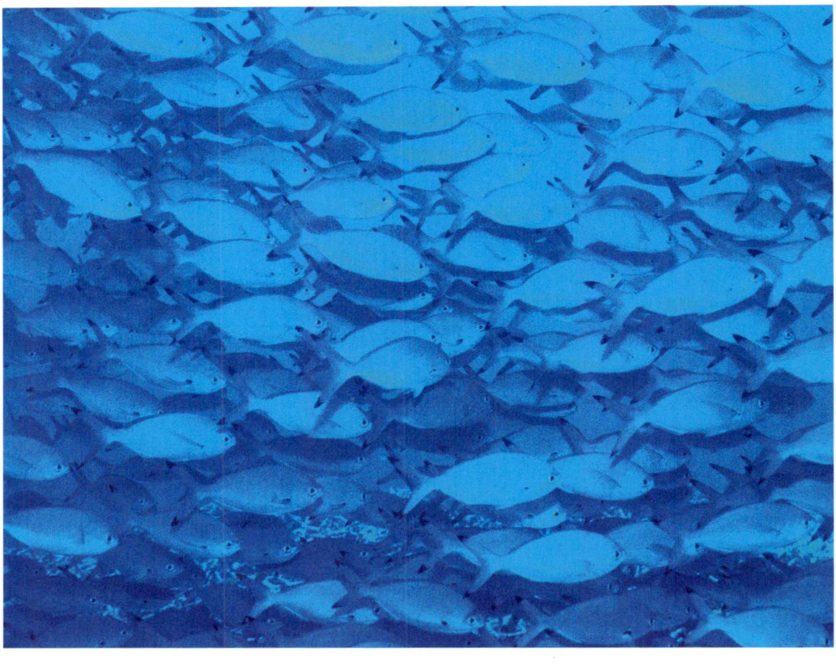

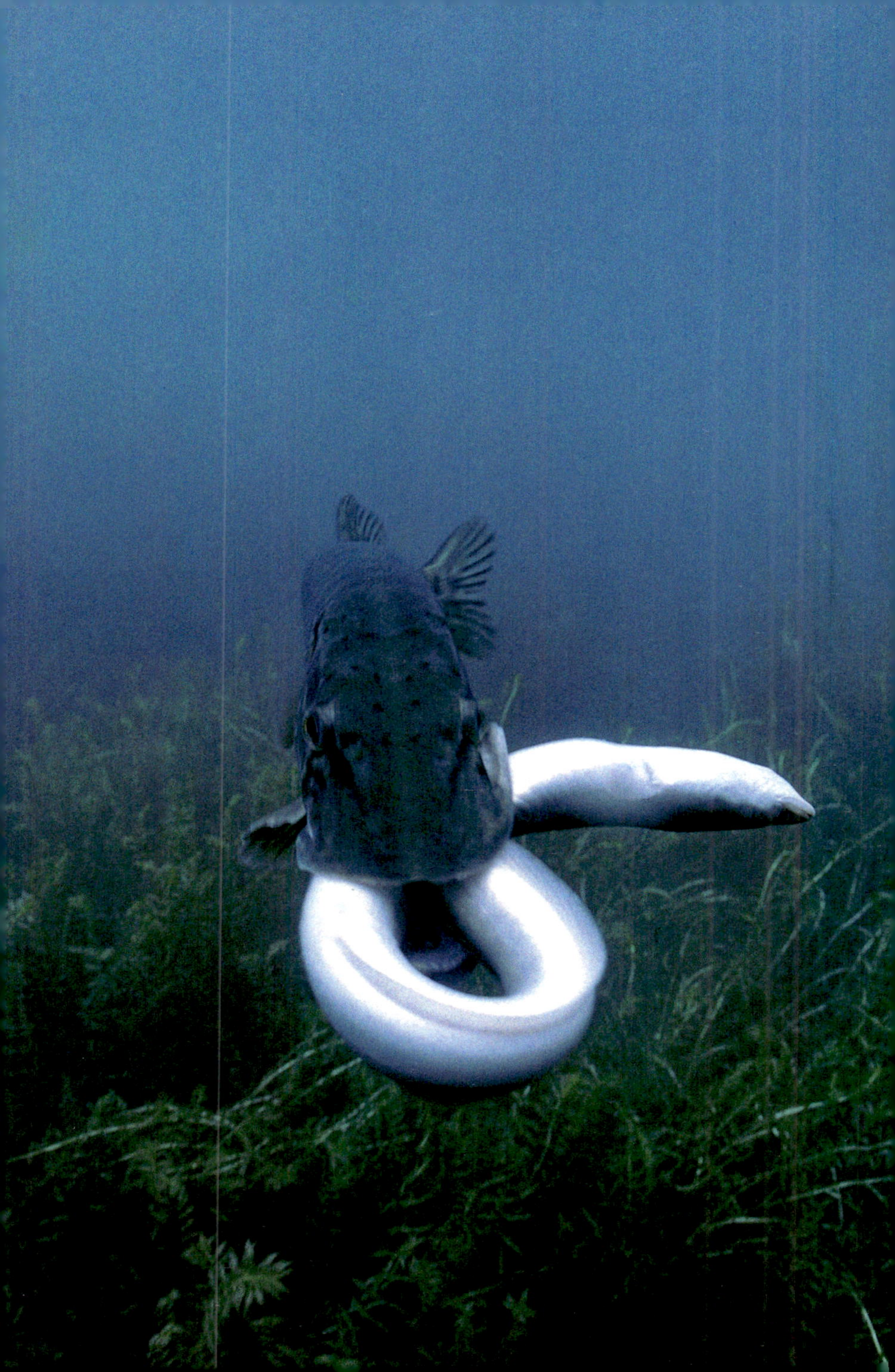

Zoomobjektive

Man nennt sie auch Varioobjektive, weil man man damit sehr variabel fotografieren kann. Zoomobjektive sind die großen Renner und Gewinner in der digitalen Unterwasserfotografie.

Man unterscheidet Tele-Zooms, Normal-Zooms, Makro-Zooms, Weitwinkel-Zooms und Fisheye-Zooms.

Tele-Zooms (z.B. 100–300 mm bzw. als APS-C 60–200 mm) scheiden unter Wasser aus, weil die kürzeste einstellbare Aufnahmedistanz in der Regel größer als 60 cm ist. Daraus ergibt

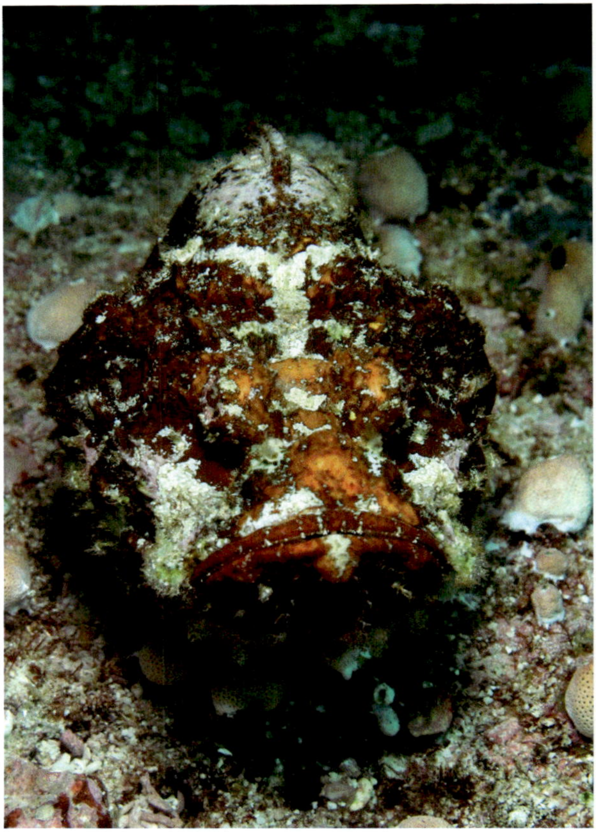

Vorteil einer Zoomoptik ist ihre Variabilität beim Bildausschnitt.

sich ein Mindestlichtweg von 1,2 m. Farbbrillante Bilder sind damit nur schwer realisierbar. Brauchbar sind solche Zooms nur, wenn sie eine Makroeinstellung besitzen, die man unter Wasser aktivieren kann.

Normal-Zooms (z.B. 28–70 mm bzw. als APS-C 18–45 mm) sind sowohl bei Korallen- als auch bei Fischaufnahmen mit gutem Erfolg einzusetzen. Die kürzeste Entfernung beträgt oftmals weniger als 30 cm, was nicht nur für farbstarke Bilder spricht, sondern auch passable Abbildungsmaßstäbe (1: 2 ist hinter Planglas möglich) garantiert. Im Four-Thirds-System liegen die Brennweiten eines Normalzooms im Bereich von 14–38 mm.

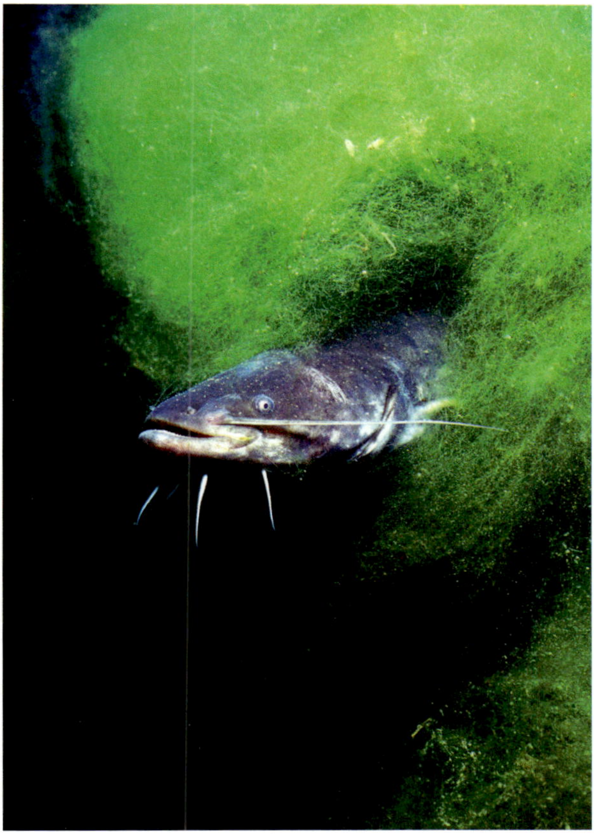

Waller auf der Lauer, erwischt mit einem Weitwinkelzoom.

> **Tipp**
>
> Wenn Digitalobjektive mit Bildwinkelfaktor hinter Plangläsern verwendet werden, kommt es zu einer Multiplizierung der Bildwinkelkleinerung.
> Beispiel: Ein 105-mm-Makroobjektiv (Bildwinkel 13,5°) mit Bildwinkelfaktor 1,6 erfährt hinter Planglas eine (scheinbare) Brennweitenverlängerung auf fast 140 mm. Hinzu kommt der Bildwinkelfaktor von 1,6, der bei diesem Objektiv einen Bildausschnitt zur Folge hat, der dem eines 223-mm-Teleobjektives entspricht, also etwa 6,6°. Der ursprüngliche Bildwinkel wird dadurch mehr als halbiert.

Makro-Zooms sind die universellsten Objektive im Nah- und Makrobereich. Hinter Planglas sind Abbildungsmaßstäbe bis 1:1 möglich. Bei APS-C-Objektiven liegen die Brennweiten etwa bei 45 bis 110 mm, die Naheinstellgrenze kann 30 cm oder weniger betragen.

Weitwinkel-Zooms haben im Sog der digitalen Spiegelreflexkameras ihre Vormachtstellung gegenüber den weitwinkeligen Festbrennweiten stetig ausgebaut. Die Auswahl ist riesengroß. Hier den Überblick zu behalten, gelingt nicht einmal mehr Experten.
Keine Probleme hinsichtlich Brennweite und Bildwinkel treten bei Kleinbild-äquivalenten Vollformatsensoren auf. Hier können alle Kleinbild-Weitwinkelzooms adaptiert werden, allerdings nicht immer mit optimalen Abbildungsergebnissen, weil die Linsen keine telezentrische Konfiguration besitzen und deshalb die Randstrahlen schräg auf den Bildsensor auftreffen, was zu einem Qualitätsabfall führt.
Bei APS-C-Bildsensoren sind bereits Zooms mit 12 bis 24 mm oder 10–22 mm Brennweite üblich. Deren Abbildungsleistungen genügen auch professionellen Ansprüchen. Die Problematik liegt hier eher beim Domeglas des Unterwassergehäuses, das oftmals nicht so berechnet und angepasst ist, wie es sein sollte.
Die relativ kleinsten Zoombrennweiten findet man beim Four-Thirds-System. Ein 10- bis 30-mm-Zoom entspricht einem 20- bis 60-mm-Objektiv beim Kleinbild-äquivalenten Vollformatsensor. Die Zooms des Four-Thirds-Systems können mit vergleichsweise hohen Lichtstärken zu noch erschwinglichen Preisen produziert werden.

Fisheye-Zooms sind selten, obwohl sie eigentlich ideal für räumliche Aufnahmen sind. Pentax hat ein solches Objektiv mit der Bezeichnung SMC DA 10–17 mm/F3,5–4,5 ED im Programm. Sein Bildwinkel beträgt 100° bis 180°. Es kann nur an Pentax-Kameras mit APS-C-Bildsensoren verwendet werden. Das Frontglas des Unterwassergehäuses sollte dabei halbkugelförmig ausgebildet sein. Mit seiner Naheinstellung von 14 cm und seiner Innenfokussierung ist das Objektiv voll unterwassertauglich.
Die maximalen Abbildungsmaßstäbe betragen bei Brennweite 10 mm = 1 : 4,3 und bei 17 mm = 1 : 2,6 – also erstaunliche Größen-

abbildungen. Die Digitalbrennweite entspricht einem Vollformat-Äquivalent von 15 bis 26 mm.

Beim Kauf eines Zoomobjektivs ist darauf zu achten, dass die Naheinstellung unter 30 cm liegt, besser noch unter 25 cm. Dann kann man sehr flexibel im Nahbereich agieren, und es gibt auch weniger Probleme beim Adaptieren der Objektive hinter Domegläsern. Wenn der Bildwinkel kleiner als 75° ist, kann man durch Planglas fotografieren, ohne starke Randunschärfen oder Farbveränderungen befürchten zu müssen. Mit einem Zoom ist man vielen fotografischen Aufgaben gewachsen, insbesondere beim Ablichten von mobilen Motiven.

Tipp

An digitalen Spiegelreflexkameras wird der Zoomeffekt von Hand durch Drehen bewerkstelligt. Das Unterwassergehäuse muss deshalb über einen entsprechenden Eingriff verfügen und das Zoom mit einem Zahnrad versehen sein.

Fisheye-Objektive

Sie sind neben den Makrooptiken die beherrschenden Objektive in der Unterwasserfotografie sowohl bei Wettbewerbsfotografen als auch engagierten Amateuren und insbesondere im professionellen Bereich. Der riesige Bildwinkel von 180° macht sie zu unverzichtbaren Objektiven bei der Gestaltung von Wrackaufnahmen, UW-Landschaften, Taucherbildern und allen Großraumaufnahmen, die von Stimmung und Feeling leben.
Man unterscheidet vollformatige Fisheyes mit 180° diagonalem

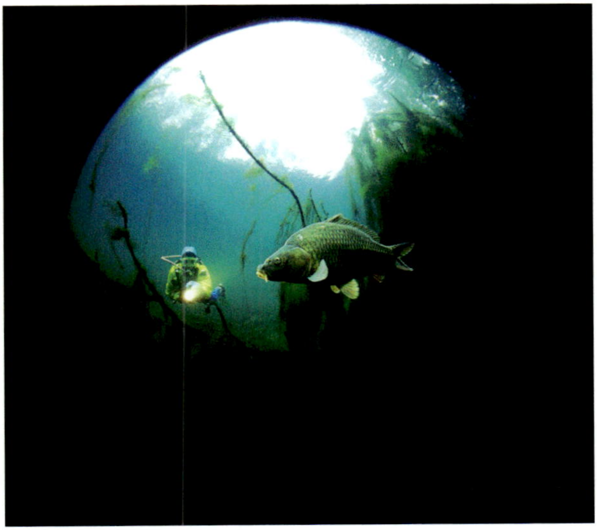

Schwierige Belichtung, weil Zirkular-Fisheyes diametral 180° erfassen.

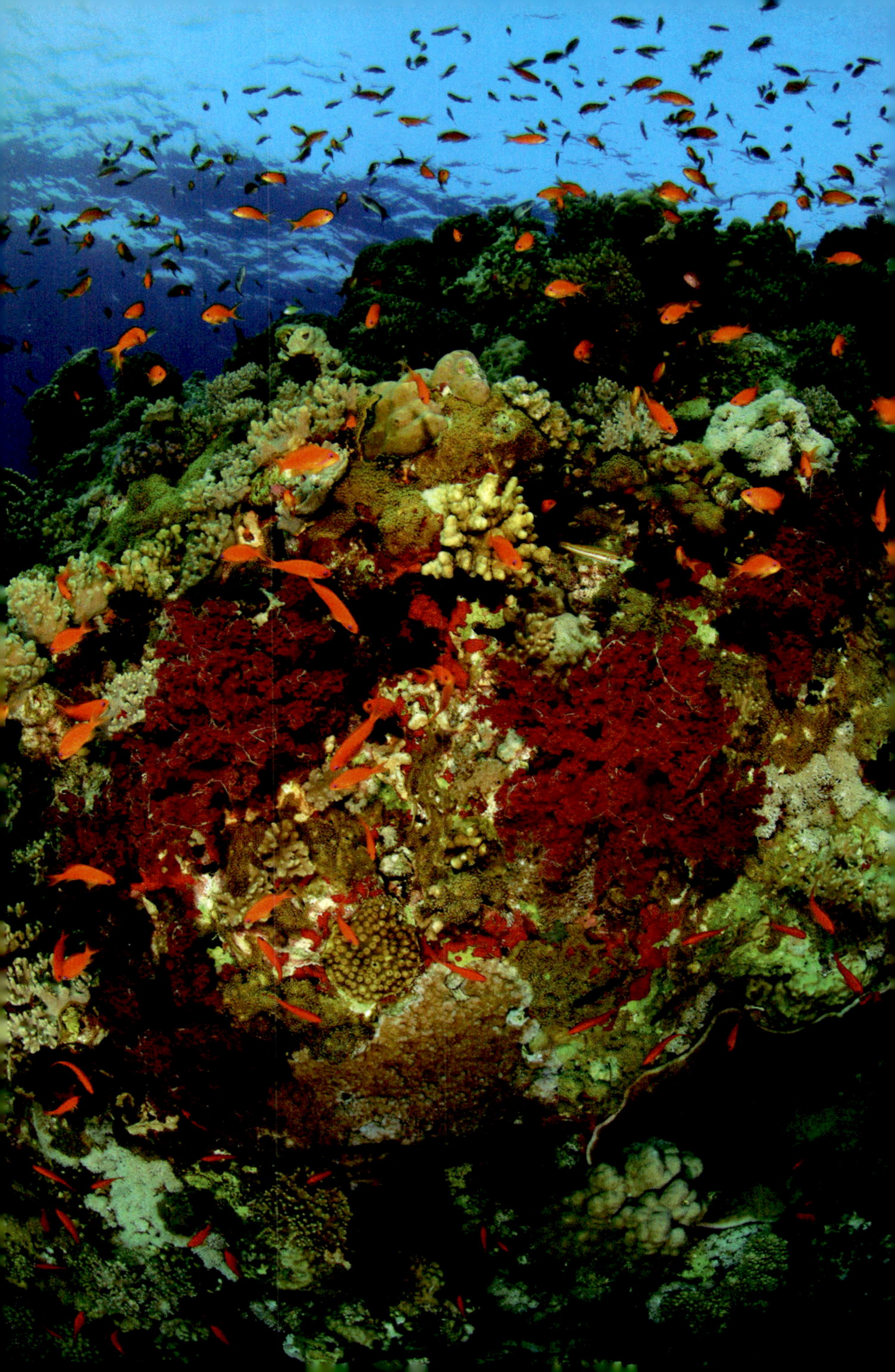

Bildwinkel und Zirkular-Fisheye-Objektive mit 180° diametralem Bildwinkel (runde Bilder!). Zirkular-Fisheyes sind selten. Nur Sigma baut welche für Kleinbild-äquivalente Vollformatsensoren. Vor APS-C Bildsensoren sind sie nicht zu gebrauchen, weil das Bild zu sehr beschnitten wird. Die Brennweite der Zirkular-Fisheyes beträgt 8 mm. Runde Bilder sind etwas Besonderes, weil sie erstens nicht jeder vorweisen kann, und zweitens, weil man seine Gedanken wegen der ungewohnten Darstellungsweise erst mal ordnen muss. Die Unterwasserwelt wird gekrümmt, mutiert aus der Vogelperspektive zur Kugel. Die Motive wirken seltsam verzerrt und verbogen, Menschen können oder besser gesagt sollten nicht übermäßig am Bildrand platziert werden.
So exotisch Zirkular-Fisheyes sein mögen, so normal sind vollformatige Fisheye-Objektive mittlerweile selbst bei Urlaubsfotografen. Vollformatig heißt, dass sich der 180°-Bildwinkel diagonal über das Bild erstreckt. Solche Fisheyeaufnahmen ähneln, wenn man die Kamera exakt horizontal hält, extremen Weitwinkelbildern, die an den Seiten stark verzeichnen. Vollformatige Fisheyes sind für die Kamerahersteller wichtige Prestigeobjektive, mit denen sie unter anderem auch in der Unterwasserfotografie punkten können. Kaum ein Hersteller, der sie nicht im Programm hätte.
Es spielt also so gut wie keine Rolle, mit welcher D-SLR Sie fotografieren, ein vollformatiges Fisheye findet sich meistens. Diagonal-Fisheyes gibt es für Kleinbild-äquaivalente Vollformatsensoren, für APS-C-Bildsensoren und auch für das Four-Thirds-System. Die Fisheyes sind aber untereinander hinsichtlich des Bildsensorformates nicht kompatibel. Wenn ein Kleinbild-äquaivalentes Diagonal-Fisheye an einer APS-C-Digicam verwendet wird, verringert sich sein Bildwinkel drastisch. Er kann – je nach Bildwinkelfaktor – bis auf 98° zurückgehen.
Für großräumige Abbildungen ist die Verwendung eines Kleinbild-äquivalenten Fisheyes an einer Digicam mit kleinerem Bildsensor nur zu empfehlen, wenn der Bildwinkelfaktor den Wert 1,3 (Canon) nicht überschreitet. Und auch dann bleiben von 180° kaum mehr als 140° übrig. Die Bilder besitzen Weitwinkelcharakter mit leichter Fisheye-Verzeichnung. Für Schwarmfischaufnahmen, Korallenfelder, große Schwämme, kleine Wracks, Haie und Modelfotografie im Pool oder Freiland eignet sich der eingeschränkte Bildwinkel aber allemal.

Tipp

Wegen der extremen Dichte des Wassers sollten keine Tele-Aufnahmen gemacht werden. Die Bilder würden ohne Ausnahme flau und farbstichig werden.

Für die Abbildung von Unterwasserlandschaften sind Fisheye-Objektive unerlässlich.

Nicht sinnvoll ist die Verwendung eines APS-C-Fisheyes an einer D-SLR mit Kleinbild-äquivalentem Bildsensor. Die durch den kleineren Bildkreis verursachten Dunkelfelder (extreme Vignettierung!) beschneiden das Bild so, dass eine vernünftige Fotografie nicht möglich ist.
Eigenständig und nicht kompatibel sind vollformatige Fisheyeobjektive für das Four-Thirds-Systems. Sie können nur an Kameras dieses Formatkonzeptes verwendet werden.

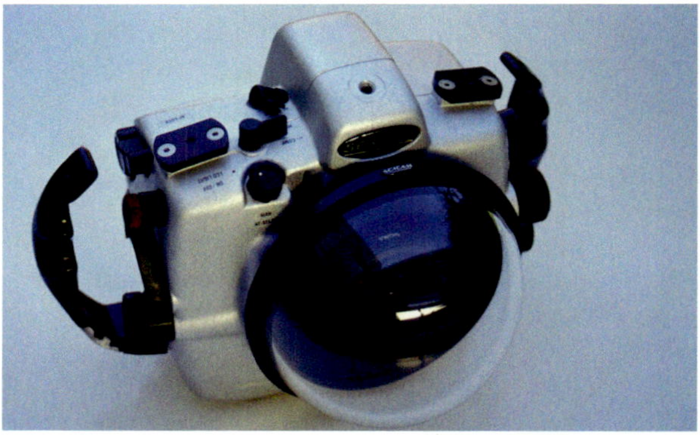

Mit diesem Domeport können sowohl vollformatige als auch rundzeichnende Fisheye-Objektive verwendet werden (rechts).

Typisch für ein Fisheyebild: übertriebener Vordergrund und kleiner Taucher dahinter (rechte Seite)

Merke

1. Makroobjektive sind unverzichtbar, wenn man kleine Objekte groß ablichten möchte.

2. An keinem digitalen Kamerasystem kann man unter Wasser das eingebaute Objektiv wechseln. Diese Einschränkung kann man entschärfen, wenn man sich für ein Zoom mit großem Brennweitenbereich und kurzer Naheinstellgrenze entscheidet.

3. Die kürzeste Naheinstellung des Objektives ist ein wichtiges Kaufkriterium, insbesondere bei Zooms. Je weniger Wasser sich zwischen Objektiv und Motiv befindet, desto brillanter werden die Bilder. Außerdem gibt es weniger Probleme beim Anpassen an Domegläser.

4. Wenn das Unterwassergehäuse mit einem Planport verwendet wird, endet der nutzbare Weitwinkelbereich ohne gravierende Randunschärfen und Farbveränderungen bei einem Bildwinkel von maximal 75°.

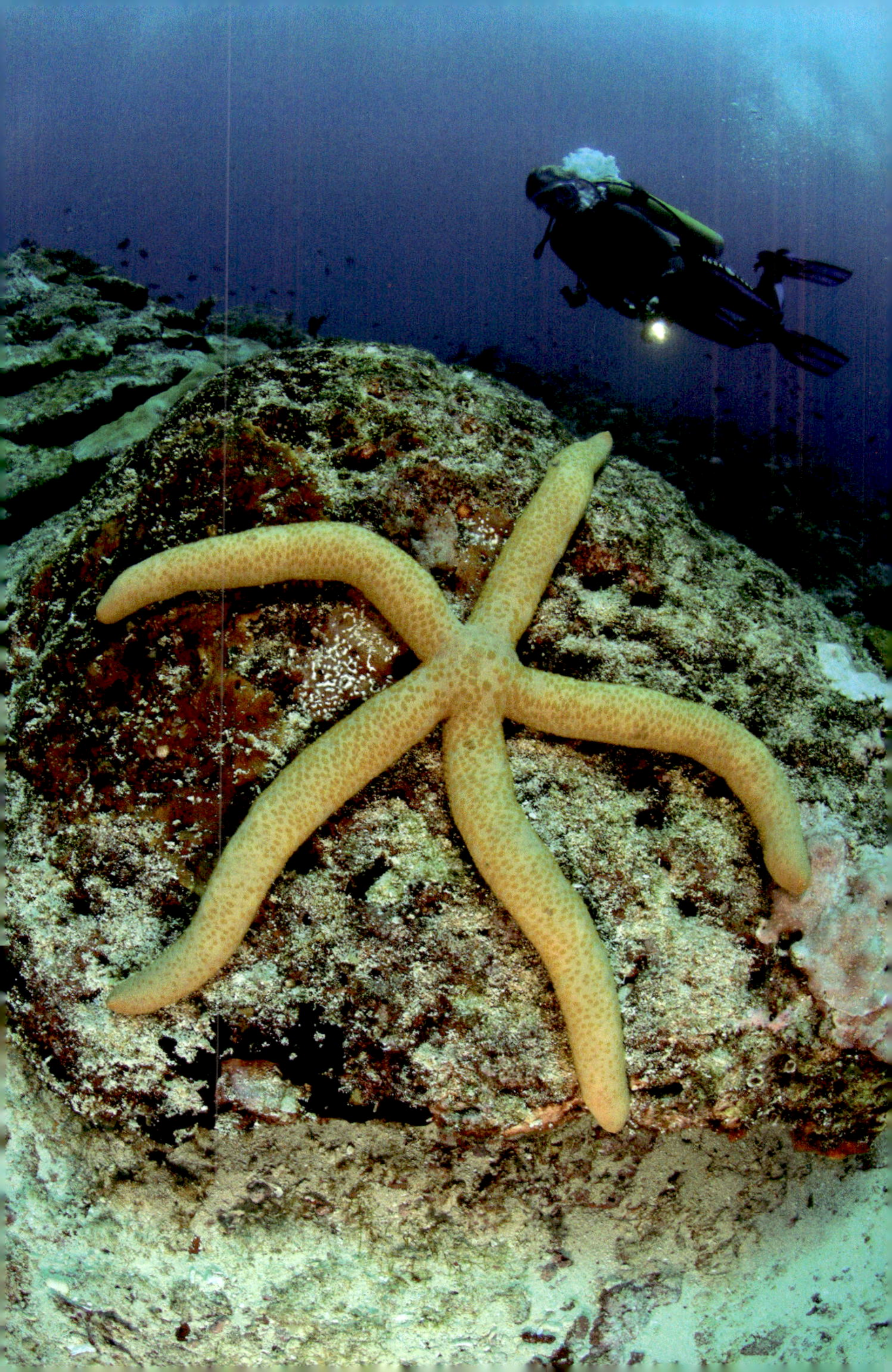

Scheinbare Brennweite

Mit Makroobjektiven und Standard-Zooms wird unter Wasser üblicherweise hinter einem Planglas fotografiert. Dadurch verlängert sich die Brennweite (scheinbar) um den Faktor 1,33. Aus einem auf Kleinbild bezogenen 50-mm-Makroobjektiv wird (scheinbar) eines mit 66,5 mm Brennweite. Der Bildwinkel verringert sich dann entsprechend der (scheinbar) längeren Brennweiten. Bis zu einem Bildwinkel von 75° kann man ohne sichtliche Verschlechterung durch ein Planglas fotografieren. Objektive mit größeren Bildwinkeln sollten allerdings hinter gewölbten Frontgläsern verwendet werden.

Die (scheinbare) Brennweitenverlängerung verringert zwar einerseits den Bildwinkel des eingebauten Objektivs, bringt aber andererseits den Vorteil der größeren Abbildung mit sich. Hinter einem Planglas vergrößert sich der Abbildungsmaßstab um ein Drittel. Wenn man an Land mit dem Makroobjektiv an der digitalen Spiegelreflexkamera eine Abbildungsgröße von 1:1 erreicht, sind es unter Wasser hinter Planglas 1,33:1, also eine deutliche Vergrößerung der Motive, die sich bei sehr kleinen Objekten positiv bemerkbar macht.

Longimanus im Roten Meer. Nur wenn in den Bildecken Wasser ist. kann man auch mit einem Weitwinkel durch Planglas fotografieren.

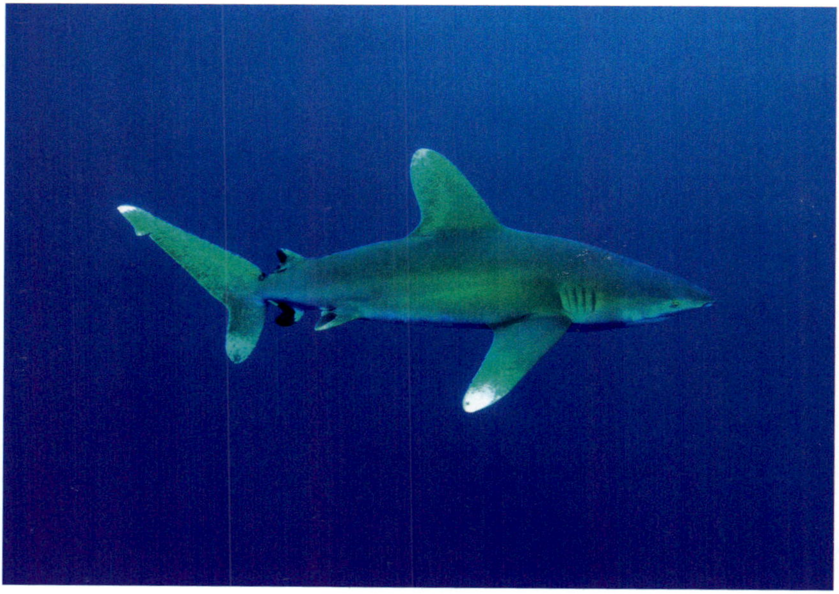

Telekonverter

Um die Brennweite eines Objektives zu verlängern, montiert man zwischen D-SLR und Optik einen Telekonverter. Im Prinzip handelt es sich bei diesem Gerät um einen Zwischenring mit speziellen Linsen, aus denen sich ein bestimmter Konverter- bzw. Verlängerungsfaktor errechnen lässt. Man unterscheidet je nach Verlängerungsfaktor 1,4fach, 1,7fach und 2fach-Konverter. Mit einem 1,7fach Telekonverter wird die Brennweite eines damit beaufschlagten Objektives erheblich verlängert. Aus 100 mm werden 170 mm. Das allein wäre aber noch kein Grund, einen Telekonverter zu verwenden. In der Unterwasserfotografie verwendet man einen Telekonverter nur deshalb, weil sich damit der Abbildungsmaßstab der Optik bei gleicher Motiventferung um den Konverterfaktor vergrößern lässt. Verwendet man beispielsweise ein Makroobjektiv, das einen Abbildungsmaßstab von 1:1 erlaubt, kann dieser mit einem 2fach-Telekonverter auf 2:1 erweitert werden.

Mit der Brennweitenverlängerung geht aber auch eine Verringerung der Lichtstärke einher. Ein 2fach-Telekonverter macht aus einem Objektiv mit Lichtstärke 1:2,8 eine Linsenkombination mit

Tipp

Wenn Sie den Telekonverter eines Fremdherstellers an Ihrer D-SLR verwenden wollen, sollten Sie sich beim Kamera- bzw. Objektivhersteller erkundigen, ob er diese Kombination empfiehlt. Telekonverter für Kleinbildobjektive sind nicht telezentrisch konstruiert, weshalb es zu Qualitätseinbußen kommen kann.

Mit Telekonvertern sind große Abbildungsmaßstäbe möglich.

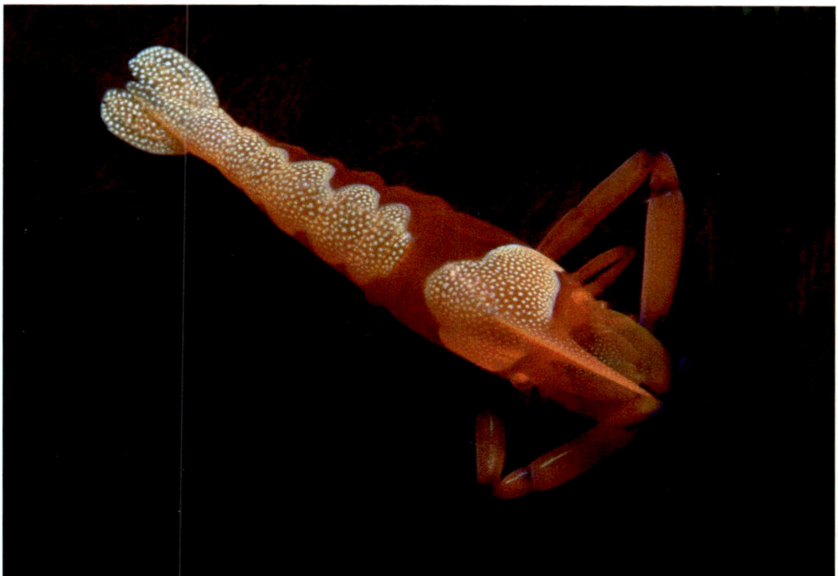

Telekonverter verlängern die Brennweite eines Objektives. Die Lichtstärke nimmt aber faktorbezogen ab.

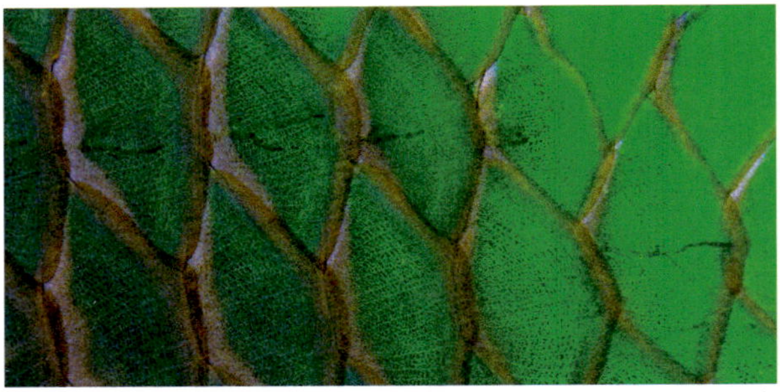

Lichtstärke 1:5,6. Das durch Objektiv und Telekonverter auf den Bildsensor auftreffende Licht beträgt also nur noch ein Viertel (2 Blenden Lichtverlust!) des ursprünglichen Lichtdurchlasses. Hierdurch wird auch der Autofokus langsamer und störanfälliger.

Merke

1. Die Gesamtlichtstärke sollte 1:5,6 möglichst nicht unterschreiten, weil sonst der AF seine Funktion einstellt. Die Grenze liegt je nach D-SLR bei etwa 1:7 bis 1:8. Und die ist schnell erreicht, wenn in 30 m Tiefe bei düsterem Umgebungslicht und maximalem Abbildungsmaßstab fotografiert wird.

2. Wenn der Autofokus nicht richtig arbeitet, sollte man eine Pilotlampe zuschalten.

3. Mit Telekonvertern fotografiert man vordergründig im Nah- und Makrobereich mit kleinen Blenden. Wegen des Lichtverlustes sollte der Blitz entsprechend stark sein oder die Empfindlichkeitseinstellung auf ISO 200 oder ISO 400 erhöht werden. Empfehlenswert sind auch zwei kleine Blitzgeräte.

4. Mit Telekonvertern kann man, anders als mit gewöhnlichen Zwischenringen, das Objektiv auf Unendlich stellen.

5. Unter Wasser verwendet man Telekonverter ausschließlich an Makroobjektiven. Vorsicht bei Zoom-Objektiven! Sie sind aus optischen Gründen nur in Ausnahmefällen für eine Konverteradaption geeignet.

6. Die Motiventfernung beim größten Abbildungsmaßstab (Makroobjektiv + Telekonverter) entspricht der kürzesten Naheinstellung des Makroobjektives.

Nahlinsen

Man bezeichnet diese Vorsatzlinsen häufig als die Makrooptik des kleinen Mannes, doch mit echten Makroobjektiven haben sie so wenig zu tun wie eine Camera obscura mit einer D-SLR. Zur Verwendung an digitalen Spiegelreflexkameras haben sich Nahlinsen nicht recht durchsetzen können, weil ihnen die Makroobjektive mit ihrer flexibleren Handhabung in vielerlei Hinsicht den Rang abgelaufen haben.

Unterwasserfotografen verwenden aber bei speziellen Motiven wie Pygmäenseepferdchen durchaus Makroobjektive zusammen mit Nahlinsen. Man ist damit zwar spürbar unflexibler als mit einem Telekonverter, aber Nahlinsen schlucken so gut wie kein Licht, das Sucherbild bleibt hell und klar, der AF arbeitet ungehindert, wenn auch nur in einem sehr kleinen Bereich. Vielfach ist es aber besser, ihn abzuschalten und die Scharfeinstellung im Sucher durch Heranführen der Kamera durchzuführen.

Wenn eine Nahlinse, die man auch als Plus-Meniske oder salopp als Vorsatzlinse bezeichnet, vor ein Makroobjektiv gesetzt wird, sollte man darauf achten, dass es sich um einen Achromaten handelt. Achromaten bestehen aus zwei Nahlinsen, von denen jede die Fehler der anderen korrigiert bzw. aufhebt. Nur dann ist

Die Abbildungsqualität von guten Nahlinsen genügt auch hohen Ansprüchen.

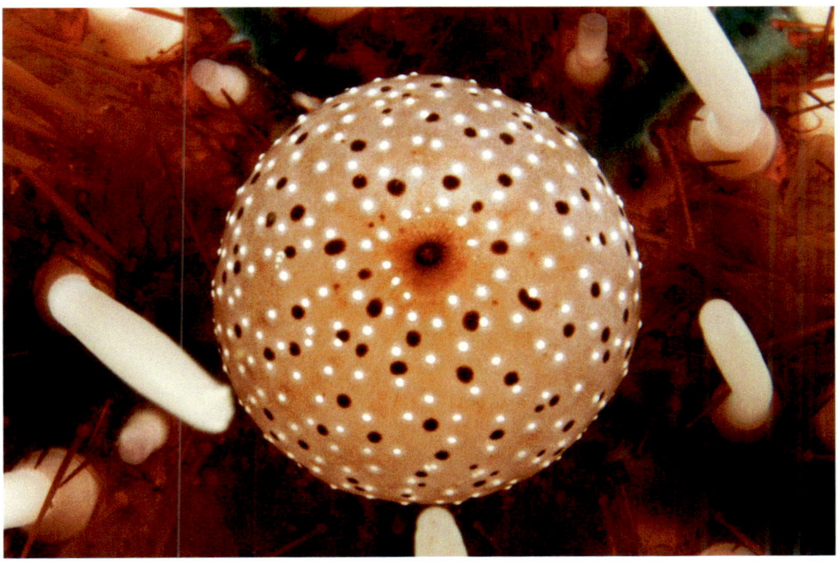

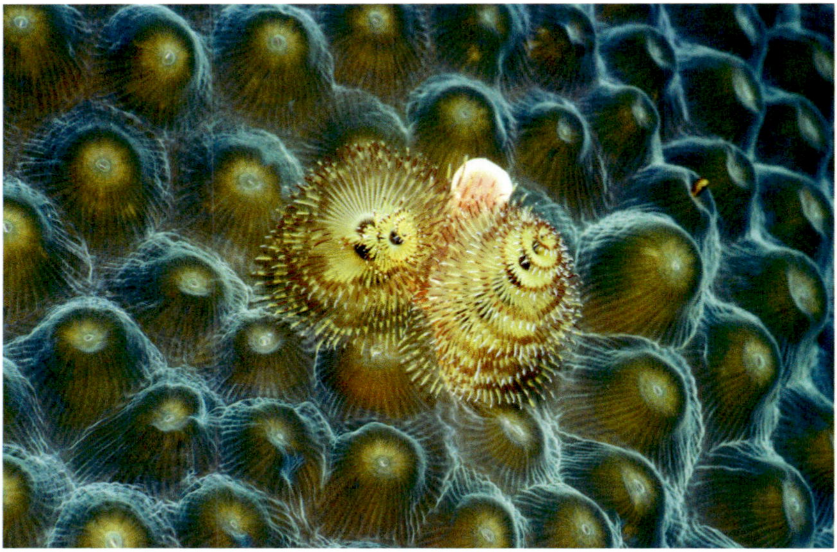

Wenn Nahlinsen unter Wasser gewechselt werden können, z. B. Wet-Diopter, fotografiert man damit sehr flexibel.

gewährleistet, dass die Abbildungsleistungen akzeptabel sind. Einen solchen 12-Dioptrien-Achromaten, »Zörk-Macroskop« genannt«, bekommen sie bei *www.zoerk.de*.

Eine andere, weit flexiblere Angelegenheit sind Wet-Diopter (*www.seacam.com*), die vorn am Makroport befestigt werden und Abbildungsmaßstäbe bis über 2:1 gestatten. In diesem Fall kann man die Makrolinse unter Wasser abnehmen und bei Bedarf wieder aufstecken. Die Fassung des Frontglases muss aber eine definierte Größe haben, sonst kann man die Nahlinse nicht befestigen. In den USA sind auch Konstruktionen (Light & Motion) bekannt, bei denen die Nahlinse am Makroport vorgeschwenkt werden kann.

Normalbrennweiten

Die unterschiedlich großen Bildsensoren der digitalen Spiegelreflexkameras machen es schwer, die Brennweiten miteinander zu vergleichen. 50 mm bezeichnet man bei Kleinbild-äquivalenten Vollformatsensoren als Normalbrennweite bzw. als Normalobjektiv. Hier liegt ein Bildwinkel von 47° vor. Mit zunehmendem Bildwinkelfaktor bzw. kleinerem Bildsensor verringern sich Normalbrennweite und Bildwinkel.

Brennweiten und Bildwinkel

Vollformatsensor	1,37 bis 1,3	APS-C-Sensor	Four-Thirds-System
14 mm (114°)	10,2–10,8 mm	8–9 mm	7 mm
18 mm (100°)	13,1–13,9 mm	10,6–12 mm	9 mm
20 mm (94°)	14,6–15,4 mm	11,8–13,3 mm	10 mm
24 mm (84°)	17,5–18,5 mm	14,1–16 mm	12 mm
28 mm (75°)	20,4–21,5 mm	16,5–18,7 mm	14 mm
35 mm (63°)	25,6–27 mm	20,6–23,3 mm	17,5 mm
50 mm Makro (47°)	36,5–38,5 mm	29,4–33,3 mm	25 mm
60 mm Makro (40°)	43,8–46,2 mm	35,3–40 mm	30 mm
90 mm Makro (27°)	65,7–69,2 mm	53–60 mm	45 mm
100 mm Makro (24°)	73–77 mm	59–66,7 mm	50 mm
105 mm Makro (23°)	76,6–80,8 mm	61,8–70 mm	52,5 mm
150 mm Makro (16°)	109,5–115,4 mm	88,2–100 mm	75 mm
180 mm Makro (14°)	131,4–138,5 mm	105,9–120 mm	90 mm
200 mm Makro (12°)	146–153,9 mm	117,7–133,3 mm	100 mm
15-16 mm (Fisheye) (180°)	15–16 mm	10–10,5 mm	8 mm
8 mm Zirkular-Fisheye (180°)	7 mm	6 mm	4 mm

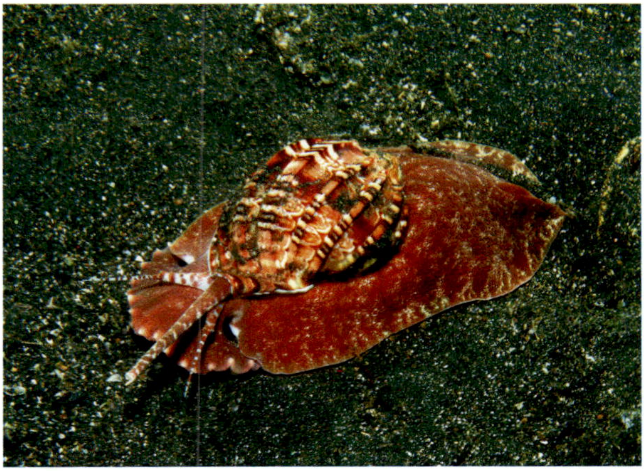

Die Sensordiagonale ist ein wichtiger Parameter. An ihr orientieren sich Crop-Faktor und Brennweite (links).

Brennweite und Bildwinkel stehen in einem kausalen Zusammenhang (nächste Seite)

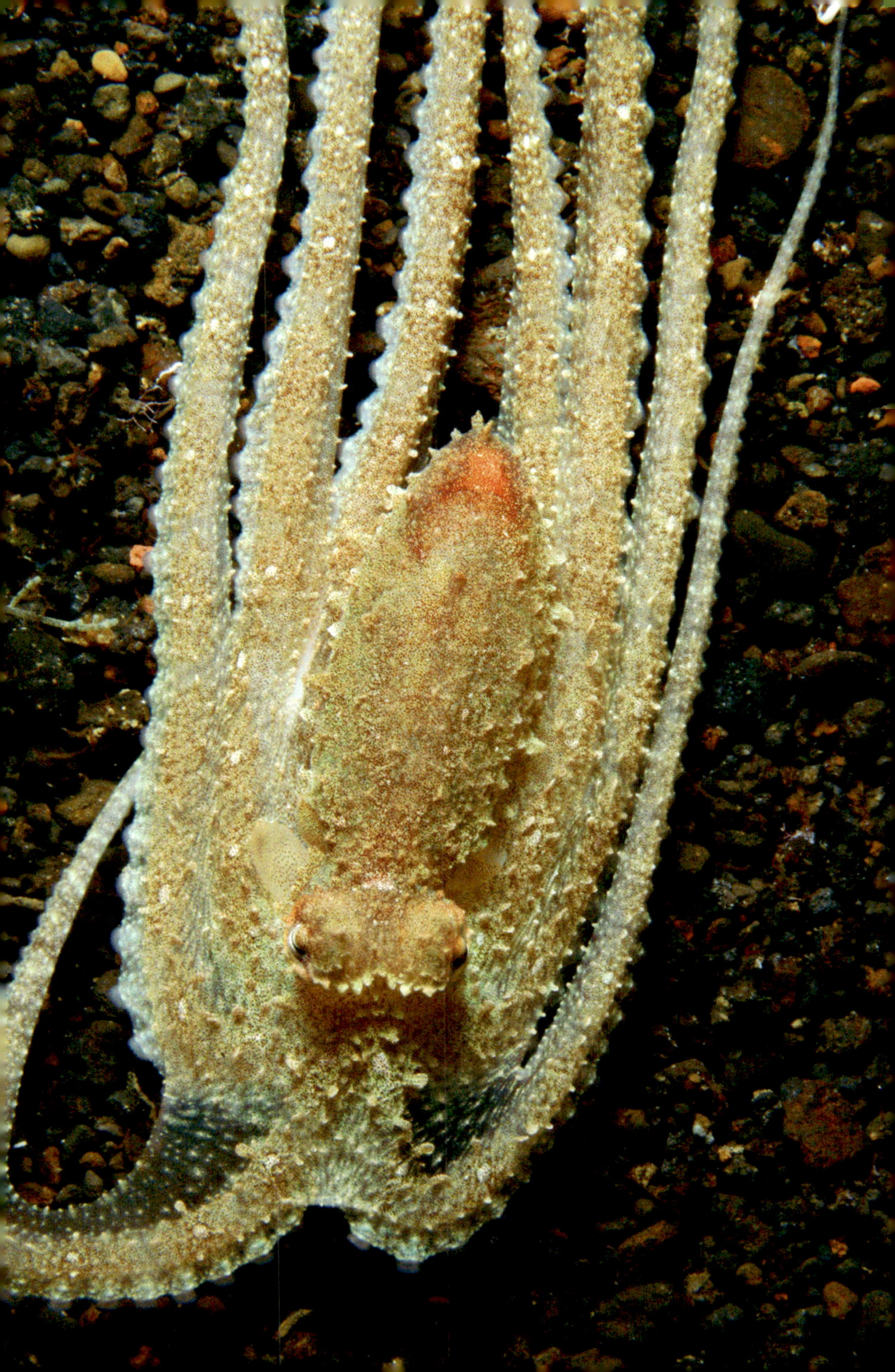

Belichtungssteuerung

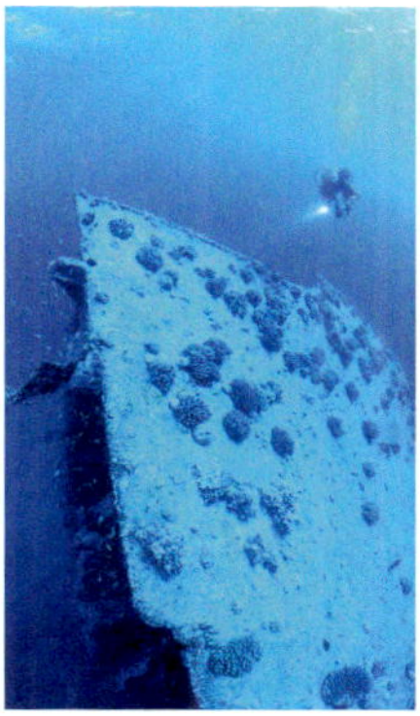

Je größer der Bildwinkel, desto unproblematischer die Programmautomatik, wenn ohne Blitz fotografiert wird.

Die Belichtungsprobleme aus der Frühzeit der Unterwasserfotografie gibt es zum Glück nicht mehr. Hochwertige digitale Spiegelreflexkameras verfügen über mehrere Belichtungsprogramme, die je nach Kameratyp unter Wasser mehr oder weniger sinnvoll einsetzbar sind. Wer die Belichtung lieber manuell einstellen will, kann das zwar immer noch tun, sinnvoll ist es nicht mehr. Autofokus und Belichtungsautomatiken lassen sich bei allen digitalen Spiegelreflexkameras abschalten und geben dem individuellen Gestaltungsdrang genügend Raum.

Beim Fotografieren mit einem Unterwassergehäuse sollten Sie sich aber nicht zu viel auf manuelle Spielereien einlassen, weil man aufgrund der etwas instabilen Lage beim Tauchen und Schnorcheln besser mit einer Automatikfunktion fotografiert.

Die Frage ist nur: Mit welcher? Die nachfolgenden Hinweise und Erklärungen beziehen sich alle auf das Fotografieren ohne Blitz. Blitzlichtfotografie mit und ohne Automatikfunktion wird im Kapitel »Fotografieren mit Blitzlicht« ausführlich erklärt.

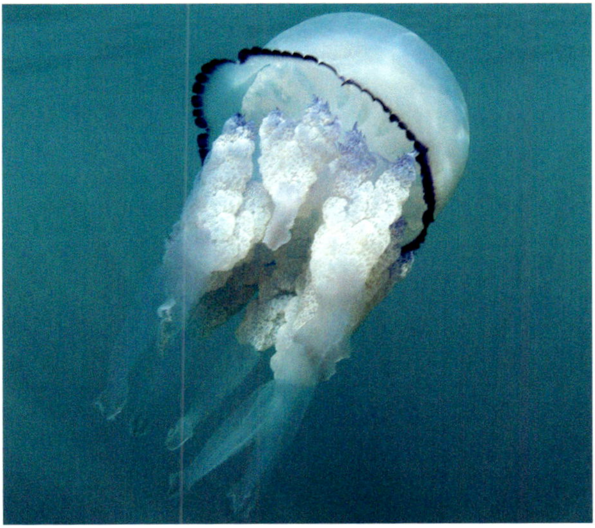

Für Schnappschüsse kann man die Programmautomatik immer verwenden.

Programmautomatik

Im Modus Programmautomatik (allgemeines Kürzel P) stellt die Kamera je nach Umgebungslicht selbsttätig Verschlusszeit und Blende ein. Dabei wählt die Programmautomatik nach Möglichkeit eine verwackelungsfreie Verschlusszeit. Die Blende kann deshalb nur bedingt für gestalterische Aufnahmen hergenommen werden. Allerdings bieten hochwertige digitale Spiegelreflexkameras eine sog. Shift-Funktion, mit der man das Wertepaar (Zeit und Blende) verschieben kann, so dass durchaus auch kleine Blenden oder extrem schnelle Verschlusszeiten eingestellt werden können. Mit der Programmautomatik fotografiert man zumindest mit Weitwinkel- und Fisheye-Objektiven wegen der größeren Schärfentiefen weitgehend sorgenlos, wenngleich kreative Unterwasserfotografen diese Automatik normalerweise ablehnen.
Die Programmautomatik ist Standard in jeder digitalen Spiegelreflexkamera. Als Schnappschussautomatik ohne Blitz hat sie eine nicht unberechtigte Funktion.

Mit der Zeitautomatik zu fotografieren heißt, die Blende nur so weit schließen, dass man verwackelungsfrei auslösen kann (rechte Seite).

Zeitautomatik

Im Modus Zeitautomatik (Kürzel A bei Konica-Minolta, Nikon, Olympus, Panasonic und Sony; Kürzel Av bei Canon und Pentax) wählt man die Blende vor, und die richtige Verschlusszeit stellt sich automatisch ein. Man muss bei dieser Automatikfunktion nur aufpassen, dass man keine zu kleine Blende wählt, sonst wird die Verschlusszeit verlängert und man verwackelt das Bild. Kontrollieren Sie aus diesem Grund immer die Belichtungsdaten im Sucher oder auf dem Display. $^{1}/_{60}$ s sollte es schon sein.

Mit der Zeitautomatik kann man die Schärfentiefe sehr gut als Gestaltungsmittel einbringen.

Vorteilhaft ist es, wenn die D-SLR bzw. das Objektiv über eine Bildstabilisierung verfügt. Damit kann man mit sehr langen Verschlusszeiten ($^{1}/_{8}$ s) verwackelungsfrei fotografieren.

Blendenautomatik

Im Modus Blendenautomatik (Kürzel S bei Nikon, Olympus, Panasonic und Sony; Kürzel Tv bei Canon und Pentax) wählt man die Zeit vor, und die richtige Blende stellt sich automatisch ein.

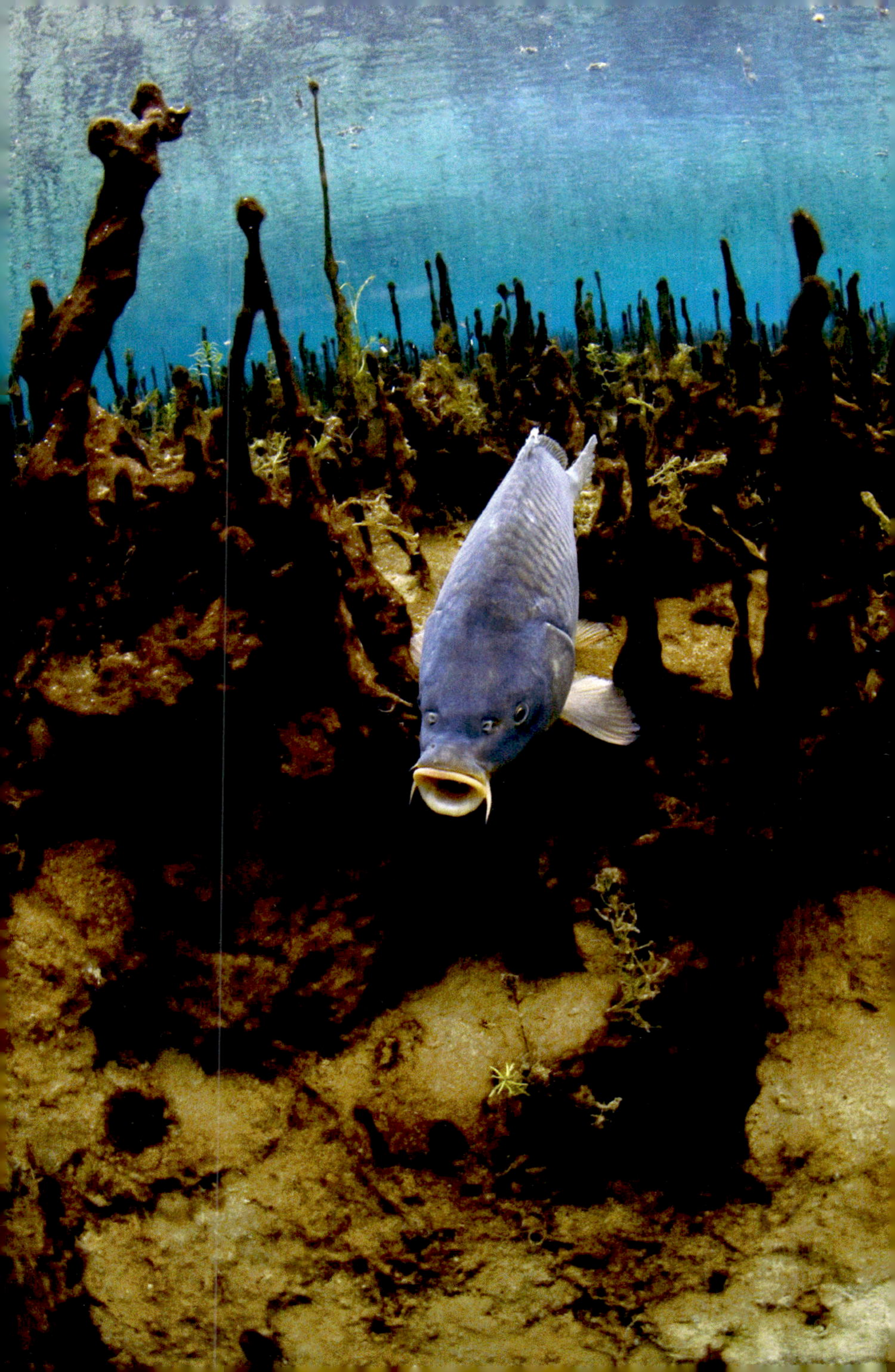

Koi vor dunklem Hintergrund; wegen der gelblichen Schuppen war kein Blitzlicht notwendig, aber eine Minuskorrektur an der Blendenautomatik.

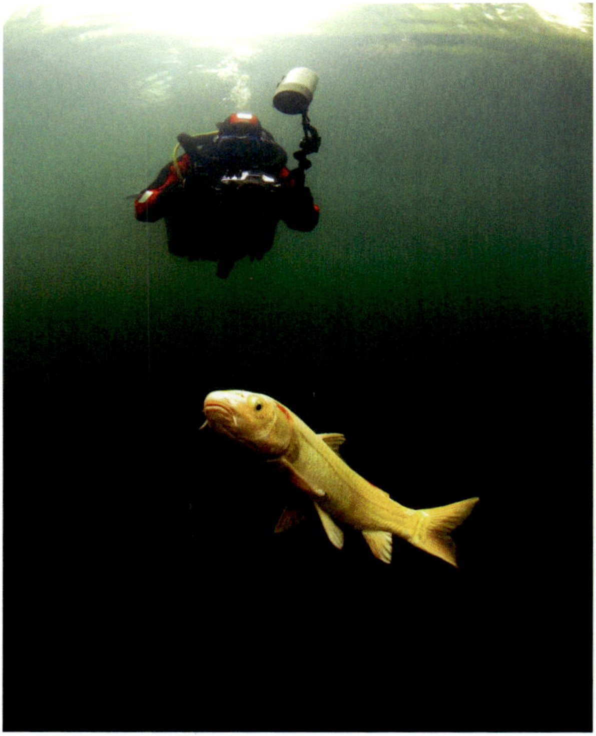

Tipp

Die Blendenautomatik ist im Regelfall eine narrensichere Angelegenheit. Man verwendet sie beispielsweise bei der ungeblitzten Wrackfotografie im Meer oder im Süßwasser bei der Fischfotografie und beim Ablichten von UW-Landschaften in der Sonne.

Diese Belichtungsautomatik hat den entscheidenden Vorteil, dass man eine verwackelungssichere Verschlusszeit, beispielsweise bei schnell schwimmenden Fischen, vorwählen kann. Wenn das Umgebungslicht nicht mehr für eine korrekte Blende ausreicht, blinkt das Blendensymbol. Obwohl sich die Zeitautomatik feiner dosieren lässt als die Blendenautomatik, reichen selbst Drittel- oder halbe Blenden für eine perfekte Belichtung gut aus.

Manuelle Einstellung

Im Modus Manuell (allgemeines Kürzel M) entscheidet der Fotograf über die richtige Belichtung. Alles von Hand einzustellen kann durchaus Spaß machen, ist aber auch mühselig und fehlerbehaftet. Verschlusszeit und Blende müssen exakt auf das Umgebungslicht abgestimmt werden. Dazu muss man den im Sucher

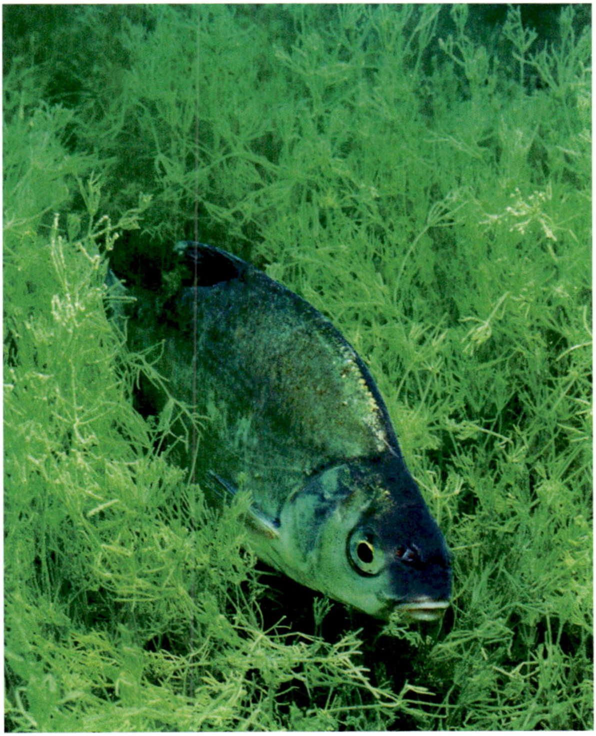

Manuell belichten erfordert mehr Zeit bei der Kameraeinstellung, lohnt sich aber mitunter bei besonderen Motiven wie bei dieser Brachse im Kraut.

angezeigten Belichtungsbalken kontrollieren und das Wertepaar (Zeit und Blende) so einstellen, bis die Belichtung korrekt ist. Die elektronische Anzeige im Sucher steht dann auf dem Nullpunkt, rechts und links davon bzw. nach oben oder unten (je nach Kameratyp) erstrecken sich die Über- und Unterbelichtungen. Der manuelle Modus ist an einer digitalen Spiegelreflexkamera unter Wasser nur bedingt zu empfehlen, weil damit ein nicht unerheblicher Zeitaufwand verbunden ist.

Motivprogramme

Weil viele Fotografen mit Verschlusszeit und Blende bei bestimmten Motiven oftmals nicht klarkommen, hat die Industrie sog. Motivprogramme entwickelt. Im Prinzip sind das Kameraprogramme, die in einer definierten Situation automatisch die richtige Blende und die korrekte Verschlusszeit einstellen. Bei-

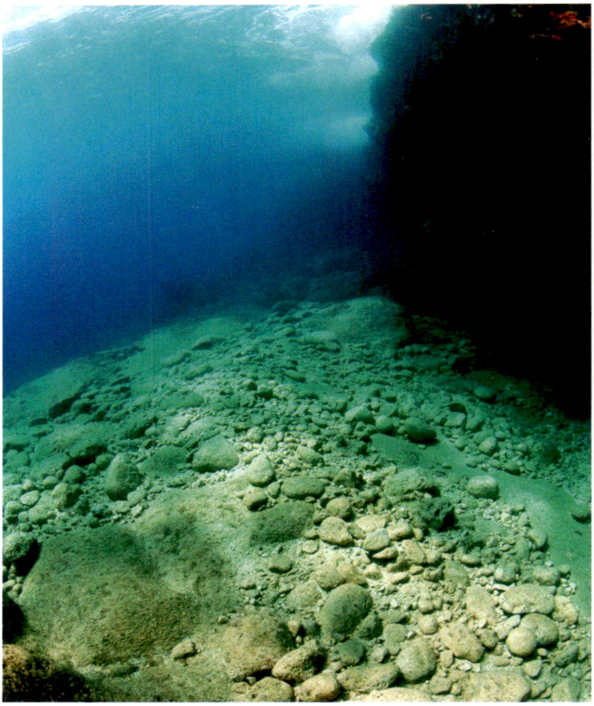

Diese stimmungsvolle Unterwasserlandschaft im Mittelmeer konnte mit dem Landschaftsprogramm fotografiert werden.

spielsweise wird beim Anwählen des Sport-Programms eine schnelle Verschlusszeit gewählt, damit die anvisierten Objekte nicht unscharf abgebildet werden. Oder es wird im Portrait-Programm eine relativ offene Blende von der Automatik vorgegeben, damit sich der Kopf dann aufgrund der kleinen Schärfentiefe vom Hintergrund abhebt. Im Weiteren gibt es ein Silhouetten-Programm, eines für die Kinderfotografie, eines für Nachtaufnahmen und eines für Nahaufnahmen. Nachteil dieser Motivprogramme, die man im übertragenen Sinn durchaus auch in der Unterwasserfotografie verwenden kann, ist der Umstand, dass man in den Programmablauf nicht eingreifen kann. Es wird im Einzelfall von der Automatik sogar bestimmt, ob ein Blitz zugeschaltet werden kann oder nicht. Wer die Zusammenhänge zwischen Blende und Verschlusszeit verstanden hat, benötigt kein Motivprogramm. Für kreatives Arbeiten sind die Motivprogramme ohnehin ungeeignet.

Belichtungsmessung

Wie die Belichtung gemessen wird, ist abhängig von der Art und Weise der Belichtungsmessung des Aufnahmegerätes. Sie sollte korrekterweise nach dem Reflexionsvermögen und der Größe des Motivs festgelegt werden. In der Praxis sieht es freilich anders aus.

Nur die wenigsten Unterwasserfotografen ändern die Art der Belichtungsmessung an ihrer D-SLR. Fast immer wird mit der Matrix- bzw. Mehrfeldmessung fotografiert, und dies sowohl mit als auch ohne Blitz.

Das liegt zum einen daran, dass nur die wenigsten Unterwasserfotografen die unterschiedlichen Belichtungsmessarten mit ihren Funktionsweisen verstanden haben, zum anderen aber auch an den mitunter etwas umständlichen Übertragungen am Unterwassergehäuse, die es schwierig machen, die Belichtungsart zu wechseln. Hinzu kommt, dass unter Wasser die meisten Motive geblitzt werden und sich dabei die Matrix- und Mehrfeldmessung als recht zuverlässig erwiesen hat. Der Wechsel von einer Belichtungsmessart zur anderen ist deshalb im Wesentlichen nur dann sinnvoll, wenn ohne Blitz fotografiert wird.

Matrix- oder Mehrfeldmessung

Um die Belichtung sicherer und auch differenzierter zu machen, werden digitale Spiegelreflexkameras mit Mehrfeldmessungen ausgestattet. Hierbei wird das Sucherbild in verschiedene Felder aufgeteilt, die je nach Kameraklasse zwischen 6 und 16 oder noch mehr Segmente aufweisen. Glaubt man den Herstellern, dann müsste eine Kamera mit 16 Messfeldern genauer und zuverlässiger arbeiten als eine mit 6 oder 8 Feldern. Doch das ist relativ und kommt wiederum auf die Justierung des Belichtungsmessers in der Kamera an. Unabhängige Tests haben bewiesen, dass auch eine Amateurkamera mit 6 Messfeldern ebenso gute Ergebnisse bringen kann wie ein Profigerät mit 14 oder 16 Segmenten.
Die Belichtungssicherheit steigt, wenn der Autofokus mit der Mehrfeldmessung gekoppelt ist. Das heißt, dasjenige Messfeld, in dem die Schärfe liegt, wird vorrangig korrekt belichtet. Bei 70 bis 80% aller Motive arbeitet die Mehrfeldmessung recht zuver-

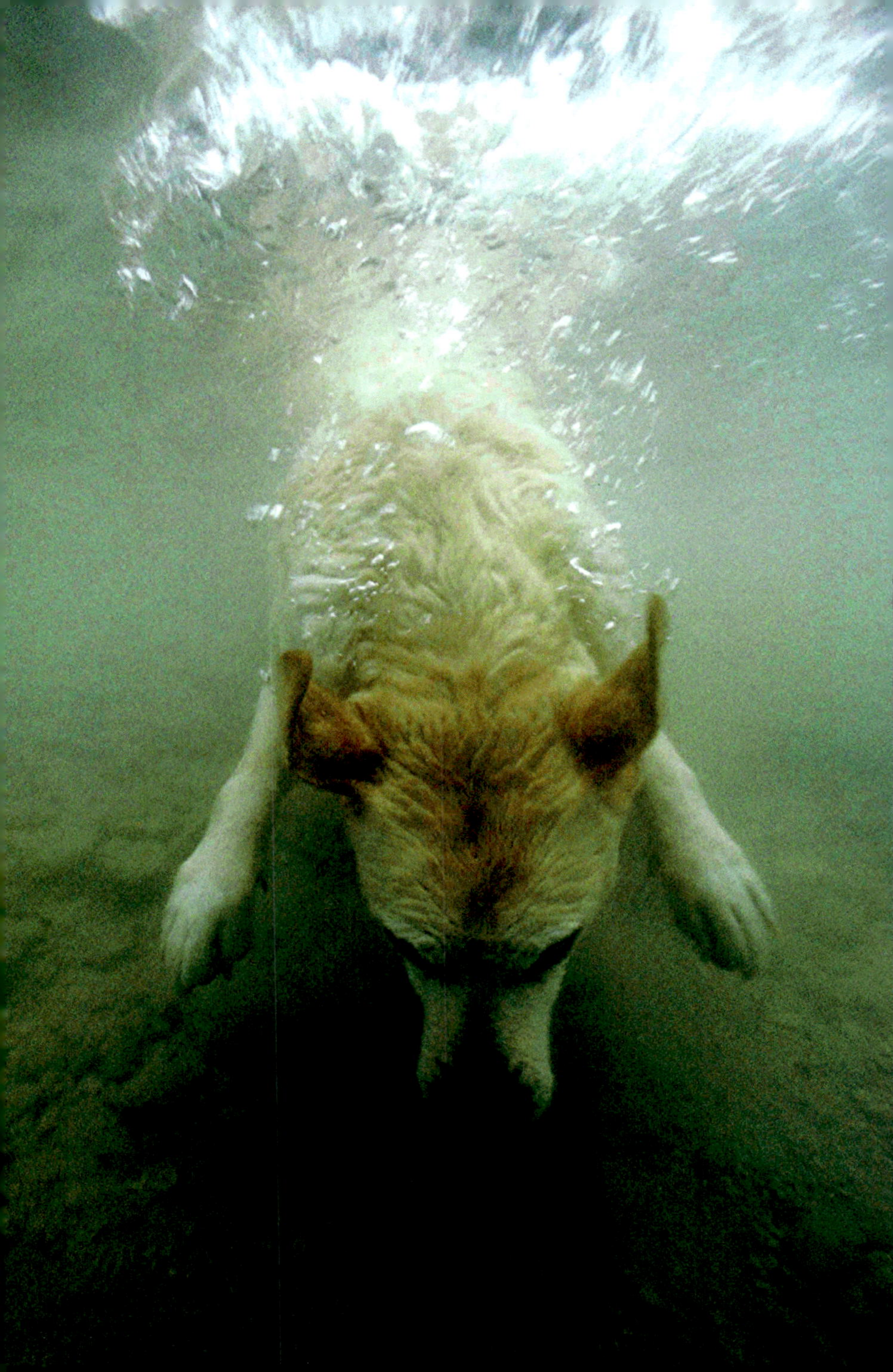

lässig. Werden die Kontraste härter, kommt es mitunter zu Ausreißern. Gegenlichtaufnahmen werden je nach Situation und Kameramodell teils recht gut bewältigt, doch wird man über das Ausmaß der notwendigen Pluskorrektur nicht oder nur unzureichend informiert. So weiß die Mehrfeldmessung natürlich nicht, ob man den Taucher oder den Fisch als Silhouette im Gegenlicht abbilden will oder eher als aufgehelltes Objekt mit Durchzeichnung und Strukturerkennung. Die Software mancher Digitalkameras kann bewusst zu solchen Aufhellungen herangezogen werden.

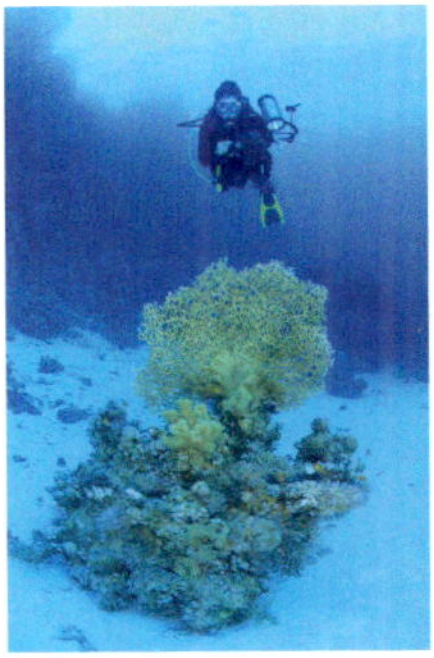

Bei schlechtem Kontrast funktioniert die Matrixmessung perfekt (oben). **Mehrfeldmessungen** haben sich in über 80% aller Fälle bewährt wie bei diesem Foto eines tauchenden Labradors (linke Seite).

Integralmessung

Mit diesem Begriff ist eine Belichtungsmessung über das ganze Bild gemeint mit Schwerpunkt in der Bildmitte oder auf den vom AF-Sensor erfassten Bildteil. Bei Weitwinkelaufnahmen mit

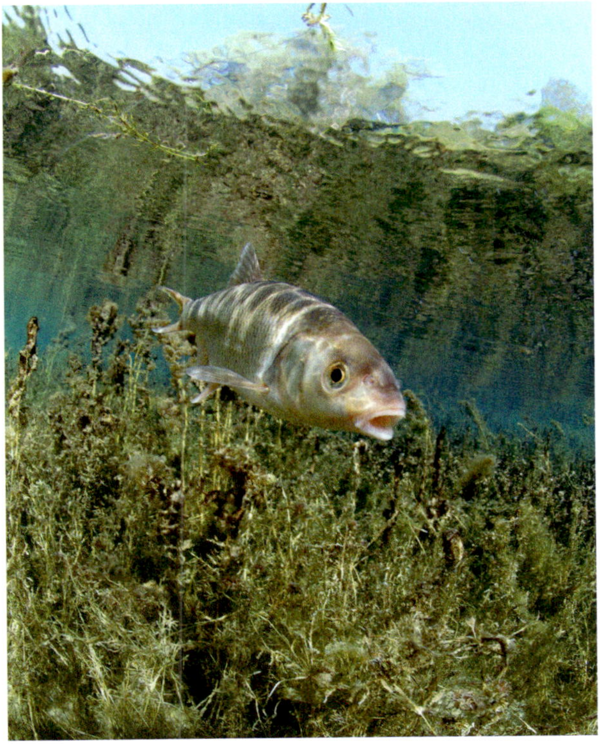

Fisch in der Uferzone. Die Integralmessung berücksichtigt vordergründig die Bildmitte.

> **Tipp**
>
> Mehrfeldmesssysteme werden von den Kameraherstellern mit unterschiedlichen Namen belegt, die aber im Grunde alle dasselbe meinen. Nikon spricht von Matrixmessung und Canon nennt sein Belichtungssystem Mehrzonen-Messung.

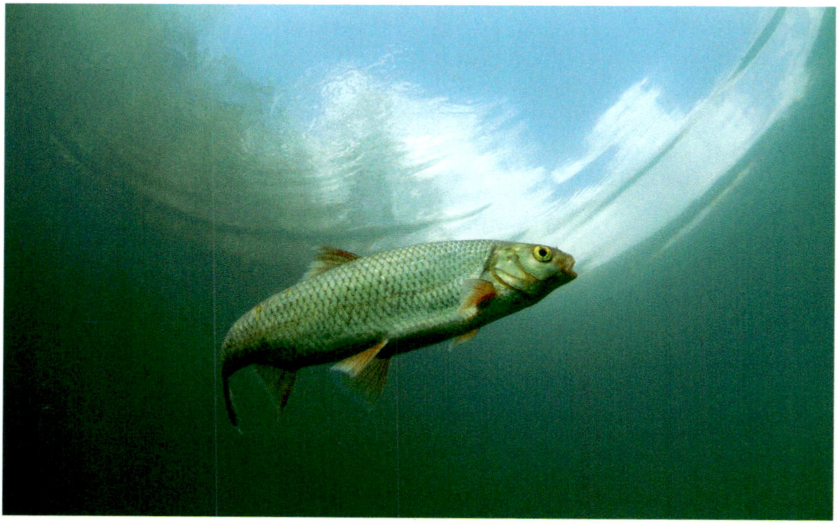

Hasel an der Wasseroberfläche; eine Silhouettenaufnahme war nicht gewünscht, deshalb wurde mit der Spotmessung belichtet.

einem starken Kontrastfeld hat sich die Integralmessung in vielen Fällen als wirkungsvoller und zuverlässiger erwiesen als eine Mehrfeld- oder Matrixmessung. Wer mit einem Superweitwinkel oder Fisheye aus einer Höhle ins Freiwasser fotografiert, liegt mit der Integralmessung meistens besser als mit der Mehrfeldmessung.

Spotmessung

Alle digitalen Spiegelreflexkameras verfügen neben einer Mehrfeld- oder Matrixmessung auch über eine Spotmessung. Damit kann man kleine Objekte gezielt anmessen und deren Reflexionsvermögen für die Belichtung heranziehen, beispielsweise einen kleinen weißen Fisch im tiefblauen Wasser, der so hell ist, dass man ihn nicht anblitzen muss. Mit der Matrixmessung würde er überbelichtet werden, weil diese aufgrund ihrer Messcharakteristik auch das dunklere Umfeld berücksichtigen würde. Oder wenn Sie einen von der Sonne beschienenen Fisch aus einer Felsspalte heraus fotografieren würden. Mit Mehrfeldmessung wäre er vermutlich zwei Blenden zu hell, mit der Integralmessung immer noch eine Blende. Aber auch dunkle Objekte profitieren von der Spotmessung. Ein brauner Karpfen in hellgrünen Wasserpflanzen würde mit einer Mehrfeldmessung hundertprozentig

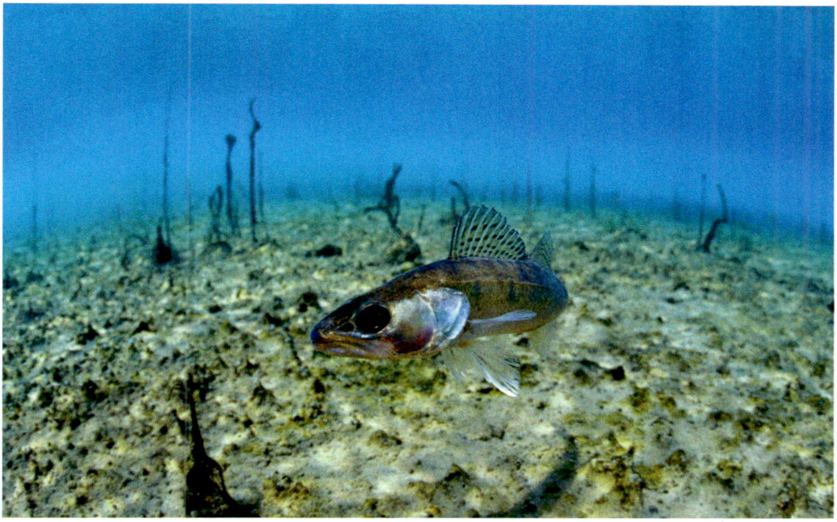

Riesiger Bildwinkel und kleiner Fisch, ein Fall für die Spotmessung

unterbelichtet werden. Angepeilt mit der Spotmessung, wäre er hingegen garantiert richtig belichtet.
Damit die Spotmessung unter Wasser schnell und zielsicher angewendet werden kann, ist ein unkomplizierter Eingriff erforderlich. Sinnvoll ist die Spotmessung zwar in erster Linie beim Fotografieren ohne Kunstlicht, aber im Einzelfall ist ihr Einsatz auch mit einer Video-Lichtanlage bzw. Handscheinwerfer oder mit einem Blitz zu empfehlen.

Merke

1. Geben Sie sich nicht mit der voreingestellten Belichtungsmessmethode Ihrer D-SLR zufrieden, sondern experimentieren Sie mit den gebotenen Einstellungsmöglichkeiten.

2. Bei kontrastarmen Motiven bringt die Matrixmessung meist gute Ergebnisse.

3. Schalten Sie bei Verwendung von Superweitwinkel- oder Fisheye-Objektiven auf Integralmessung.

4. Wenn kleine Objekte vor stark kontrastierendem Hintergrund richtig belichtet werden sollen, hilft die Spotmessung.

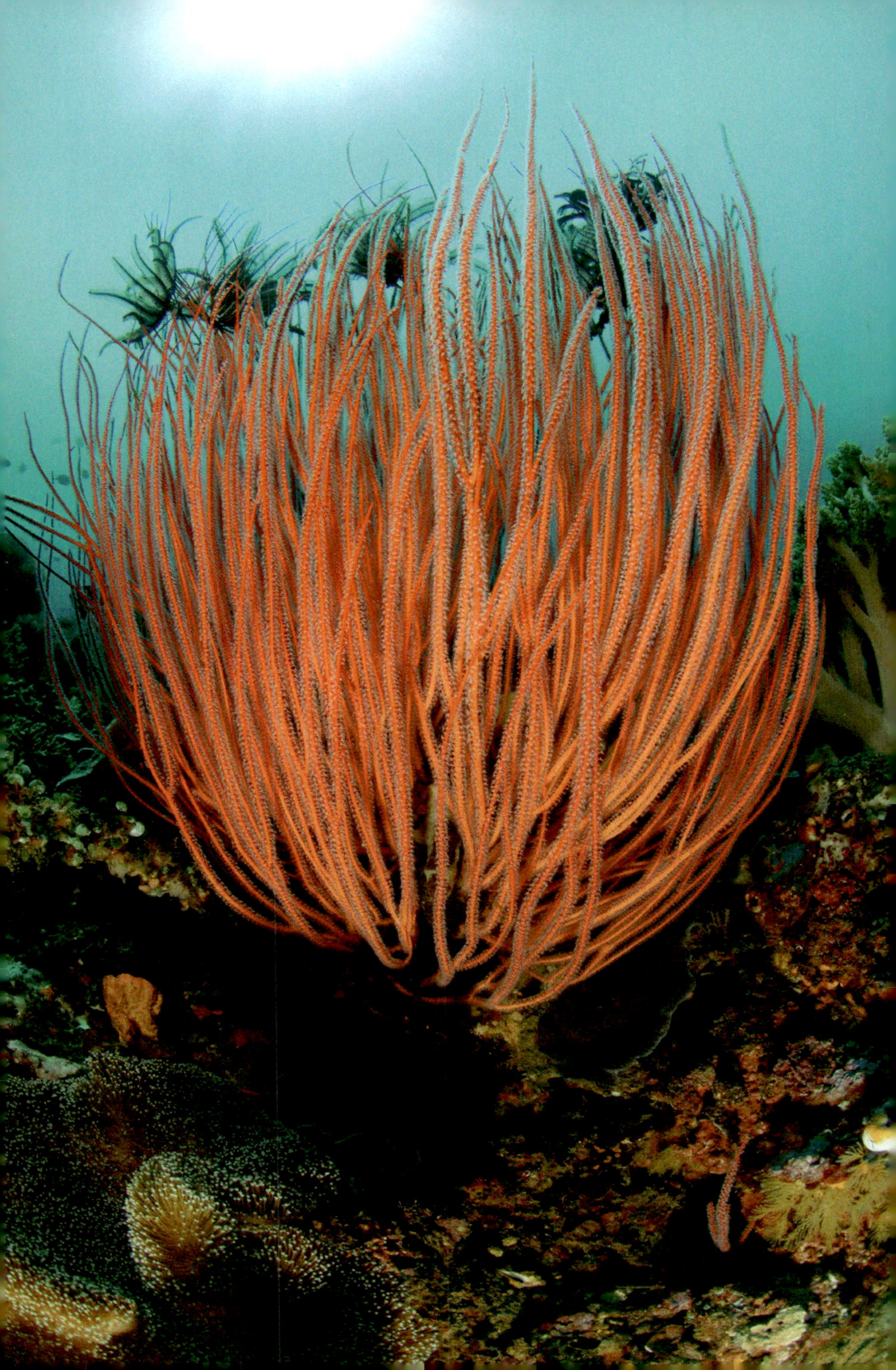

Ganz ohne Technik geht es nicht

Digitale Spiegelreflexkameras bieten eine Fülle von Funktionen und technologischen Erungenschaften, über die nur wenige Unterwasserfotografen wirklich Bescheid wissen. Es genügt nicht, einfach abzudrücken und darauf zu hoffen, dass das Bild am Monitor aufgrund der diversen Automatikfunktionen auch gut geworden ist. Wer mit seiner D-SLR kreativ und erfolgreich fotografieren möchte, muss über die speziellen Eigenheiten und Besonderheiten seiner Kamera Bescheid wissen. Nur dann gelingt es, das Optimum aus ihr herauszuholen, und nur dann vermeidet man Irrtümer, z. B. dass man seiner Gerätschaft mehr abverlangt, als diese zu leisten vermag.

Was sind Pixel?

Pixel sind Fotodioden, die Licht in Strom umwandeln und daraus ein Bild erzeugen. Je mehr Pixel der Bildsensor einer digitalen Kamera aufweist, desto höher ist sein Auflösungsvermögen und desto größer kann das Bild ausgedruckt werden. Pixel werden aus diesem Grund auch als Bildpunkte bezeichnet. Man kann sie auf digitalen Bildern erkennen, wenn man die Empfindlichkeit stark erhöht, die Komprimierung übertreibt oder den Ausdruck extrem vergrößert. Ein unmittelbarer Qualitätsvergleich mit Farb- oder Diafilmen ist schwierig, weil Filme anders strukturiert sind. Tatsache ist, dass bereits 12-Megapixel-Bildsensoren mit Diafilmen konkurrieren können, wenn das Objektiv speziell für den Sensor konzipiert worden ist. Doppelseiten in Magazinen sind problemlos mit 6 Megapixeln zu bewerkstelligen.
Jeder Pixel weist einen Farbfilter für die Grundfarben Rot, Blau und Grün auf. Man spricht deshalb auch von RGB-Pixel oder einem RGB-Bildsensor. Aus diesen drei Grundfarben werden durch additive Farbmischung über 16,7 Millionen Farben erzeugt. Weil das menschliche Auge über drei verschiedene Zäpfchentypen (rot-, grün- und blauempfindlich) verfügt, reichen drei Grundfarben aus, jeden uns bekannten Farbton zu erzeugen. Da der Mensch auf grüne Farbtöne besonderes schnell und intensiv anspricht, sind die mit einem Grünfilter versehenen Pixel auf den Bildsensoren mit 50% gegenüber den rot und blau Gefilterten (je

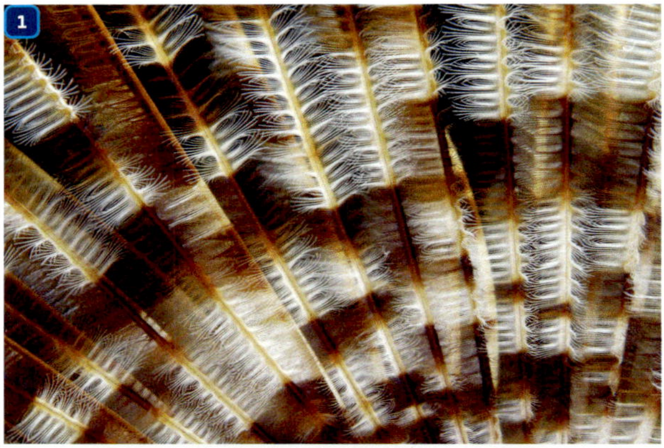

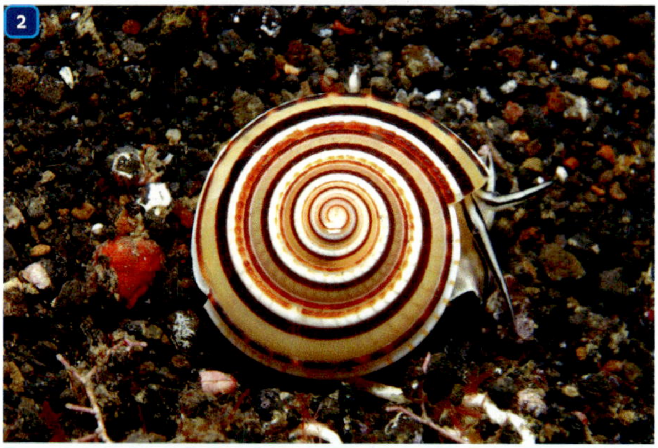

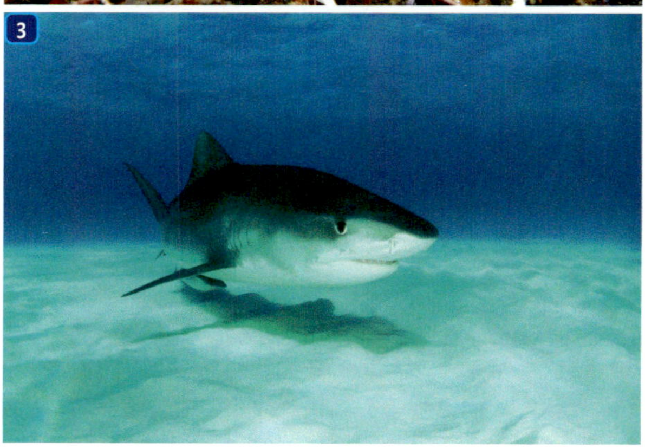

Diese drei Fotos sind mit verschiedenen digitalen Spiegelreflexkameras aufgenommen worden, und zwar mit Bildsensoren von sechs (1), acht (2) und zwölf Megapixeln (3). Sehen Sie einen Unterschied?

25 %) etwas in der Überzahl. Man nennt diese Pixelstruktur »Bayer-Pattern«.
Wie viele Pixel benötigt man als Unterwasserfotograf? Abhängig ist das von den Ansprüchen, die man an die Auflösung stellt. Als unteres Limit für eine D-SLR sind fünf Millionen Pixel (fünf Megapixel) anzusehen. Damit kann man Bilder in der Größe 20 x 30 cm in akzeptabler Qualität ausdrucken bzw. anfertigen lassen. Auch 30 x 40 cm sind mit Abstrichen möglich. So gut wie keine Einschränkungen für normale Vergrößerungen im Amateurbereich ergeben sich ab acht Megapixel aufwärts.

Eine hohe Pixelzahl steht in der Regel für eine hohe Auflösung, aber nur indirekt für hohen Kontrast und eine farbintensive Bildwiedergabe.

Aber nicht nur die Anzahl der Pixel ist für eine hohe effektive Auflösung und Bildqualität wichtig. Ebenso großen Wert sollte man auf das Objektiv legen. Denn mit dessen Linsen werden die Lichtstrahlen zum Bildsensor gelenkt und die optische Abbildung erzeugt. Sechs Megapixel hinter einem Spitzenobjektiv können deshalb zu besseren Bildern führen als acht Megapixel in Verbindung mit einer durchschnittlichen Optik.

Merke

1, Die Zahl der Pixel hat keinen nennenswerten Einfluss auf Farbe, Kontrast und Schärfe, wohl aber auf die Auflösung.

2. Für die Bildqualität ist in hohem Maße die mathematische Aufbereitung der dem Kameraprozessor zugeführten Daten wichtig.

3. Mehr Pixel auf sehr engem Raum führen nicht immer zu einer Qualitätverbessung. Oftmals ist das Gegenteil der Fall.

4. Nur die erfolgreiche Abstimmung von Pixelzahl, Pixelqualität, Objektiv und Rechenvorgang führt zur optimalen Bildqualität.

5. Pixel sind meistens rechteckig oder quadratisch. Vieleckpixel unterschiedlicher Größe (System Fuji) und unterschiedlicher Empfindlichkeit können zum Teil bei Gegenlichtaufnahmen Vorteile verbuchen.

Tipp

Wenn die Kamera durch Kondenswasser extrem feucht geworden ist (kaltes Wasser und warme Luft), sofort die Batterien entfernen, eventuell auch die Speicherkarte. Auf jeden Fall Kurzschluss vermeiden.

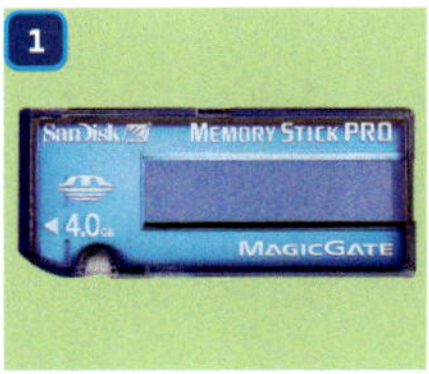

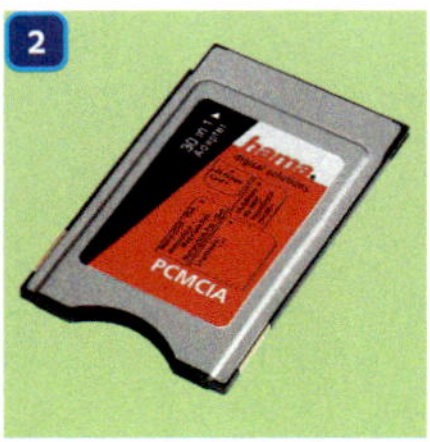

1 Memory-Stick
2 CF-Karten-adapter
3 1-GB-CF-Karte
4 4-GB-CF-Karte
5 2-GB-SD-Karte

Speicherkarten

Die mit einer Digitalkamera belichteten Bilder werden auf Speicherkarten abgelegt. Die Kartenkapazität ist jedoch begrenzt. Wie groß das Fassungsvermögen ist, hängt vom relativen Speichervolumen in Gigabyte, der Auflösung des Bildsensors und dem Dateiformat bzw. der gewählten Kompression ab.

Kameras mit vielen Megapixeln benötigen Speicherkarten mit hoher Kapazität. Mit weniger als 1 GB sollte man beispielsweise mit einer 8-Megapixel-Kamera nicht in den Urlaub fahren. Und man sollte für alle Fälle immer zwei Speicherkarten mitnehmen. Wenn nämlich in diesem Bereich eine Störung auftritt, dann sind alle Bilder verloren. Eventuell kann sogar eine Karte defekt werden, und das Fotografieren hat ein Ende, wenn nicht ein Mitreisender aushelfen kann. Speicherkarten können durchaus auch kaputtgehen, auch wenn das eher die Ausnahme ist. Und sie können durch zufällige und ungewollte Einwirkung eines äußeren Magnetfeldes alle Daten verlieren.

Der Platzbedarf im Kartenspeicher steigt mit den Qualitätsansprüchen, die man an seine Kamera und die Bilder stellt. Wer öfter mit TIFF oder RAW fotografiert, benötigt deutlich mehr Speicherkapazität, als wenn die Bilder im JPEG-Format gespeichert werden.

Um die im Urlaub fotografierten Bilder von der Speicherkarte zu bekommen und Platz für neue Aufnahmen zu schaffen, kann man sie entweder auf einen Laptop laden oder in einem mobilen Datenspeicher zwischenlagern.

Speicherkarten werden mit unterschiedlichen Speicherzeiten angeboten, z.B. 2 s für ein JPEG-Bild und 6,5 s für eine RAW-Datei. High-Speed-Karten lesen spürbar schneller als gewöhnliche User-Karten. Zu bedenken ist aber, dass die Speichergeschwindigkeit in erster Linie von der D-SLR abhängt. Digitale Spiegelreflexkameras, die dafür nicht eingerichtet sind, können auch mit High-Speed-Karten nicht schneller speichern. Die teuren HS-Karten sind unter dem Strich gesehen oft nur wenige Sekunden schneller. Welche Entwicklung die Speichertechnologie in den nächsten Jahren nehmen wird, ist derzeit nicht abzusehen. Möglicherweise wird es sie in einigen Jahren nicht mehr geben, wenn die Industrie auf andere Datenträger umsteigt. Denn die Magnettechnik stößt langsam, aber sicher an ihre Grenzen. Währenddessen steht die Nanotechnik erst am Anfang ihrer Entwicklung. Denkbar sind kleine Scheiben oder Kunststofflochkarten mit winzigen Dellen im Bereich von 20 Nanometern (0,00002 mm), mit denen eine ungeahnte Datendichte möglich sein wird. Man spricht von ein Datenmengen in der Größe um 125 Gigabyte (ca. 25 DVD-Scheiben) auf einer Speicherkarte von der Größe einer Briefmarke. Inhaltlich wären das 35 Millionen Textseiten oder Tausende von Bildern in höchster Auflösung.

Tipp

Sicher sind digitale Bilder nur, wenn sie auf eine CD bzw. DVD gebrannt wurden. Speicherkarten sind sehr empfindlich gegen Magnetismus.

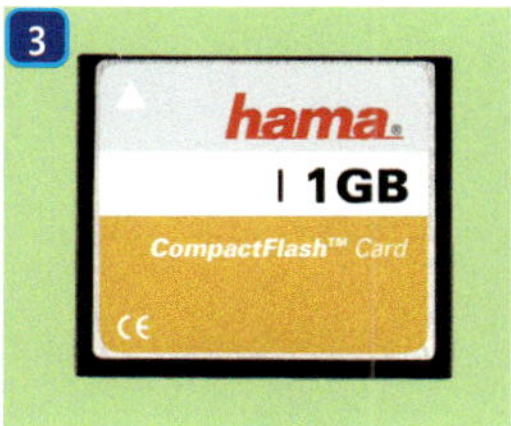

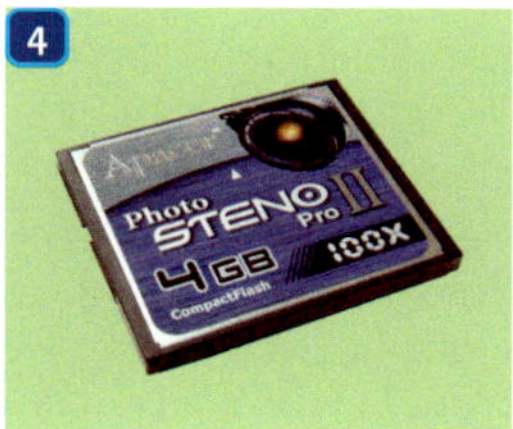

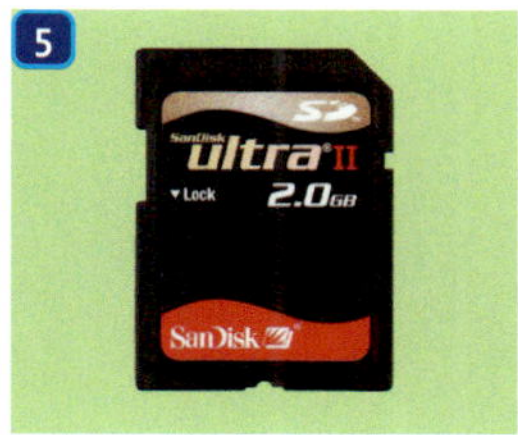

Merke

1. Unter 512 MB sollten Sie keine Speicherkarten kaufen.
Für eine D-SLR ist das die kleinste Speichereinheit, wenn mit JPEG in geringster Kompression fotografiert wird.

2. Speicherkarten niemals mit feuchten Fingern, insbesondere nicht mit Salzwasserresten an den Händen anfassen.

3. Speicherkarten sind untereinander nicht kompatibel. Manche Kameras lesen aber zwei oder drei Typen, andere nur einen. Und es gibt digitale Spiegelreflexkameras, bei denen man zwei unterschiedliche Speicherkarten gleichzeitig in die Slots stecken kann, damit man bei einem Speicherüberlauf umschalten kann.

4. Speicherkarten niemals der Kamera entnehmen, wenn diese eingeschaltet ist. Es könnten Daten verloren gehen.

5. Karten-Slots für CF-Karten können mit Kartenadaptern bestückt werden. Dann kann man damit auch SD-Karten und xD-Picture-Cards in Digitalkameras verwenden, die nicht für diese Kartentypen ausgelegt sind.

Monitoranzeige

Alle digitalen Spiegelreflexkameras haben auf der Rückseite des Bodys einen kleinen TFT-Bildschirm, der das soeben fotografierte Motiv nach dem Auslösen anzeigt. Wie lange man das Bild betrachten möchte, ist eine Sache der Anzeigedauer, die vorgewählt werden kann. Ebenso kann man auch bereits vorher belichtete Bilder abrufen und sogar eine kleine »Diashow« ablaufen lassen.
Auf vielen Monitoren kommt das Bild etwas grieselig, wirkt mitunter leicht unscharf und auch nicht immer farbgetreu. Die Auflösung des Mini-Bildschirms liegt selbst bei guten Digitalkameras selten über 300 000 Pixel. Entsprechend schlecht kann man das Bild insgesamt beurteilen.

Niemals sollte man Bilder auf gut Glück oder nach gefühlsmäßiger Beurteilung unter Wasser löschen.

An den meisten digitalen Spiegelreflexkameras kann man eine so genannte Lupenfunktion aktivieren, mit der man auf dem Monitor Bildausschnitte betrachten kann. Doch auch damit ist nicht viel Staat zu machen. Exakte und sichere Bildbeurteilungen kann man nur am PC oder Laptop vornehmen.
Vorteil des TFT-Monitors ist seine flache Bauweise – Flachbildschirme für Computer sind ähnlich aufgebaut – und die nach dem Auslösen sofortige Verfügbarkeit des Bildes. Auch wenn eine Endbeurteilung der Aufnahme aus vorstehend genannten Gründen nicht möglich ist, so kann man doch überschlägig die Belichtung begutachten und das Bild gegebenenfalls nochmals machen.
An digitalen Spiegelreflexkameras ist es normalerweise nicht möglich, das angepeilte Objekt in Echtzeit auf dem Monitor zu betrachten, weil der Bildsensor in einer D-SLR kein Bild erzeugen kann. Ursache ist der Schwingspiegel, der das Bild auf den optischen Sucher umleitet. Hierdurch wird verhindert, dass ein Videobild auf den Monitor geworfen werden kann. Erst wenn die Aufnahme belichtet und der Verschluss ausgelöst worden ist, kann das fertige Bild auf dem Monitor angezeigt werden.
Um das Bild klar und deutlich zu sehen, muss man mit den Augen etwas weiter weg. Maske anlegen wie beim optischen Sucher

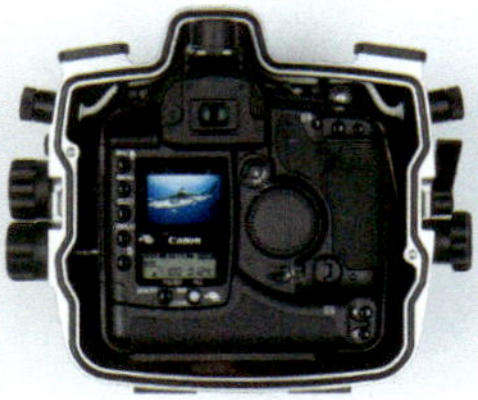

Wenn das Monitorbild nur als Kontrollbestätigung für das belichtete Bild vorgesehenn ist, kann der Bildschirm auch kleiner gehalten werden. Die Schärfe einer Aufnahme kann damit aber unter Wasser nicht beurteilt werden.

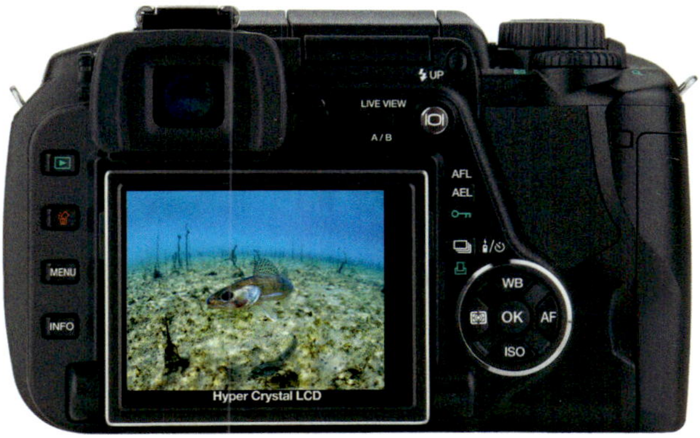

Die Monitore von D-SLRs mit Live-Bildanzeige sind im Prinzip hinreichend groß und brillant.

funktioniert hier nicht. Problematisch wird die Monitoranzeige, wenn helles Tageslicht auf den Bildschirm scheint. Dann herrscht eine Situation wie beim Fernsehen im hellen Sonnenschein. Unterwassergehäuse sollten deshalb mit einer herausklappbaren Sonnenblende ausgestattet sein, damit das Monitorbild im Schatten bleibt. Aber dieses Zubehör findet man bei Gehäusen für digitale Spiegelreflexkameras nur selten, weil die Tauchmaske an die Sonnenblende stoßen würde, wenn man durch den optischen Sucher schaut.

Einige wenige digitale Spiegelreflexkameras, wie sie derzeit Olympus und Panasonic anbieten, können zusätzlich zum optischen Sucherbild auch ein Echtzeitbild auf dem Monitor anzeigen. Sie sind dazu mit einem teildurchlässigen, feststehenden Spiegel ausgestattet, der das durchs Objektiv einfallende Licht zu einemTeil auf den Bildsensor und zu einem Teil auf den optischen Sucher lenkt. Vorteile für die Unterwasserfotografie ergeben sich aus dieser Technik aber nicht, weil die Lichtstärke im optischen Sucher reduziert wird. Interessant sind diese Kameras aber für Fotografen, die zuvor mit Kompaktkameras fotografiert haben und das Anvisieren der Motive auf dem Monitor gewöhnt sind. Auch Brillenträger mit Problemen beim Beurteilen der Bilder im optischen Sucher werden die parallaxenfreie Live-Monitoranzeige zu schätzen wissen. Was man hier sieht, ist identisch mit dem Bild, das vom Objektiv erfasst wird. Wenn sich der Monitor schwenken bzw. schräg stellen lässt, sollte man wegen der besseren Abdunkelung des Live-Bildes diese Einbauweise im Unterwassergehäuse wählen.

Auslöseverzögerung

Bei allen digitalen Spiegelreflexkameras tritt eine Auslöseverzögerung auf. Man versteht darunter die Zeit vom Drücken des Auslöseknopfes bis zum fertigen Bild. Die Auslöseverzögerung beinhaltet zum einen den Autofokusvorgang, zum anderen jene mehr oder weniger lange Zeitspanne von dem Zeitpunkt, an dem das Bild vom Kameracomputer als scharf erkannt und der Verschluss freigegeben worden ist, bis zum Erfassen des Bildes durch den Bildsensor und zum Abspeichern auf der Speicherkarte.
In dieser Zeit hat die Kamera eine Vielzahl komplexer Aufgaben zu lösen. Die Motiventferung wird gespeichert, die Motivreflexion erfasst, eventuelle Hochrechnungen mit imaginären Pixeln und Farben vorgenommen, Nachschärfungen eingeleitet, die Farbtemperatur des Lichtes über den automatischen Weißabgleich ermittelt und eventuell die Belichtung geprüft, ob Blitzlicht erforderlich ist oder nicht. Dazu kommen die komplexen und zeitintensiven Rechenvorgänge im Kameracomputer durch die mehr oder weniger hohe Pixelmenge, die erst einmal verarbeitet werden muss. Das alles kann zumindest in einer preiswerten Digitalkamera nicht mit einem Wimpernschlag erledigt werden.

Auslöseverzögerungen von weniger als 0,2 s sind als akzeptabel zu bezeichnen, unter 0,1 s sogar schnappschusstauglich.

Prinzipell liegt die Auslöseverzögerung bei digitalen Spiegelreflexkameras in einem Bereich, der für alle fotografischen Arbeiten unproblematisch ist.

Einschaltverzögerung

Die früher oft lästige Auslöseverzögerung bei Digitalkameras konnte in den letzten Jahren drastisch reduziert werden. Bei digitalen Spiegelreflexkameras ist sie kein Thema.

Diese Wartezeit bis zur Einsatzfähigkeit der Kamera kann gravierend sein und hat ihre Ursache im Aufbau und Abgleich der Daten. Manche digitalen Spiegelreflexkameras prüfen vor dem ersten Auslösen alle relevanten Arbeitsvorgänge, justieren gegebenenfalls den Verschluss und reinigen den Bildsensor mit Ultraschall. Das braucht eine gewisse Zeit, so dass durchaus ein oder mehrere Sekunden verstreichen können, bis die D-SLR auslöse-

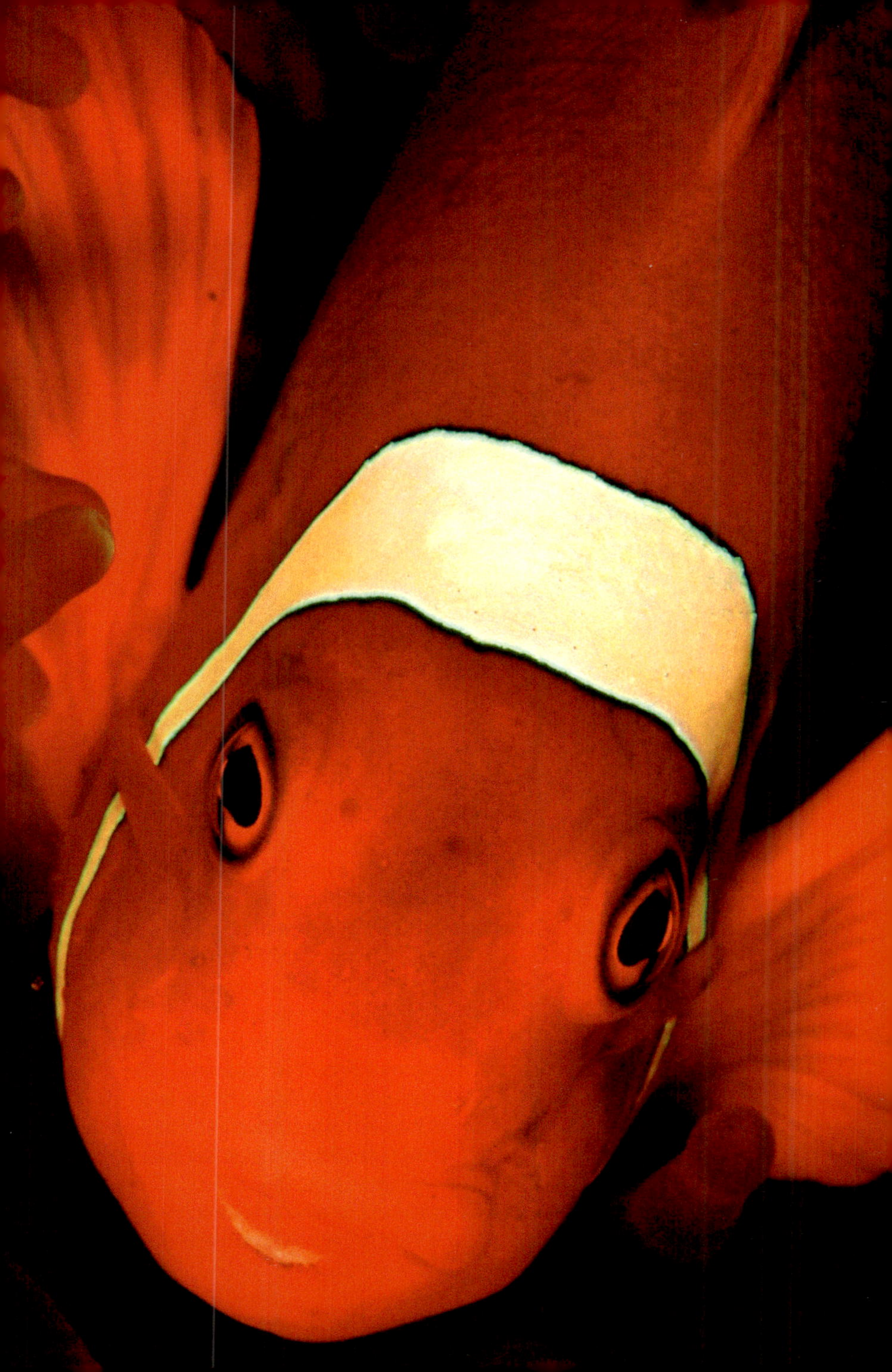

Igelfisch in einem Blechkanister – solche Motive sind seltene Gelegenheiten. Deshalb sollte man die Kamera immer angeschaltet lassen, damit solche fotogenen Situationen nicht der Einschaltverzögerung zum Opfer fallen.

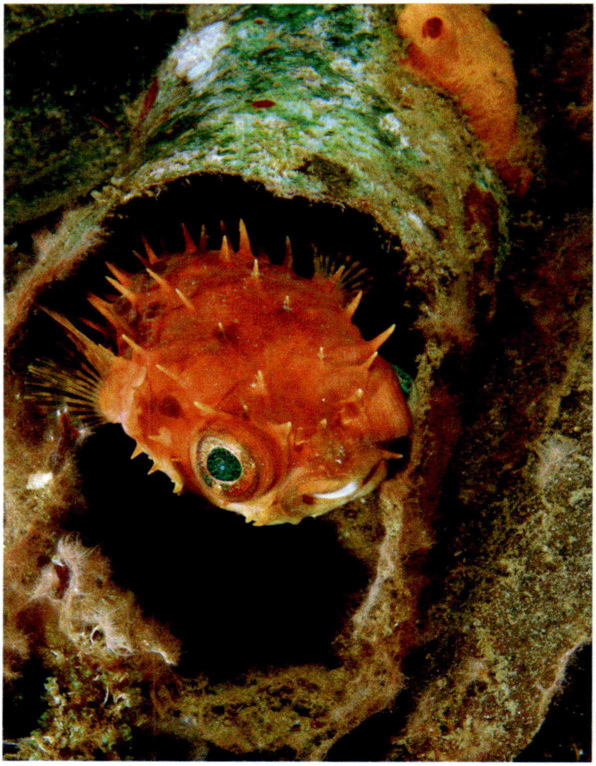

bereit ist. Professionelle SLRs sind hingegen in wenigen Zehntelsekunden arbeitsbereit, d. h. sofort nach dem Einschalten. Weil die Einschaltverzögerung je nach Modell spürbar lange dauern kann, sollte man die D-SLR unter Wasser während des Tauchganges nicht bewusst abschalten. Digitale Spiegelreflexkameras schalten sich nämlich je nach vorgewählter Standby-Dauer ohnehin nach geraumer Zeit ab. Durch Drücken des Auslösers schalten sie sich dann in kürzester Zeit wieder ein – aber auch das kann je nach Modell eine Sekunde oder länger dauern und so manchen Schnappschuss verhindern. Drücken Sie deshalb bei längeren Fotopausen gelegentlich kurz (kein Bild machen!) auf den Auslöser, damit die Kamera allzeit bereit ist.
Zu beachten: Wenn der Monitor einer D-SLR mit Live-Bild in Betrieb ist, verbraucht die Kamera nicht unerheblich Strom.

Löschfunktion

Mit allen digitalen Spiegelreflexkameras kann man überflüssige, unscharfe, falsch belichtete oder gestalterisch missglückte Bilder wieder löschen – allerdings auch gute, wenn man nicht aufpasst. Und dann wird es ärgerlich, denn einmal gelöschte Bilder sind im Regelfall für immer verloren.
Im Prinzip sollte man niemals unkontrolliert Bilder löschen – beispielsweise wenn Sie Ihre Brille nicht auf der Nase haben, in Eile sind oder die Monitorbilder im Freien bei Tageslicht Revue passieren lassen. Zumindest im Sonnenschein ist keine objektive Beurteilung möglich. Grundsätzlich sollten Sie mit dem Löschen warten, bis Sie wieder an Land sind. Unter Wasser geht das irgendwann sicher schief. Im Übrigen sind Tauchgang und Tauchzeit zu teuer und zu schade, als dass man sie mit dem Betrachten und Löschen von Unterwasseraufnahmen vergeuden sollte.

Objektive Bildbeurteilungen hinsichtlich Farbe, Schärfe, Bildgestaltung und Auflösung sind nur möglich, wenn die Aufnahmen am PC, am Fernseher oder auf dem Laptop betrachtet werden können.

Was Ihnen da gefällt, können Sie auch behalten, ausdrucken und weiterbearbeiten (sofern möglich und sinnvoll) bzw. gespeichert lassen.

Tipp

Wertvolle Aufnahmen kann man u. U. auch nach dem Löschen zurückholen, jedoch nur, wenn die gelöschten Bilder nicht mit neuen Aufnahmen überschrieben worden sind. Dazu benötigen Sie eine spezielle Software. PC-Anwender finden Hilfe unter *www.microbasic.de;* Apple-User wenden sich an *www.lc-tech.com* (nur in Englisch).

Merke

1. Die Löschfunktion wird bei nahezu jedem UW-Gehäuse nach außen übertragen. Trotzdem: Finger weg!.

2. Wenn man nur den Monitor als Bildschirm zur Verfügung hat, sollten wirklich nur offensichtlich misslungene – eklatant unscharfe und total falsch belichtete (zu hell, zu dunkel) – Aufnahmen entfernt werden. Späte Reue nützt keinem!

3. Speicherkarten können im Prinzip beliebig oft gelöscht und überspielt werden.

4. Bilder, die auf einer Speicherkarte gelöscht werden, bleiben normalerweise für immer verloren, wenn sie durch neue Bilder überschrieben worden sind.

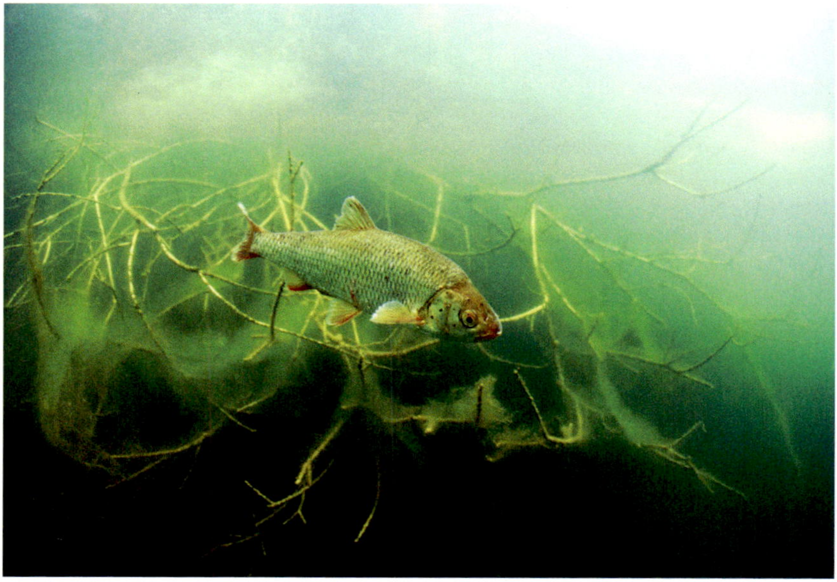

Ein solches Bild kann man unter Wasser nicht am Monitor beurteilen. Deshalb keinesfalls vorzeitig löschen!!

Weißabgleich

Licht ist nicht gleich Licht. Je nach Lichtquelle – Sonne, Handlampe, Blitzlicht, Kerze – und im Freien je nach Tageszeit und Witterung weist es unterschiedliche Farbtemperaturen auf. Da die Bildsensoren in Digitalkameras auf eine definierte Farbtemperatur von ca. 5500 K eingestellt sind, muss bei jeder Aufnahme ein Weißabgleich vorgenommen werden. Dieser ist wichtig, damit im Bild Weiß auch weiß und Grau als neutrales Grau wiedergegeben wird. Würde die Kamera keinen Weißabgleich vornehmen, träten auf all Ihren Aufnahmen mehr oder weniger starke Farbverschiebungen auf.

Digitale Spiegelreflexkameras sind vom Hersteller immer auf den automatischen Weißabgleich eingestellt. Man kann den Weißabgleich aber auch manuell vornehmen und über ein Menü- oder, falls vorhanden, einen WB-Schalter (WB = White Balance = Weißabgleich) auf Blitzlicht, Glühlampen, Sonnenschein oder Kerzenlicht einstellen. Höherwertige digitale Spiegelreflexkameras lassen sich auch auf vorgewählte Kelvinzahlen festlegen. Wer von diesen Möglichkeiten Gebrauch macht, sollte sich allerdings in

Tipp

Machen Sie einmal eine Versuchsreihe (möglichst am selben Motiv!) mit unterschiedlichen Weißabgleichseinstellungen, um zu sehen, wie Ihre Kamera farblich auf Tageslicht, Blitzlicht und Scheinwerferlicht reagiert.

dieser Materie auskennen und wissen, was Kelvin (Maßangabe für die Farbtemperatur des Lichtes) bedeutet und wie sich Veränderungen in der Einstellung auf die Farben des Bildes auswirken. Licht von Systemblitzgeräten weist eine definierte Kelvinzahl von 5400 K bis 5600 K auf. Licht von amphibischen Blitzgeräten hat hingegen eine Farbtemperatur zwischen 4400 K und 5200 K. Das pauschale Einstellen des Weißabgleiches auf den Menüpunkt »Blitzlicht« kann deshalb in Verbindung mit amphibischen Blitzgeräten zu Farbverfälschungen (»süßliche« Farben!) im Wirkungsbereich des Blitzlichtes führen. Gleiches kann passieren, wenn man den automatischen Weißabgleich aktiviert hat. Hier stellt die D-SLR automatisch auf Weißabgleich »Blitzlicht«, wenn das TTL-Blitzgerät die Kamera ansteuert.

Anders funktioniert dieses Zusammenspiel bei einem Amphibienblitz ohne TTL-Blitzsteuerung. Bei einem solchen Gerät kann sich die Kamera nicht von allein auf Weißabgleich »Blitzlicht« stellen, weil sie vom Blitzgerät nicht angesteuert wird. Die D-SLR misst deshalb über den automatischen Weißabgleich die Kelvinzahl des Wassers, was zu etwas unnatürlichen Farben führen kann. Um das zu verhindern, müssen Sie den Weißabgleich »Blitzlicht« manuell einstellen oder Ihre Bilder im RAW-Format abspeichern. Dann erübrigen sich alle prophylaktischen WB-Einstellungen, weil man im RAW-Konverter den Weißabgleich nachträglich am PC oder Mac nach Gefühl bzw. Gutdünken auswählen kann.

Um Ihre Kamera beim Blitzen mit einem Amphibienblitz auf die richtige Kelvinzahl einzustellen, können Sie anfangs mit unterschiedlichen Weißabgleichseinstellungen experimentieren, um die für Sie angenehmsten Farben zu bekommen. Ohne Blitzlicht liegt man mit der Einstellung »Automatischer Weißabgleich« fast immer richtig. Der automatische Weißabgleich hat den Vorteil, dass man beim Ausschalten des Blitzgerätes keine Änderung der Einstellung vornehmen muss. Das kann wichtig sein, wenn man zwischen den geblitzten Aufnahmen hin und wieder Bilder ohne Blitzlicht macht. Lediglich bei der Verwendung von warmem Licht aus der Blitzröhre eines amphibischen Blitzgerätes mit einer Farbtemperatur von deutlich unter 5000 K kann sich eine manuelle Weißabgleichseinstellung auf eine niedere Kelvinzahl als sinnvoll erweisen.

Übrigens: Es heißt Weißabgleich und nicht Weißausgleich!

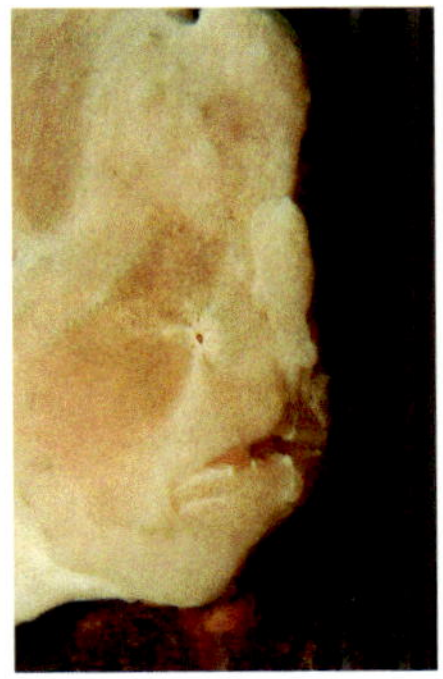

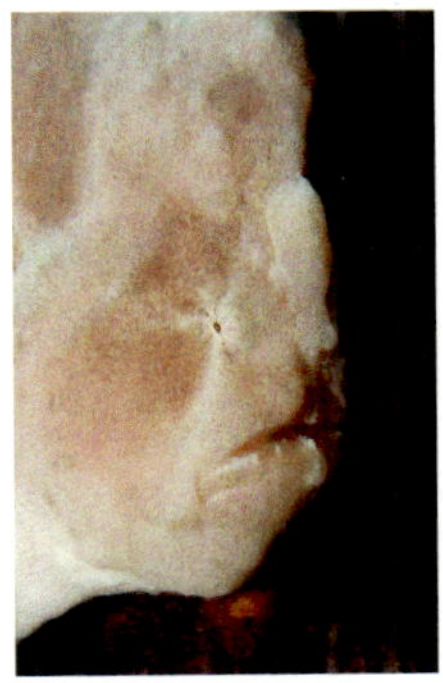

Unterschiedliche Weißabgleiche ergeben unterschiedliche Farben.

Merke

1. Wenn sich das Einstellen des Weißabgleiches an Ihrer Kamera unter Wasser als kompliziert und langwierig erweist, sollten Sie an Land den automatischen Weißabgleich einstellen.

2. Mit einer bewusst falschen Weißabgleichseinstellung kann man farblich experimentieren.

3. Wenig Probleme mit dem automatischen Weißabgleich bekommen Sie, wenn das Blitzgerät die Kamera ansteuert. Das funktioniert aber nur bei Systemblitzgeräten oder amhibischen Geräten mit TTL-Blitzsteuerung.

Empfindlichkeitseinstellung

Tipp

Unter Wasser sollte man die manuelle Empfindlichkeitseinstellung bei maximal ISO 400/27° belassen. Hier ist das Bildrauschen in Abhängigkeit zum Kameramodell noch erträglich, sofern man keine Makroaufnahme macht. Bildrauschen ist ein Störeffekt ähnlich wie grobes Korn beim Film. Mit einigen D-SLR der Oberklasse, meist mit Vollformatsensoren, sind auch im Nahbereich Aufnahmen mit ISO 400/27° ohne sichtbare Qualitätseinbußen möglich.

Digitale Spiegelreflexkameras müssen auf eine bestimmte dem Motiv und dem Umgebungslicht angepasste ISO-Empfindlichkeit eingestellt werden. Normalerweise beginnt die Skala bei ISO 100/21°, doch manche D-SLR beginnt erst bei ISO 200/24°. Professionelle Modelle erlauben hin und wieder auch ISO 50/18° oder ISO 64/19°.
Die farbintensivsten und schärfsten Bilder bekommen Sie in der Regel bei kleinster ISO-Empfindlichkeit. Man muss aber dabei aufpassen, denn digitale Spiegelreflexkameras neigen mitunter auch bei kleinen ISO-Werten und langen Verschlusszeiten zum Rauschen. Noch mehr gilt das für hohe ISO-Werte.

Je höher die Empfindlichkeit des Bildsensors, desto mehr nimmt das Bildrauschen zu, Farben fressen aus, die Kontraste werden hart und unansehnlich, die Vergrößerungsfähigkeit des digitalen Bildes beim Ausdruck nimmt drastisch ab.

Kurzum, die Bildqualität leidet überproportional unter einer hohen Empfindlichkeitseinstellung, und zwar unabhängig von der Pixelzahl bzw. der Kompressionseinstellung. Trotzdem kann man mit fast allen digitalen Spiegelreflexkameras unbelastet bis ISO 400/27° fotografieren, wenn auch nicht unbedingt Makromotive, aber Taucher, Wracks und Unterwasserlandschaften. ISO

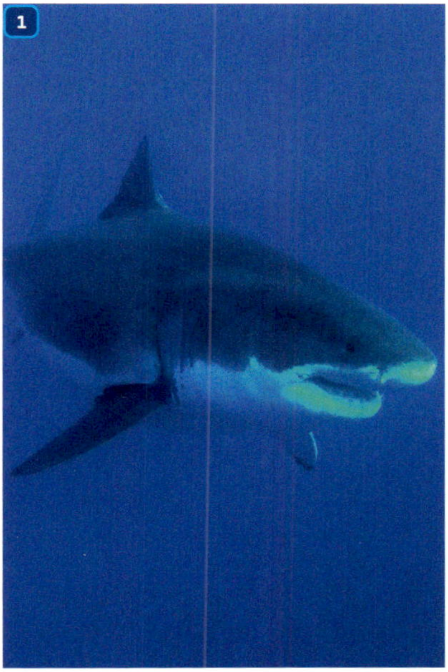

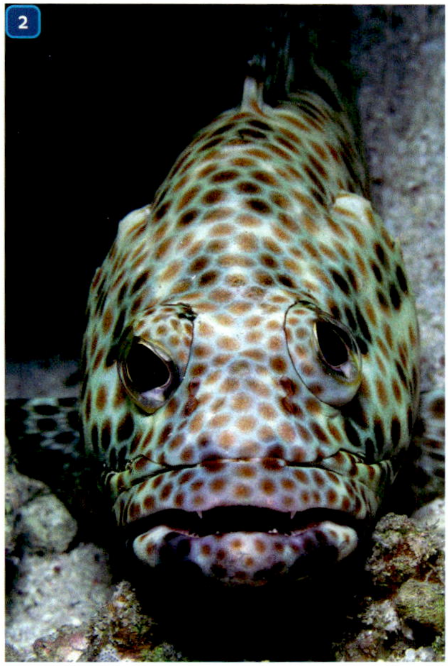

200/24° ist aber im Nah-und Makrobereich bei allen Modellen unbedenklich.
Kritisch wird es, wenn die Empfindlichkeitseinstellung über ISO 400/27° hinausgeht. In diese Bereiche sollten Sie sich nur in Ausnahmefällen vorwagen, denn hier kommt es darauf an, wie groß der Bildsensor ist. Mit Vollformatsensoren sind Panoramabilder

ISO 1600/33°: sichtbares Rauschen (1)

ISO 100/21°: kein erkennbares Rauschen (2)

Merke

1. Stellen Sie die D-SLR möglichst auf die kleinste ISO-Empfindlichkeit. Üblicherweise ist das ISO 100/21°, manchmal auch ISO 200/24°.

2. Die ISO-Empfindlichkeiten sind genormt. ISO 200/24° bedeutet an allen Digitalkameras die gleiche Lichtsensibilität.

3. Mit ansteigender ISO-Empfindlichkeit nimmt die Signalwirkung der Pixel zu, und es kommt zum Bildrauschen mit Qualitätsverlusten, die sich in einer verminderten Vergrößerungsfähigkeit und einem verringerten Kontrast der Bilder niederschlagen.

und Wrackaufnahmen auch noch mit ISO 800/30° in guter Qualität möglich, Nah- und Makroaufnahmen mit ISO 400/27°. Manche digitalen Spiegelreflexkameras erlauben die automatische ISO-Anpassung an das Umgebungslicht, berücksichtigen aber TTL-Blitzlicht und reduzieren dann die Empfindlichkeit. Das ist insofern praktisch, weil man sich beim Blitzen nicht um Mischlicht (Hintergrundfarbe des Wassers!) kümmern muss und bei Bildern ohne Blitz die Gefahr des Verwackelns infolge langer Verschlusszeiten reduziert wird – jedenfalls im Rahmen der technischen Möglichkeiten. Allerdings kann es passieren, dass das eine oder andere Bild unbeabsichtigt mit höherer ISO-Empfindlichkeit aufgenommen wird. Die automatische ISO-Einstellung sollte nur gewählt werden, wenn sie bei ISO 400/27° endet.

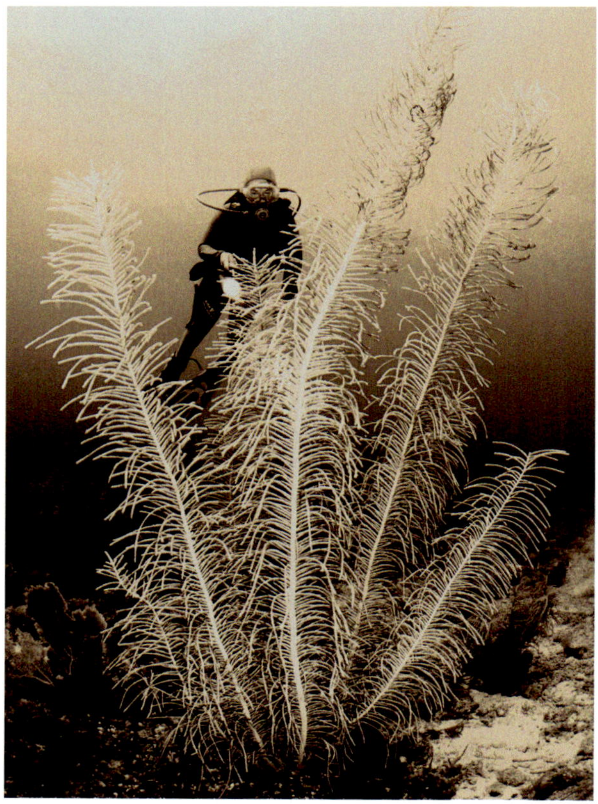

Sepia macht Bilder nostalgisch und übt daher einen eigenartigen Reiz aus.

Schwarzweiß-Modus und Sepiafunktion

Mit vielen digitalen Spiegelreflexkameras kann man im s/w-Modus fotografieren. Das sollten Sie insbesondere mit Wrackaufnahmen unter Verwendung von Fisheye-und Weitwinkelkonvertern ausprobieren. Außerdem benötigt man im s/w-Modus für Panoramaaufnahmen kein Blitzlicht, was Trübstoffreflexionen minimiert. Schwarzweißbilder vermitteln eine eigene Stimmung. Die Licht- und Schattenzeichnung ist faszinierend. Ein Farbbild kann diese Stimmung kaum erzeugen. Mit D-SLRs könnte die Schwarzweißfotografie eine Renaissance erleben.
Daneben weist die D-SLR meist auch eine Sepiafunktion auf. Das sind Bilder, die in einem bräunlichen Ton aufgenommen werden und an die Frühzeit der Fotografie erinnern. Wrackaufnahmen oder Unterwasserlandschaften in Sepia wirken mystisch.

Tipp

Schwarzweißsehen muss man lernen, denn alle roten Farben werden schwarz oder zumindest dunkel abgelichtet. Ein Rotfeuerfisch vor einem blauen oder grünen Hintergrund säuft fotografisch ab. Generell ist ein dunkler Hintergrund nur ideal bei hellen Motiven.

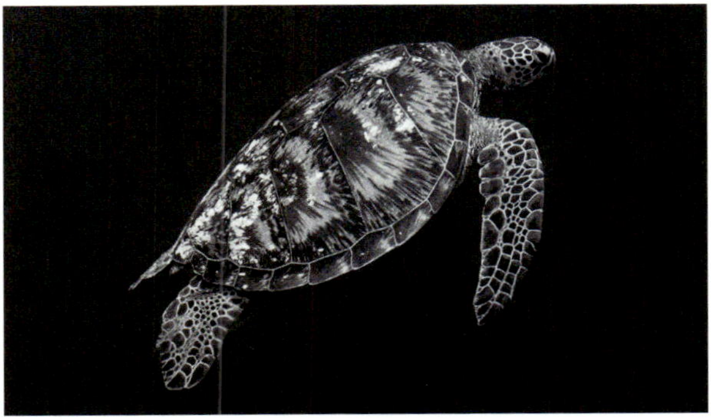

Die Schwarzweißfotografie ist eine eigene, faszinierende Welt.

Merke

1. Hohe ISO-Einstellungen sind bei s/w-Bildern unproblematischer als in Farbe. Das Bildrauschen bringt auf einer s/w-Aufnahme sogar Stimmung ins Bild.

2. Da s/w-Aufnahmen in der Fotobranche nur noch ein geringe Rolle spielen, werden Abzüge zunehmend auf Color-Papier gemacht. Ein eigener Print mit schwarzer Tinte und Spezialpapier ist deshalb fast immer besser.

3. Sepia-Aufnahmen und s/w-Bilder können Sie auch nachträglich aus Farbaufnahmen am PC oder Mac mit Hilfe eines Bildbearbeitungsprogramms erstellen.

Farbraum

Unter diesem Begriff versteht man den theoretisch möglichen Farbumfang einer Digitalkamera, einer Software, eines PC-Bildschirmes, eines Wiedergabegerätes oder eines Bildes. In digitalen Spiegelreflexkameras und Peripheriegeräten werden unterschiedliche Farbräume (Gamuts) zur Verwendung angeboten.

Wide Gamut: Dieser Farbraum stellt nahezu alle sichtbaren Farben dar, wird aber nur von sehr wenigen Systemen (z. B. Canon RAW-Converter) unterstützt. In digitalen Spiegelreflexkameras wird er nicht verwendet.

Adobe RGB: Prinzipell die beste Wahl, wenn die Bilddateien unterschiedlich weiterverarbeitet und verwendet werden sollen. Wer engagiert oder professionell fotografiert, fährt mit Adobe RGB am besten.

sRGB: Der sRGB-Farbraum ist kleiner als Adobe RGB, kann aber von vielen Peripheriegeräten (Scanner, Monitore, Drucker etc.) erkannt und unterstützt werden. Für Internetbilder und private Erinnerungen ist sRGB vollkommen ausreichend. Auch Beamer für den privaten Einsatz laufen meistens mit sRGB.

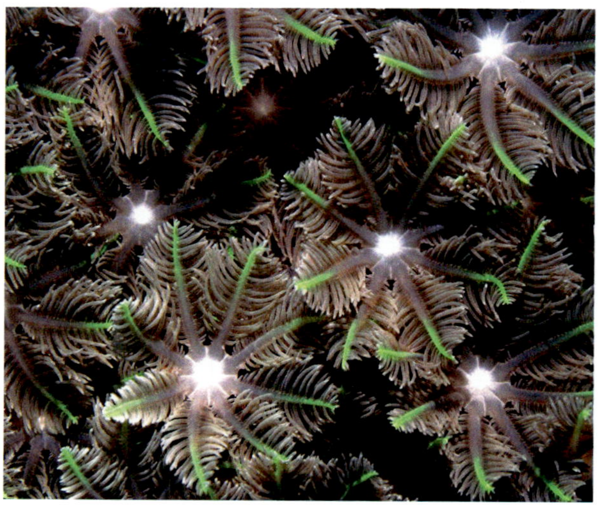

Mit Adobe RGB fotografiert, ideal für die professionelle Weiterverarbeitung

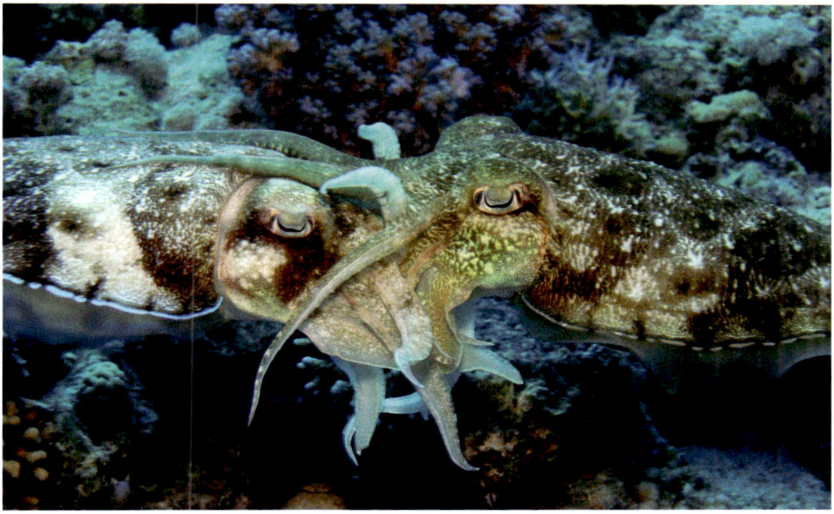

CMYK: Im graphischen Gewerbe verwendeter Farbraum. Man kann die in einer Digicam verwendeten Farbräume mittels Bildbearbeitungsprogrammen in CMYK umwandeln, was aber nur sinnvoll ist, wenn die Bilder für Drucksachen verwendet werden. Normalerweise wird die Umwandlung in der Druckvorstufe vorgenommen. CMYK arbeitet nach dem Subtraktionsverfahren mit den Farben Cyan, Magenta, Yellow (Gelb) und Key (Schwarz). Generell sind CMYK-Bilder weniger farbintensiv als RGB-Bilder.

Mit sRGB fotografiert, gut für Beamerprojektionen und PC-Betrachtungen

In Digitalkameras werden die Farben nach dem RGB-Farbsystem eingestuft. Normalerweise kann man unter zwei oder drei Farbräumen wählen. Für die hochwertige Nachbearbeitung der digitalen Bilder am PC oder Mac hat sich der größere Adobe-RGB-Farbraum als geeignet erwiesen. Der Farbraum-Modus kann vom Benutzer über das Menü eingestellt werden.
Wer mit RAW fotografiert, kann den Farbraum nachträglich ändern bzw. umdefinieren, weil der Farbraum (Gamut) wie Weißabgleich, Kontrast, Farbsättigung und Helligkeit zu den Metadaten gehört. Manche RAW-Konverter (Canon) gestatten sogar das Arbeiten im Wide-Gamut-RGB. In den RAW-Dateien beträgt die Farbtiefe pro RGB-Kanal anstatt der üblichen 8 Bit immer 12 Bit. Daraus resultiert eine bessere Farbdifferenzierung.

Tipp

Um eine möglichst farbgetreue Bildwiedergabe auf dem Monitor eines Computers zu erhalten, sollte dieser kalibriert werden.

Dateiformate

In digitalen Spiegelreflexkameras werden üblicherweise mehrere Dateiformate angeboten, mit denen man seine Bilder speichern kann. Nicht nur bei Einsteigern herrscht häufig Unsicherheit, auch erfahrene und versierte Unterwasserfotografen kennen oftmals die detaillierten Dateiformate nicht. Es ist aber wichtig, zu wissen, was passiert und was in der Kamera vorgeht, wenn man seine Bilder nicht in JPEG abspeichert, sondern eine TIFF- oder RAW-Datei wählt. Außerdem werden immer häufiger digitale Spiegelreflexkameras angeboten, mit denen man gleichzeitig in JPEG und RAW abspeichern kann.

JPEG

In digitalen Spiegelreflexkameras ist es das meistbenutzte Dateiformat für komprimierte Bilder, denn es benötigt relativ wenig Speicherplatz. Entwickelt wurde JPEG im Jahre 1981 von den Mitgliedern der »Joint Photographers Expert Group«, die anfangs das Kürzel »jpg« verwendeten. Ziel war das Einsparen von Speicherplatz.

Das JPEG-Verfahren entfernt unwichtige Farbinformationen aus dem Bild, während die relevanten Hell-Dunkel-Informationen ohne Verlust erhalten bleiben. Es handelt sich deshalb um eine Datenkomprimierung, bei der die Dateigröße deutlich sinkt. Je nach Komprimierungsgrad um 50% bis 99,5%. Öffnet man die Bilder, rechnet das Programm die fehlenden Farben durch Mittelwertbildung auf Basis der verbliebenen Farbinformationen wieder ins Bild hinein. Der Qualitätsverlust hält sich bei kleinen Komprimierungen in kaum merklichen Grenzen. JPEG verändert die Auflösung nicht, weil keine Pixel reduziert werden.

JPEG ist eigentlich kein Dateiformat, sondern ein Bilddaten-Kompressionsverfahren.

Wer seine Bilder am PC oder Mac betrachtet und selten oder nie Poster anfertigen lässt, kann getrost mit JPEG in geringster Kompression arbeiten. Das Format hat den entscheidenden Vorteil, dass die Dateien rechnerkompatibel sind, d. h. sie können von allen Heimcomputern problemlos geöffnet werden, und das relativ schnell, weil die Datenmengen nicht sehr groß sind. Dieses

Tipp

JPEG ist ein kumulatives Kompressionsverfahren. Wird in einem Bildbearbeitungsprogramm dasselbe Bild mehrmals in diesem Modus bearbeitet und gespeichert, werden die Fehler bei jedem Speichervorgang kumuliert, also angehäuft. Das Original sollte deshalb entweder in einem Ordner oder auf einer CD verbleiben. Mit einer Kopie, die man vorher in TIFF umwandelt, kann man dann nach Belieben arbeiten.

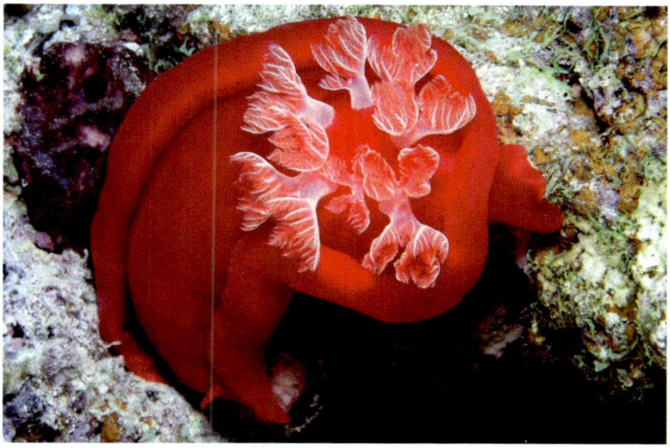

Die Möglichkeit, JPEG-Dateien zu speichern, findet man in jeder D-SLR. Sie sind wegen interner Kamerabearbeitungen nicht perfekt, aber unproblematisch zu handhaben.

Kriterium kann wichtig sein, wenn man mit einem leistungsschwachen Rechner arbeitet oder eine Beamer-Show ablaufen lässt. Bei JPEG orientiert sich der Speicherbedarf auch an der eingestellten Empfindlichkeit, weil sich das bei höheren ISO-Zahlen auftretende Bildrauschen nicht komprimieren lässt.

An digitalen Spiegelreflexkameras kann man je nach Modell auch Pixelreduzierungen vornehmen, also beispielsweise die Auflösung von zwölf Megapixel auf sechs Megapixel zurückfahren. Diese Art der Datenreduzierung hat nichts mit JPEG zu tun. Die qualitativ besten Bilder bekommen Sie immer bei maximaler Pixelzahl und geringster Komprimierung. Prinzipiell sind aber sechs Megapixel mit geringster Kompression für die Bildqualität und Vergrößerungsfähigkeit der Aufnahme besser als zwölf Megapixel mit größter Kompression.

TIFF

Dies ist ein Dateiformat für unkomprimierte Bilddaten, weshalb beim Speichern viel Platz benötigt wird. TIFF ist die Abkürzung von »Tagged Image File Format« und steht in vielen Digitalkameras für die höchste Qualitässtufe. Entwickelt wurde TIFF 1986, um einen Standard für gescannte Bilder zu schaffen. TIFF kann bis zu vier Kanäle speichern und ist für Mac und PC etwas unterschied-

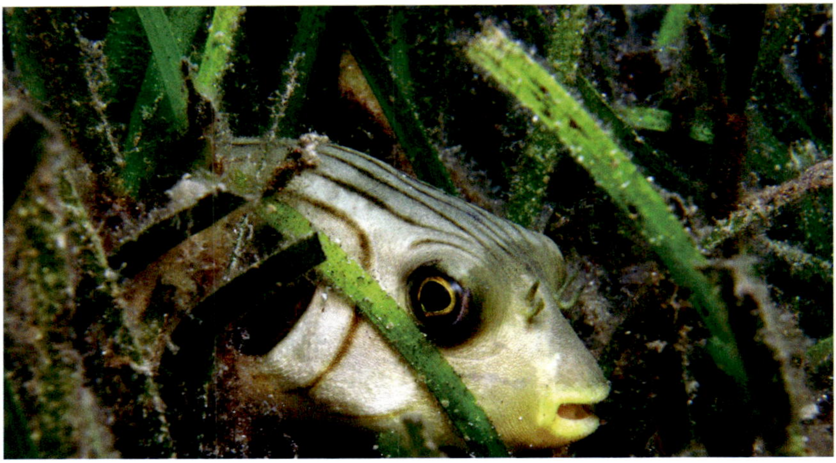

TIFF-Speicherungen findet man nicht in allen D-SLRs. Die großen Dateien gewährleisten große Prints. Tiff-Dateien sind perfekt für Nachbearbeitungen, weil sie von Zwischenspeicherungen nicht beeinflusst werden (oben und rechte Seite).

Tipp

Weil TIFF gegenüber der geringsten JPEG-Kompression kaum Vorteile in der Bildqualität aufweist, spielt das Format bei Hobbyfotografen kaum eine Rolle, wird aber in der Druckvorstufe viel verwendet.

lich definiert. Für jeden Pixel werden 24 oder 48 Bit abgespeichert, was ungeheuer große Datenmengen ergibt.

Das Fotografieren mit der TIFF-Datei ist normalerweise nur möglich in der maximalen Bildgrößen-Option, also mit höchster Pixelzahl bzw. physikalisch höchster Auflösung. Manche digitalen Spiegelreflexkameras gestatten aber auch TIFF-Speicherungen mit reduzierten Pixelzahlen, meistens im Modus Serienbilder. Die Bildgröße ist auf 4 Milliarden Bildzeilen bzw. 4 GB begrenzt – eine eher theoretische Beschränkung. TIFF-Dateien können auch komprimiert werden. In Photoshop lassen sich TIFF-Dateien umwandeln und als LZW-, Zip- und JPEG-Daten abspeichern. Während LZW und Zip verlustfrei komprimieren, ist das bei JPEG nicht der Fall.

Beim Speichern von TIFF-Bildern in digitalen Spiegelreflexkameras vergeht viel Zeit, bis der Datentransfer erfolgt ist. In einer 12-Megapixel-Kamera dauert die Speicherung bei maximaler Auflösung oft mehr als 30 s, die Dateigröße bewegt sich dann in der Größenordnung von ca. 35 MB pro Bild. Ohne Zwischenspeicher, mit dem digitale Spiegelreflexkameras aber ausnahmslos ausgestattet sind, könnte man in einem solchen Fall keine Serienaufnahmen machen. Das ist auch der Grund, weshalb TIFF nicht in allen digitalen Spiegelreflexkameras angeboten wird. Bildbearbeitungen sind im TIFF-Format problemlos, weil man ohne Datenverlust beliebig zwischenspeichern kann.

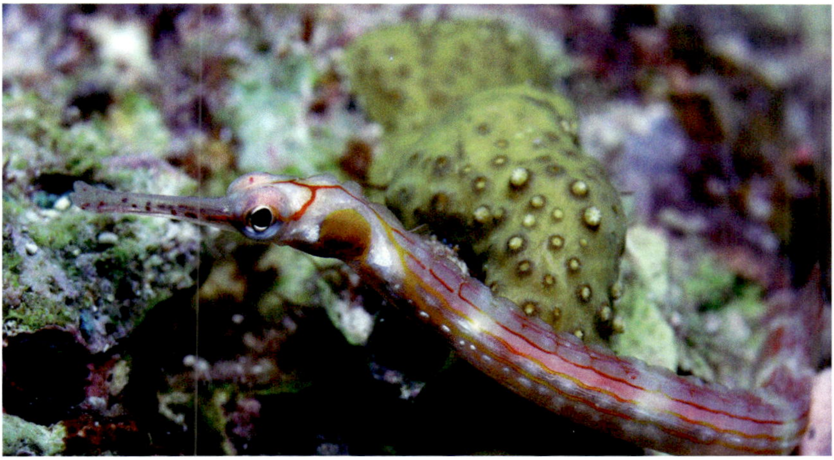

RAW

Das Wort stammt auch dem Englischen und kann mit »raw = roh oder unverändert« übersetzt werden. RAW ist eine Bilddatei in binärer Form zur Speicherung hoher Informationsinhalte und wird meistens von professionell und engagiert arbeitenden Fotografen genutzt. Die Bytes zeigen nur je einen Helligkeitswert in einem einzelnen Farbkanal an. Zur Öffnung der RAW-Dateien am Computer benötigt man ein eigenes Programm, RAW-Konverter genannt, das beim Kauf der Digitalkamera normalerweise als CD mitgeliefert wird. Professionelle Bildbearbeitungsprogramme können die gängigen RAW-Dateien aber lesen. Im Rohzustand wirken RAW-Dateien flau, kontrastarm und manchmal sogar düster, aber sie bieten die höchste Bildqualität aller Dateiformate, weil anders als bei JPEG und TIFF keine Kamera-Automatik die Daten verfälschen kann. Wer mit RAW fotografiert, verwendet in der D-SLR nur die Parameter Blende, ISO-Zahl und Verschlusszeit. Alle anderen Einstellungen werden später am PC oder Mac vorgenommen.

RAW-Daten werden mit zwölf Bit Farbtiefe pro Farbkanal auf der Speicherkarte abgelegt. Insgesamt ist die Farbtiefe damit doppelt so hoch wie bei TIFF. Es entsteht ein sog. digitales Negativ. Vorteil dieser Aufzeichnungsvariante: Man kann auch falsch belichtete Bilder (bis ca. 2 Blenden) nachträglich so optimieren, dass sie danach fehlerfrei erscheinen, und man kann den Farb-

Tipp

Für Profis hat RAW den Vorteil der uneingeschränkten Kontrolle über das Original. JPEG-und TIFF-Bilddateien kann man nämlich beliebig oft kopieren und weitergeben. Was einst einmal das Original war, ist nicht mehr nachvollziehbar. Wer hingegen seine RAW-Dateien speichert, kann in einem Streitfall immer auf das digitale Negativ verweisen, das man im Regelfall nicht hergibt und deshalb auf einer separaten Festplatte speichert.

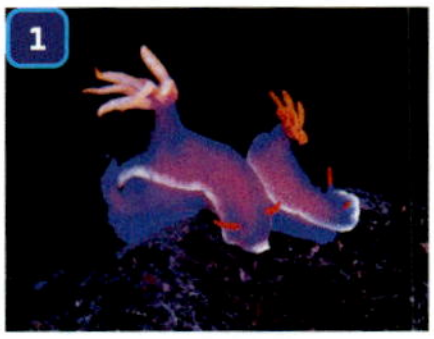

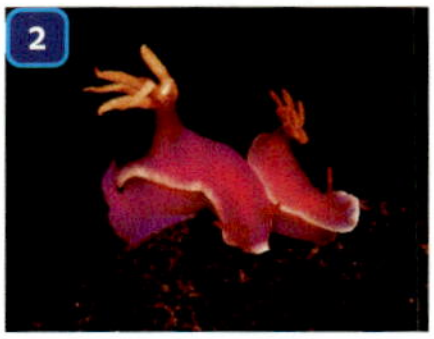

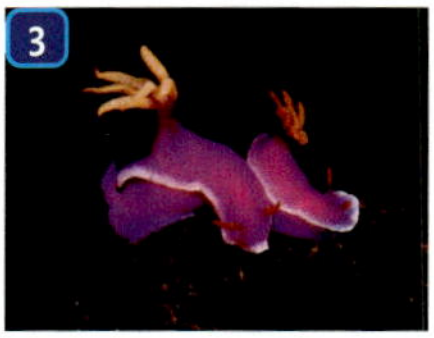

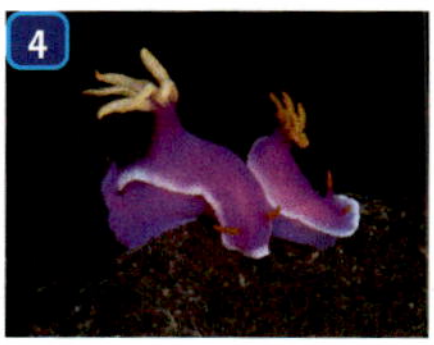

Bild 1 bis Bild 4 So unterschiedlich kann man Bilder im RAW-Format bearbeiten. Richtig und natürlich ist Bild 4, aber das muß nicht gefallen.

raum je nach Verwendungszweck frei wählen. Für RAW spricht außerdem, dass die Datenmengen erheblich kleiner als bei TIFF sind, weshalb die Speicherung der Bilder schneller geht und man auch wesentlich mehr Bilder auf eine Speicherkarte bringt.
RAW gehört bei digitalen Spiegelreflexkameras mittlerweile zum Standard. Dennoch sollte nur der in diesem Format arbeiten, der hohe Bildansprüche stellt und viel Zeit in die Bildbearbeitung investieren möchte. Denn jedes RAW-Bild muss nachträglich am Mac oder PC bearbeitet werden. Die Arbeitsgänge setzen sich aus mindestens fünf unterschiedlichen Bildprozessen mit den Metadaten Helligkeit, Kontrast, Weißabgleich, Sättigung und Schärfe zusammen. Wer seine RAW-Daten optimal verarbeiten möchte, braucht am Bildschirm zudem Geduld, weil die Lade- und Speichervorgänge spürbar länger dauern als bei JPEG. Mit RAW zu fotografieren ist deshalb nur bei hervorragenden Motiven lohnend. Außerdem muss der Bearbeiter wissen, wie das fertige Bild auszusehen hat, sonst wird er vermutlich Dateien produzieren, die farblich nichts mit der Wirklichkeit zu tun haben.
RAW ist aber uneingeschränkt das optimale Dateiformat für ambitionierte Amateure, Wettbewerbsfotografen und Profis.
Leider unterscheiden sich die RAW-Konverter der Kamerahersteller und die in den Bildbearbeitungsprogrammen hinsichtlich der Algorithmen häufig so, dass keine identischen Bildergebnisse möglich sind, weil die Hersteller ihre Programme auf die eigenen Produkte optimieren.

JPEG + RAW

Modellabhängig lassen sich in digitalen Spiegelreflexkameras die Dateiformate JPEG und RAW gleichzeitig auf einer Karte speichern. Auch Unterwasserfotografen sollten sich überlegen, ob diese Speicherung für ihre Zwecke nicht auch sinnvoll sein könnte. Beide Formate zu speichern hat den Vorteil, dass man die JPEG-Dateien schnell und unkompliziert auf jedem Laptop, PC oder Mac anschauen kann. Man sucht sich die besten JPEGs bzw. geeignetsten Bilder aus, löscht den Rest und bearbeitet die wirklich gelungenen mit dem RAW-Konverter nach.
Gut ausgestattete digitale Spiegelreflexkameras gestatten die Doppelspeicherung mit RAW sogar mit unterschiedlichen JPEG-Kompressionen. Dann sollten Sie immer die geringste Kompressi-

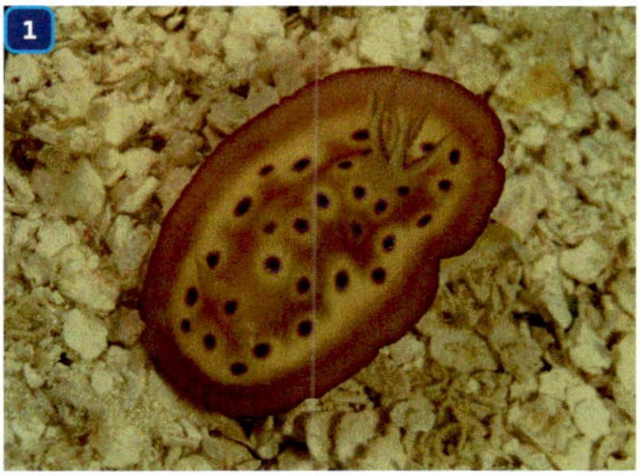

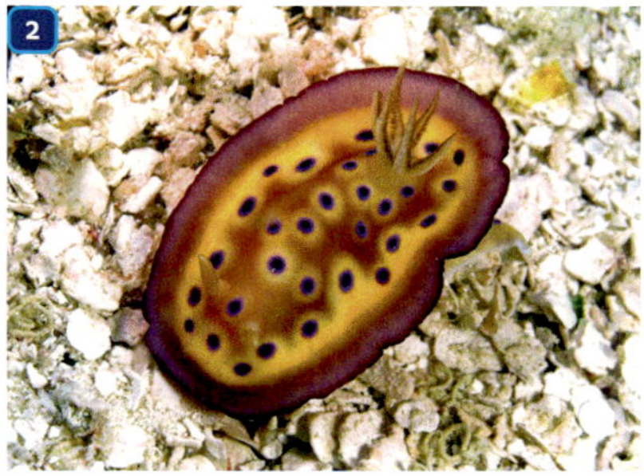

on wählen und mindestens eine 1- bis 2-GB-Karte einlegen. Die zusätzliche JPEG-Speicherung dient auch der Sicherheit für die nahe Zukunft, da niemand weiß, wie lange es welchen Konverter noch geben wird bzw. wie lange er noch in den Bildbearbeitungsprogrammen zu öffnen sein wird. So entstehen seit längerem selbst innerhalb derselben Modellreihe immer mehr Konvertierungs-Softwares, die nicht mehr abwärtskompatibel sind.

RAW-Bild, unbearbeitet (1).

RAW-Bild, bearbeitet (2)

DNG

Um den Wildwuchs bei den RAW-Konvertern zu entflechten, hat der Bildbearbeitungs-Software-Marktführer Adobe einen eigenen RAW-Konverter mit offenem Standard entwickelt, dessen Spezifikation man sich kostenlos aus dem Internet unter der Adresse *www.adobe.com/products/dng* herunterladen kann. Die Vorteile von DNG neben dem offenen Standard: Es entstehen geringe Datenmengen, die Verarbeitung ist flexibel, die Archivierung sicher und problemlos (keine proprietäre Software!). In aktuellen Bildbearbeitungsprogrammen lassen sich RAW-Daten verlustfrei in das DNG-Format umwandeln.

DNG ist im Prinzip wie die EXIF-Daten eine Erweiterung des TIFF-Formates.

DNG kann aber nur erfolgreich reüssieren, wenn sich viele Kamerahersteller an diesem Standard beteiligen und ihre RAW-Daten im DNG-Format aufzeichnen. Danach sieht es aber leider nicht aus. Nur wenige Kamerahersteller (z. B. Hasselblad, Leica, Ricoh und Samsung) haben sich bis jetzt dem DNG-Standard angeschlossen und generieren ihre Daten nach diesen Vorgaben.

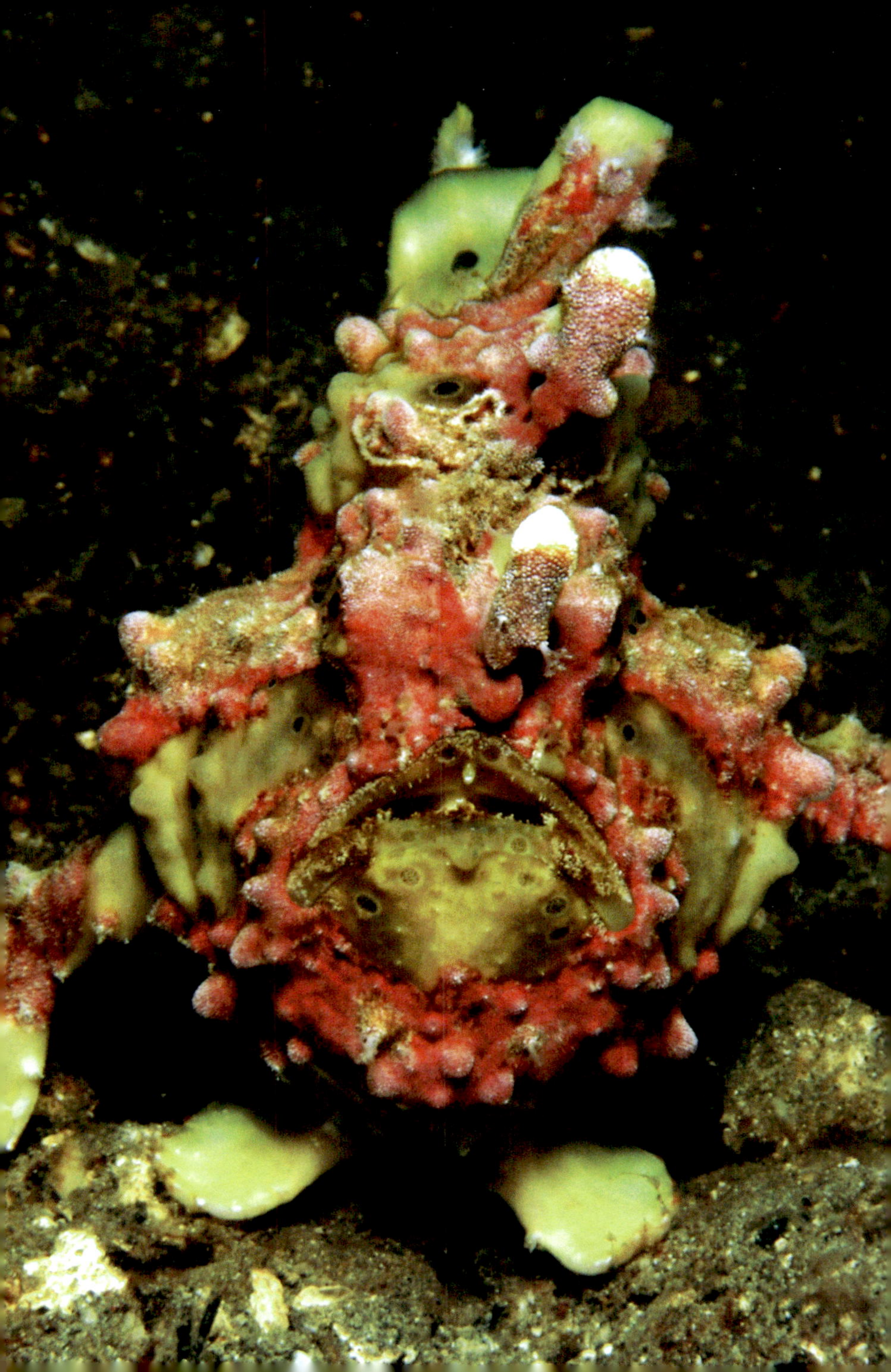

Fotografieren mit Blitzlicht

Auch beim Fotografieren mit digitalen Spiegelreflexkameras bleibt ein altes Problem der Unterwasserfotografie bestehen: die perfekte Blitzbelichtung. Ob es sie jemals geben wird, muss zwar angesichts der immer noch hohen Ausschussraten und missglückten Versuche bezweifelt werden. Immerhin haben es digital fotografierende Taucherinnen und Taucher leichter als mit der analogen Filmtechnik, wo man erst nach einigen Tagen oder Wochen weiß, ob sich die Mühe gelohnt hat oder nicht.
Hier kann die digitale Spiegelreflexkamera ihre Vorteile ausspielen. Denn nach dem Auslösen des Blitzes zeigt das Monitorbild fast zeitgleich das Ergebnis an. Gewiss kann man nicht jede Aufnahme, insbesondere im hellen Umgebungslicht, exakt beurteilen, zumindest aber wird man tendenziell erkennen können, ob Unter- oder Überbelichtung vorliegt. Dann macht man das Bild eben mit anderen blitztechnischen Vorgaben noch einmal.
Digitale Spiegelreflexkameras verfügen alle über ein ausgefeiltes und raffiniertes TTL-Blitzbelichtungssystem. In klarem Wasser kann man sich jedenfalls über falsch belichtete Bilder nur selten beklagen. Wichtig ist, dass Sie die Funktion des Blitzsystems Ihrer Unterwasserfotoausrüstung verstanden haben und dessen Grenzen kennen. Was technisch nicht geht, brauchen Sie nicht zu versuchen.

Integrierter Kamerablitz

Er ist Standard in vielen digitalen Spiegelreflexkameras der Konsumklasse. Meistens wird er auf dem Kameradach hochgeklappt. Brauchbar ist er aber nur an Land. Unter Wasser wird er normalerweise nicht eingesetzt und wenn, dann nur in preiswerten transparenten Polycarbonat- oder Weichplastikgehäusen.

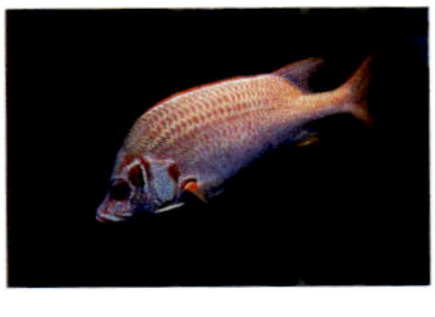

Bilder mit dem integrierten Kamerablitz kann man nur mit Weichplastikgehäusen oder speziellen transparenten Polycarbonatgehäusen machen.

Externer Systemblitz

Von speziellen amphibischen Alternativen abgesehen ist ein solches Gerät die beste Lösung zur Bewältigung von Blitzbelichtungen mit einer digitalen Spiegelreflexkamera. Systemblitzgeräte werden normalerweise von den Kameraherstellern selbst ange-

Tipp

Mit Systemblitzgeräten gibt es bei Flughafenkontrollen keine Probleme, weil man die Akkus bzw. Batterien entfernen kann.

Tipp

Metz ist Fremdhersteller von Systemblitzgeräten, die an allen bekannten digitalen Spiegelreflexkameras funktionieren. Die Übertragung der Funktionen geschieht mittels spezieller Adapter, die zwischen Blitzschuh und Blitz montiert werden. Wenn man das Kamerasystem wechselt, muss kein neuer Systemblitz, sondern nur ein neuer Adapter gekauft werden.

boten. Es gibt aber auch Fremdhersteller wie Metz oder Sigma, die nahezu jede D-SLR mit ihren Blitzgeräten TTL-steuern können. Systemblitzgeräte verfügen über schnelle Blitzfolgen, ausreichende Kapazitäten und viele Zusatzfunktionen, die man aber unter Wasser nicht alle benötigt. Nachteilig ist der mitunter kleine Ausleuchtwinkel (ca. 70°), weshalb man für die Ausleuchtung des Bildfeldes starker Weitwinkelobjektive zwei Systemblitze oder einen Systemblitz plus Amphibienblitz anschließen sollte – sofern elektronisch machbar.

Mit Systemblitzgeräten wird an der D-SLR im Prinzip nur nach dem TTL-Verfahren blitzbelichtet. Fast alle Systemblitzgeräte beherrschen aber auch die über eine Messzelle gesteuerte Computerblitzbelichtung.

Man kann darauf zurückgreifen, wenn die TTL-Blitzsteuerung aus irgendwelchen Gründen (Kabelbruch, Kameradefekt etc.) versagt oder man nicht nur mit der D-SLR, sondern z. B. auch noch mit einer digitalen Kompaktkamera fotografiert. Der Blitzsensor befindet sich als Messauge unterhalb des Reflektors und steuert die Blitzlichtmenge, die für eine korrekte Blitzbelichtung erforderlich ist. Das Messauge sollte deshalb nicht verdeckt werden. In Systemblitzgehäusen aus Metall muss für solche Fälle ein Sensorfenster angebracht sein.
Die technischen Vorteile der durch Systemblitzgeräte gesteuerten TTL-Blitzbelichtung muss man sich leider teuer erkaufen.

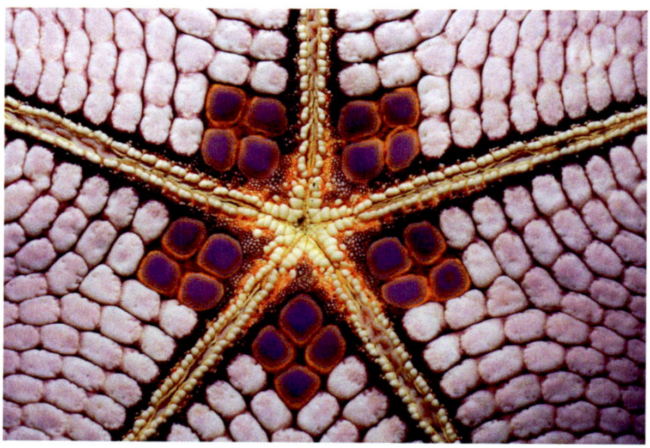

Der Nahbereich wird von Systemblitzgeräten sehr gut ausgeleuchtet.

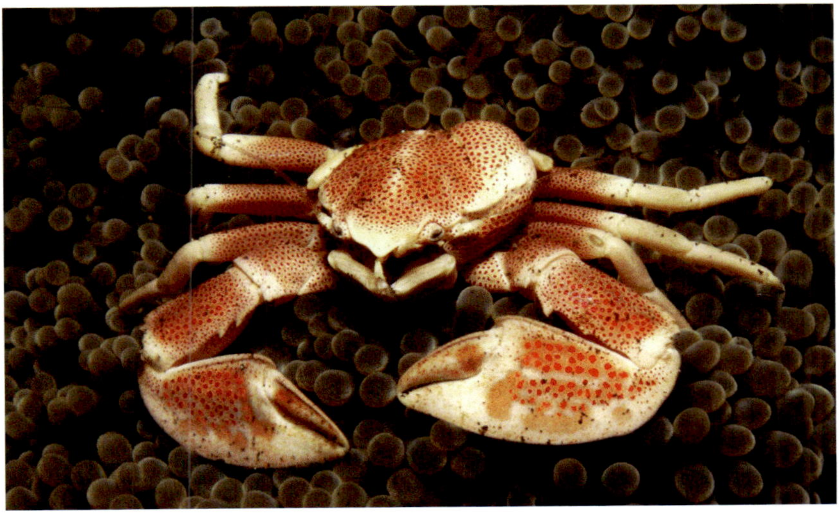

Denn komfortable und starke Systemblitzgeräte kosten manchmal so viel wie eine digitale Spiegelreflexkamera für Einsteiger. Hinzu kommt das Systemblitzgehäuse, das selbst in einer Einfachversion kaum billiger als das Gerät selbst zu haben ist. In professioneller Ausführung mit eingebautem Akku und Pilotlampe wird nicht selten der Preis eines guten Amphibienblitzgeräts erreicht bzw. übertroffen. Kabel, Blitzarm und Halteschiene tun ein Übriges, die Kosten in respektable Höhen zu treiben.
Zu den posiven Aspekten kann man die unbedingte Zuverlässigkeit der Systemblitzgeräte zählen. Es sind industrielle Produkte mit ausgefeilter Technik. Konstruktions- oder Produktionsfehler kommen so gut wie nie vor, und die Geräte arbeiten in Verbindung mit der dafür vorgesehenen digitalen Spiegelreflexkamera im Rahmen ihrer konzeptionellen und technischen Möglichkeiten und in Abhängigkeit vom Umfeld (klares Wasser) weitgehend ohne Fehl und Tadel. An der Ausleuchtung scheiden sich die Geister, sie ist aber in der Praxis nicht so schlecht, wie immer vermutet wird. Das Ausleuchten des Bildfelds von Weitwinkelobjektiven bis ca. 90° Bildwinkel ist zumindest bei ausgefeilter Blitzgerätepositionierung – langer Blitzarm, hoch über der optischen Achse – sogar mit nur einem Systemblitz möglich, sofern das Systemblitzgehäuse über ein gewölbtes Frontglas verfügt.

Systemblitzgeräte korrespondieren perfekt mit der D-SLR.

Tipp

Wer sich für eines der preiswerten Systemblitzgeräte des Fremdherstellers Sigma entscheidet, bekommt das Gerät ohne Adapter speziell für seine D-SLR. Es gilt dann aber dieselbe Einschränkung wie bei den Originalgeräten der Kamerahersteller. Beim Wechsel des Kamerasystems kann der Blitz nicht weiter verwendet werden.

Systemblitzgerät in abgewinkelter Form (1)

Kamerahersteller wie Olympus liefern für ihre Systemblitzgeräte eigene transparente Polycarbonatgehäuse (2).

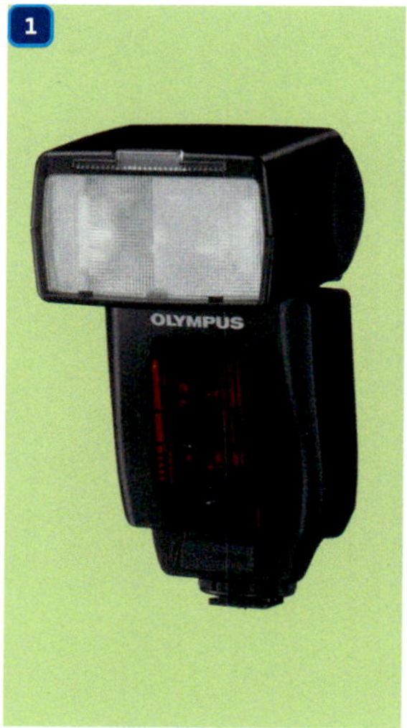

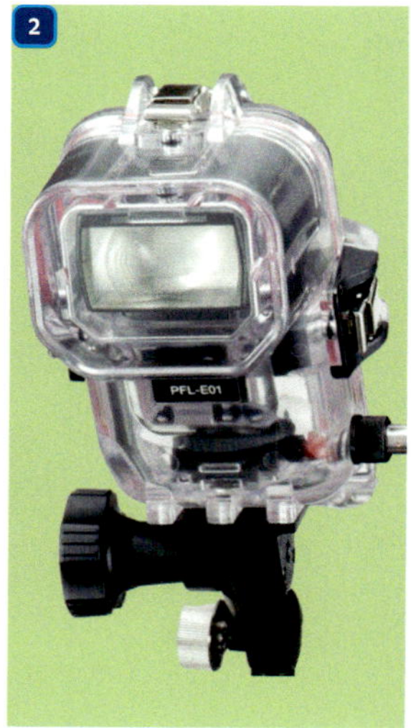

Merke

1. Systemblitzgeräte funktionieren immer nur an den dafür vorgesehenen digitalen Spiegelreflexkameras.

2. Systemblitzgeräte arbeiten an digitalen Spiegelreflexkameras sehr effizient, weil die Einzelgeräte (Kamera und Blitzgerät) systemmäßig aufeinander abgestimmt sind.

3. Der direkte Kontakt zur Kamera über ein Synchronkabel ist die Voraussetzung für eine störungsfreie Funktion.

4. Blitzstecker und Blitzbuchse dürfen keine Feuchtigkeit ziehen, sonst kommt es zu unkontrollierten Zündungen. Das Synchronkabel darf keine Knick- bzw. Bruchstellen aufweisen. Die Folge wären Zündaussetzer.

5. Systemblitzgeräte sind oft die einzige Möglichkeit, an einer D-SLR im TTL-Modus zu blitzen, wenn es für das betreffende Kamerasystem keine geeigneten Amphibienblitzgeräte gibt.

Computerblitzbelichtung

Die Computerblitzbelichtung ist die älteste automatische Blitzsteuerung und reicht in ihrer Entwicklungsgeschichte zurück in die 60er-Jahre des letzten Jahrhunderts. Im Laufe der Jahrzehnte wurde das Messverfahren verfeinert, erweitert und sicherer gemacht. Neue Bauteile und raffiniertere Methoden haben aus der einstmals simplen Computerblitzbelichtung ein adäquates Verfahren zur Steuerung der richtigen Lichtmenge bzw. Lichtstärke eines Blitzgerätes gemacht. Im Grunde genommen galt die Computerblitzbelichtung bereits als Auslaufmodell, als die raffinierte TTL-Blitzmessung sowohl unter als auch über Wasser Anfang der 80er-Jahre die Kameras eroberte und einen beispiellosen Siegeszug antrat. An digitalen Spiegelreflexkameras wird sie nur selten verwendet.

Computerblitzbelichtung heißt, dass bei einer bestimmten Blende eine definierte Blitzleistung abgegeben wird. Gemessen wird die korrekte Blitzabgabe mit einer Messzelle, die entweder am Blitzgerät selbst oder an der Kamera sitzt. Der Begriff Computer ist in diesem Zusammenhang etwas hoch gegriffen, denn bei der einfachen Lichtmengensteuerung früherer Blitzgeräte wird weder die Motivreflexion noch die Objektentfernung berücksichtigt. Einziges Kriterium ist die Blendenvorwahl an der Kamera und die eingestellte Äquivalentblende am Blitzgerät.

Tipp

Über- oder Unterbelichtungen kann man mit der Computerblitzbelichtung absichtlich herbeiführen. Hat man das Gefühl, ein Motiv könnte stark reflektieren, besteht die Möglichkeit, entweder eine niedrigere Blitzblende als an der Kamera oder an der Kamera eine höhere Belichtungsblende als am Blitz einzustellen.

Computerblitzbelichtungen arbeiten, wenn sie richtig angewendet werden, im Nah- und Makrobereich verblüffend sicher.

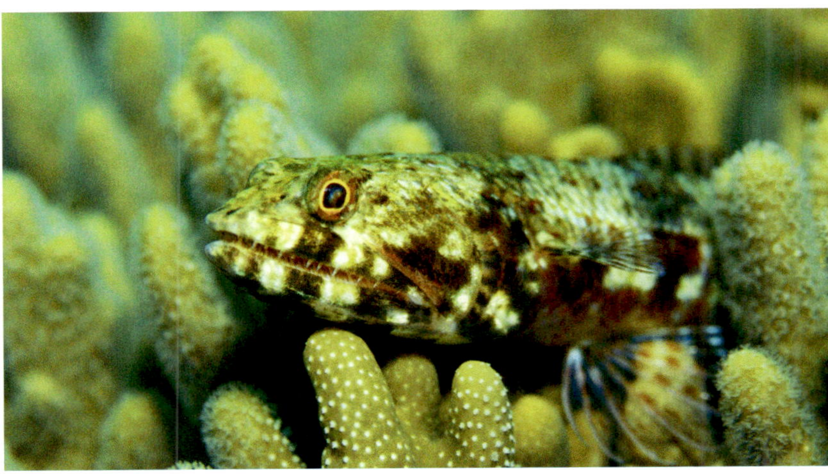

Das Messauge muss exakt ausgerichtet werden, dann funktioniert die Computerblitzbelichtung mehr als zufrieden stellend.

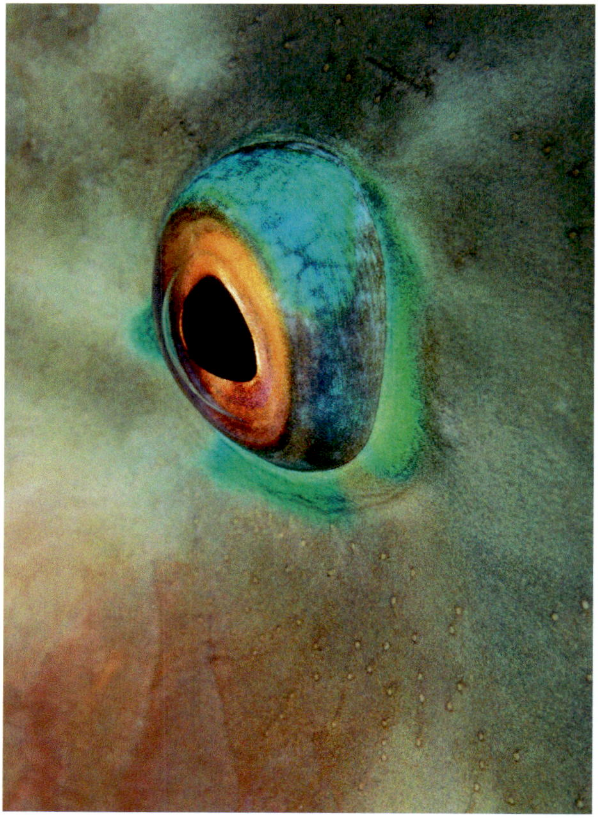

Merke

1. Jede Computer-Messzelle hat einen Messwinkel. Dieser liegt in der Regel bei etwa 30°. Werden Kamera und Blitzgerät nicht sehr genau auf das Motiv ausgerichtet, zielt der Messkegel daran vorbei und misst beim Vorblitzen ein anderes Objekt. Das kann zu fehlerhaften Blitzbelichtungen führen.

2. Gut abgestimmte Computerblitzbelichtungen stehen denen einer TTL-Blitzsteuerung in keiner Weise nach. Hier hat sich ein erstaunlicher Fortschritt vollzogen, dem man voll und ganz vertrauen kann. Trotzdem konnte sich diese Blitztechnik bei den digitalen Spiegelreflexkameras nicht durchsetzen.

TTL-Blitzbelichtung

Alle digitalen Kompaktkameras verfügen über eine TTL-Blitzsteuerung. Denn diese Blitzbelichtungstechnik ist zwar kompliziert und teuer, belichtet aber sehr präzise . Die Hersteller haben für diese Blitztechnik unterschiedliche Bezeichnungen wie E-TTL bzw. E-TTL II (Canon), ADI-TTL (Konica-Minolta), i-TTL (Nikon), Oly-TTL (Olympus) oder P-TTL (Pentax) kreiert. Wie die TTL-Blitzmessung in digitalen Kompaktkameras genau funktioniert, bleibt meistens das Geheimnis der Hersteller.
TTL ist das englische Kürzel für »trough the lens«, was Steuerung der Blitzbelichtung durch das Objektiv bedeutet. Bei der TTL-Blitzmessung in digitalen Spiegelreflexkameras sendet das Blitzgerät vor dem Hauptblitz einen oder mehrere nahezu unsichtbare Messblitze ab, deren vom Motiv zurückgeworfenes Licht auf einer definierten Graufläche (18% Remission) des 1. Verschlussvorhanges gemessen wird. Aus dieser Reflexionsmessung und

Tipp

Aus der Masse der TTL-Steuerungen ragen immer wieder Kameras hervor, mit denen man mit konventionellen TTL-Blitzgeräten automatisch blitzbelichten kann. Das sind die Fuji FinePix S2 Pro (Nikon-TTL) und Modelle von Pentax, die mit Pentax-TTL- und alten Aquasun-, Hartenberger- und Subtronic-Blitzgeräten funktionieren.

Merke

1. TTL-Blitzbelichtungen können mit Systemblitzgeräten und systemkompatiblen Amphibienblitzgeräten vorgenommen werden.

2. Bei TTL-Blitzbelichtungen sind mindestens ein, meistens aber mehrere Vorblitze erforderlich, deren Reflexionen entweder auf dem 1. Verschlussvorhang oder von einer Sensorzelle gemessen werden.

3. In den Steuerungsvorgang der TTL-Blitzmessung kann mittels einer Blitzbelichtungskorrektur eingegriffen werden.

4. Zur TTL-Blitzsteuerung mit Vorblitz und Motivdistanzberücksichtigung ist am UW-Gehäuse eine Blitzbuchse mit mindestens 5 Pins (Kontaktstifte) erforderlich. Die Canon-E-TTL bzw. E-TTL II benötigt 6 Pins. Hierzu liefern die Gehäusehersteller spezielle S6-Buchsen und S6-Stecker.

5. Korrekte TTL-Blitzbelichtungen sind mit Weitwinkelobjektiven und Fisheyes nur mit starken Minuskorrekturen der Blitzbelichtung möglich. Sie sollten sich deshalb grundsätzlich nur eine D-SLR kaufen, die den Eingriff auf Blitzbelichtungskorrekturen ermöglicht.

der durch den AF ermittelten Motiventfernung errechnet der Kameracomputer dann die korrekte Lichtstärke des eigentlichen Blitzes. So verfährt beispielsweise Nikon mit seiner i-TTL. Bei Sony wird das vom Objekt reflektierte Licht der Vorblitze über den Schwingspiegel zu einer Messzelle umgeleitet. Die unterschiedlichen Messvorgänge laufen im Millisekundenbereich ab, was die TTL-Blitzbelichtung zumindest im Nah- und Makrobereich fast absolut sicher macht. In blitzbelichtungstechnischen Grenzbereichen – sehr helle oder sehr dunkle Motive – kann über Blitzbelichtungskorrekturen in die TTL-Blitzsteuerung eingegriffen werden.

So perfekt die TTL-Blitzsteuerung im Nah- und Makrobereich funktioniert, so unsicher sind die Ergebnisse bei Weitwinkel- und Fisheye-Aufnahmen. Verursacher dieser Malaise sind die schwachen Vorblitze, die in einem Riff oder im Freiwasser nahezu nutzlos ohne Rückmeldung verpuffen. Der anschließend ausgelöste Hauptblitz fällt dann logischerweise zu stark aus, weil keine oder zu schwache Reflexionen an die Blitzautomatik gemeldet werden.

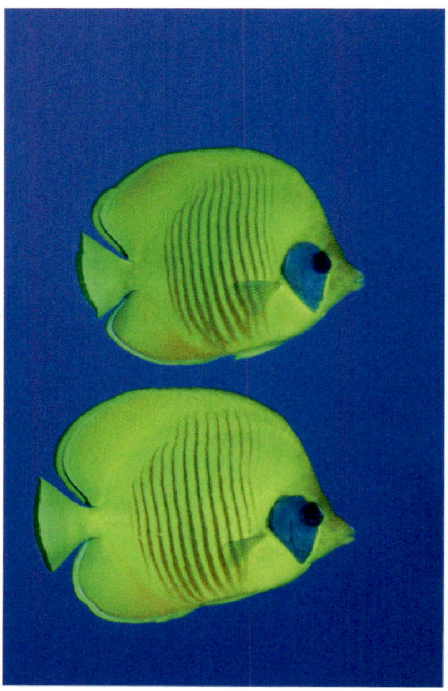

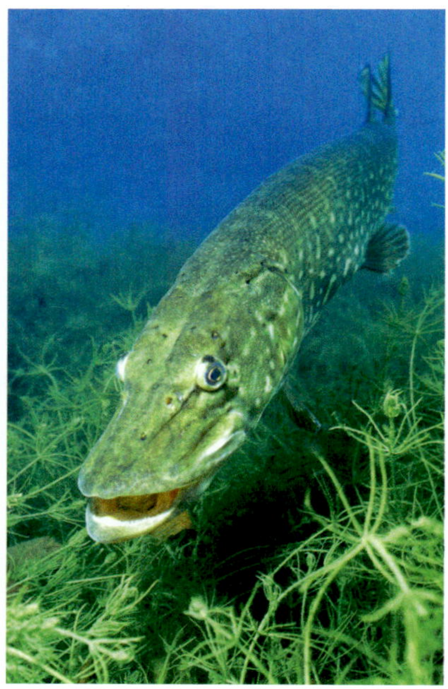

Die TTL-Blitzbelichtung erweist sich auch in schwierigen Situationen als sehr sicher. Minuskorrekturen sind aber auch hier erforderlich (links).

Präziser als mit der TTL-Blitzbelichtung kann man automatisch nicht mit einem Blitz belichten (rechts).

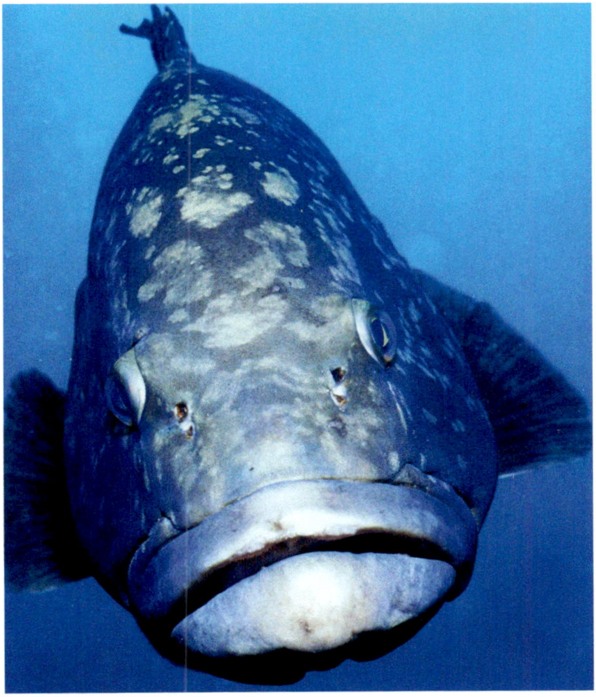

Amphibische Blitzgeräte haben in der Regel größere Ausleuchtwinkel als Systemblitzgeräte.

Amphibische Blitzgeräte

Amphibische Blitzgeräte sind vom Hersteller für den Einsatz im Wasser konstruiert und wasserdicht gebaut. Man unterscheidet Geräte mit Metallhüllen – meistens Alurohre (Aquasun, Hartenberger, SEACAM, Subtronic) und solche mit Kunststoffgehäusen (Ikelite, Inon, Sea & Sea).

Amphibische Blitzgeräte weisen im Gegensatz zu Systemblitzgeräten meistens größere Ausleuchtwinkel, höhere Leitzahlen, schnellere Blitzfolgen und ein wärmeres Licht auf. Hinzu kommen je nach Modell diverse Features wie Pilotlampe (teils dimmbar), SOS-Signal, Sklavensensor, Kapazitätsanzeige, Testblitz, Leistungsstufen bis $^{1}/_{64}$, Laserpointer und umschaltbare Kelvinzahlen.

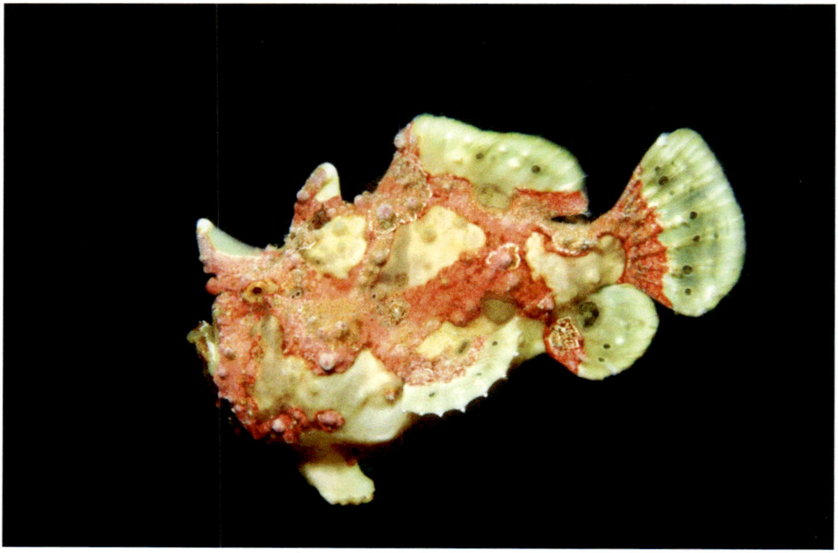

Bei amphibischen Blitzgeräten der Spitzenklasse lässt sich die Farbtemperatur des Lichts einstellen (oben).

Diese Aufnahme wurde mit einem SEACAM-Amphibienblitz mit i-TTL bei minus 1,3 Blenden belichtet (rechte Seite oben).

Da amphibische Blitzgeräte in der Regel von Fremdherstellern produziert werden, kann es in der Praxis Probleme mit der automatischen Blitzsteuerung geben. Denn nicht alle Amphibienblitzhersteller sind in der Lage, die komplizierten Protokolle der von den Kameraherstellern konzipierten TTL-Blitzsteuerungen zu entschlüsseln und sie nachzubauen. Meistens funktioniert die TTL-Blitzsteuerung nur für ein oder bestenfalls zwei D-SLR-Modelle, eventuell ist eine abwärtskompatible Adaption möglich. Kauft man sich eine neue Kamera – wohlgemerkt vom selben

Merke

1. Amphibienblitzgeräte können je nach Konzeption mit Stab- oder Ringblitzröhren ausgerüstet sein.

2. Wechselakkus haben Vorteile, nicht nur bei Kontrollen am Flughafen. Bei Strommangel kann man auf Reserven zurückgreifen.

3. Wer bevorzugt mit Superweitwinkelobjektiven und Fisheyes fotografiert, kommt an amphibischen Blitzgeräten kaum vorbei.

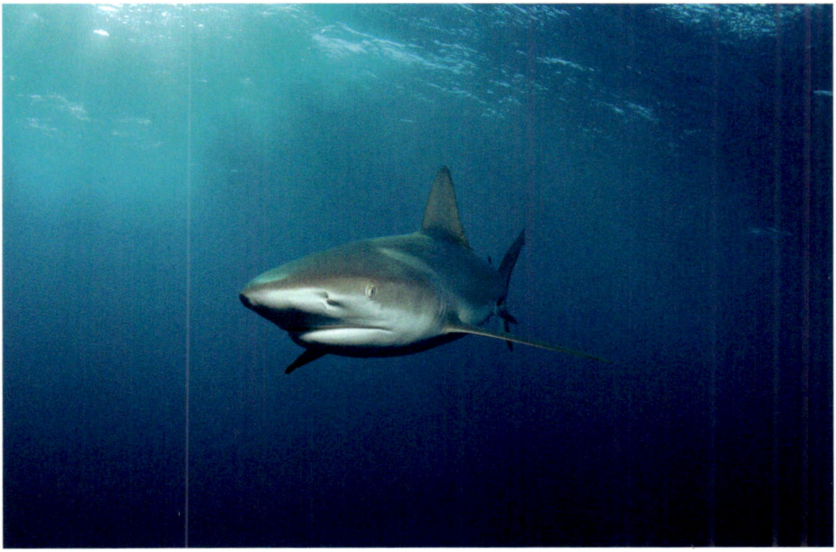

Hersteller! – ist meistens ein TTL-Update beim Blitzgerätehersteller erforderlich. Wenn das nicht angeboten wird, kommt man um den Kauf eines neuen Blitzgerätes nicht umhin.

Wenn ein Amphibienblitz TTL-gesteuert eingesetzt werden kann, ist er mit Abstand die beste Lichtquelle unter Wasser. Wer viele Flugreisen macht, sollte sich wegen der exzessiven Kontrollen für einen Amphibienblitz mit Wechselakkus entscheiden. Amphibische Blitzgeräte, die sich nicht öffnen lassen, werden in Zukunft vermutlich große Schwierigkeiten bereiten.

Leistungsstarkes amphibisches Blitzgerät mit großem Ausleuchtwinkel (1).

Schalttafel eines amphibischen Großblitzgerätes. Die Blitzbelichtungsmöglichkeiten sind vielseitig (2).

1

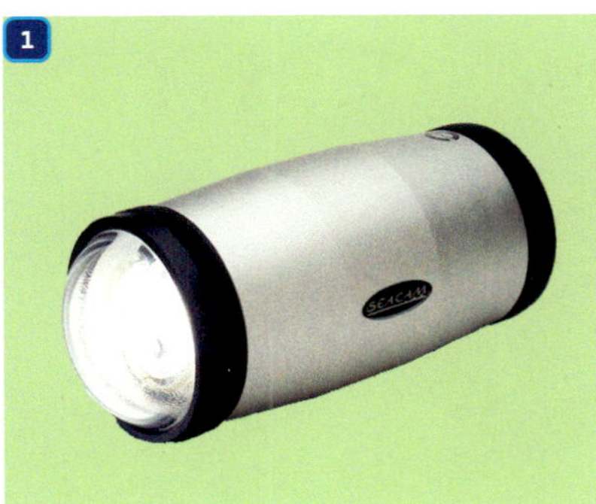

2

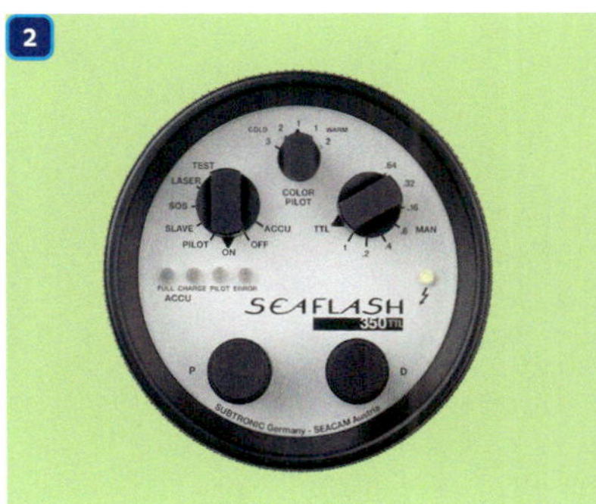

Ringblitzports

Ringblitze werden an Land bevorzugt in der extremen Makrofotografie verwendet. Unter Wasser trifft man sie nur selten an, was eigentlich verwundert, kann man mit ihnen doch Objekte in Löchern, engen Spalten und in verästelten Korallen fotografieren, wo man sich mit externen Blitzgeräten immer etwas schwer tut. Positiv kommt hinzu, dass ein Unterwassergehäuse mit Ringblitzport kompakt und handlich ist, weil seitlich keine Blitzarme abstehen.

Unter Wasser können Ringblitze nur sinnvoll eingesetzt werden, wenn die Ringblitzröhre in zwei oder vier Segmente geteilt ist, damit man Teile davon abschalten kann. Dies dient einer besseren Plastizität der Aufnahmen. Man vermeidet damit eine zu flache Lichtführung und steigert gleichzeitig die Modulation (Lichtverlauf von links nach rechts), was zu kontrastreicheren Bildern führt. Voraussetzung für brillante Ringblitzbilder sind klares Wasser und kurze Motiventfernungen. Aufgrund der sofortigen Kontrollmöglichkeit am Monitor ist Ringblitzen eine überschaubare Angelegenheit geworden.

Wegen der geringen Nachfrage sind Ringblitzgeräte an digitalen Spiegelreflexkameras die Exoten der Blitzlichtfotografie. Natürlich haben sie – vom Preis abgesehen – auch Nachteile. So kann man mit ihnen nur bis zu einer Entfernung von ca. 50 cm vom Frontglas blitzen. Dann verläuft sich das Licht, wird bläulich, verliert an Kraft, und das Bild leidet unter nachlassenden Farben. In

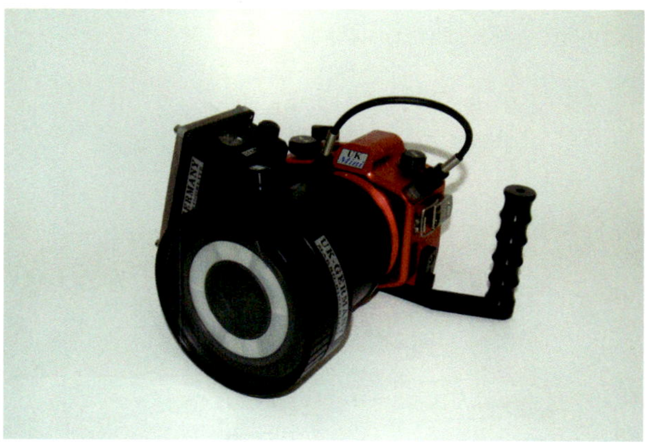

Die Ringblitzfotografie kann unter Wasser beim Fotografieren von Korallenfischen erstaunliche Vorteile verbuchen.

trübem Wasser ist mit dem Ringblitz kein Staat zu machen. Wegen des frontal abgegebenen Lichtes werden Schwebeteilchen übermäßig aufgehellt. Trübstoffreflexionen und Blendenreflexe sind die Folge.
Die Ringblitzports werden grundsätzlich mit Makroobjektiven bestückt. Kameras mit Vollformatsensoren bestückt man primär mit 90- bis 105-mm-Makroobjektiven. An APS-C-Kameras kann man entweder mit 50- bis 60-mm-Makros oder 90- bis 105-mm-Makroobjektiven arbeiten. Das Four-Thirds-System ist mit dem 50-mm-Makro bestens bedient.

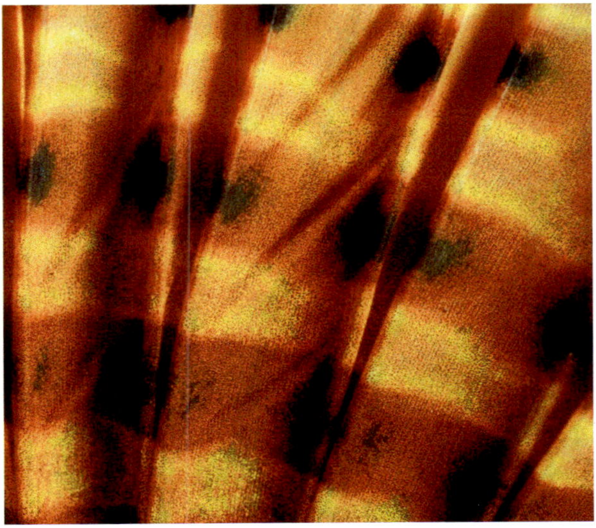

Flosse eines Rotfeuerfisches. Durch Abschalten von Ringblitzsegmenten erhält man einen modulierten Lichtverlauf.

Merke

1. Ringblitzgeräte werden ausschließlich mit einer TTL-Blitzsteuerung betrieben. Plus/Minus-Korrekturen werden an der Kamera vorgenommen.

2. Man kann Ringblitze mit externen System- oder Amphibienblitzgeräten koppeln – entweder gleichzeitig oder getrennt gezündet.

3. Einziger Hersteller für Ringblitzports an UW-Gehäusen für digitale Spiegelreflexkameras ist *www.uk-germany.com*.

Sklavenblitzgeräte

Lange bevor es digitale Spiegelreflexkameras gab, produzierten Firmen wie Ikelite und Sea & Sea TTL-Sklavenblitzgeräte. Man verwendete sie häufig im Makrobereich zur Aufhellung der rechten Bildseite, aber auch als Effektlicht in der Hand eines Models. Konzeptionell sind sie nicht dazu vorgesehen, den Hauptteil der Blitzbelichtung zu übernehmen. An einer D-SLR in Verbindung mit einem System- oder Amphibienblitz können aber exzellente Blitzbelichtungen erzeugt werden. Allerdings sind die konventionellen von ihnen nicht mit einer Vorblitzerkennung ausgestattet. Herkömmliche TTL-Sklavenblitze sollten deshalb vorzugsweise als Effektblitzgeräte verwendet werden. Ausgelöst werden sie fehlerfrei nur durch den Lichtimpuls des externen Hauptblitzgerätes an der Kamera. Wegen dessen Vorblitzfunktion kann es aber mitunter Probleme geben, wenn der TTL-Sklave schon beim ersten Messblitz zündet. Dann benötigt man einen TTL-Sklavenblitz mit Vorblitzunterdrückung.

Die Auslöseentfernung liegt bei empfindliche Sklavenblitzsensoren bei mehr als 10 m Blitzdistanz, so dass es in klarem Wasser keine Zündprobleme gibt. Interessante Effekte kann man erzielen, wenn der TTL-Sklavenblitz hinter eine Weichkoralle oder in einen löchrigen Schwamm gelegt wird. Drei Systeme sind bei konventionellen TTL-Sklavenblitzgeräten bekannt:

- Der Sklavenblitzsensor sitzt im Reflektor (Sea & Sea) des Blitzgerätes.
- Der Sklavenblitzsensor wird mittels Synchronkabel (Hartenberger, Subtronic) an einem beliebigen Blitzgerät mit fünf- oder sechspoliger Buchse befestigt.
- Der Sklavenblitzsensor wird mit einem speziellen Kabel und speziellem Stecker mit dem Amphibienblitz (Ikelite) verbunden. Ikelite-Sklavenblitzauslöser haben sogar einen Sensibilitätsregler, mit dem man die Auslöseempfindlichkeit erhöhen oder verringern kann.

Man kann TTL-Sklavenblitzgeräte auch mit farbigen Filterscheiben vor der Blitzleuchte ausstatten, um interessante Effekte zu erzielen. Sehr dichte Farben wie Dunkelrot oder Tiefblau können aber die Auslöseempfindlichkeit von Geräten mit integriertem Sklavenblitzsensor (Sea & Sea) so weit herabsetzen, dass der Blitz über größere Entfernungen nicht mehr zündet.

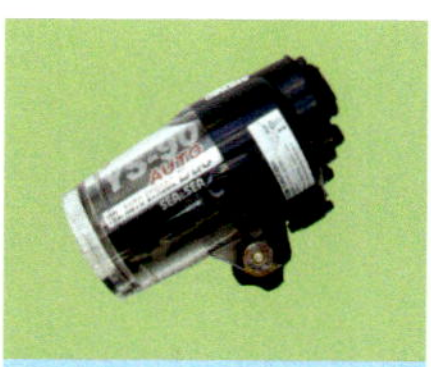

Moderner TTL-Sklavenblitz

Merke

1. Sklavenblitzsensoren an Synchronkabeln mit Nikonos V- oder S6-Stecker können auch mit Systemblitzgeräten in Unterwassergehäusen gekoppelt werden.

2. Die TTL-Blitzmessung funktioniert mitunter sogar zufrieden stellend, auch wenn der TTL-Sklave in das Objektiv blitzt.

3. Sklavenblitzeffekte wirken am besten in sehr klarem Wasser.

4. Wenn mit einer D-SLR konventionell fotografiert wird, also manuell, dann sollte auch der Sklavenblitz mit festen Teillaststufen betrieben werden.

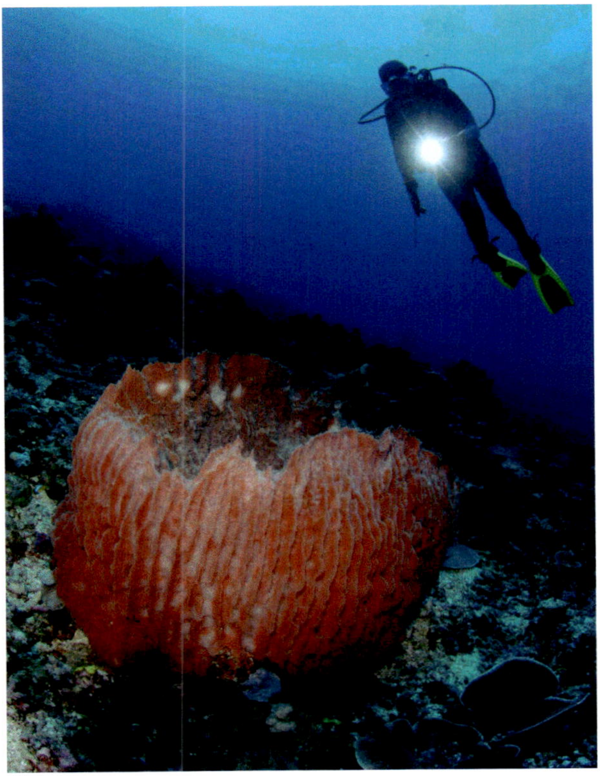

Der Sklavenblitz in der Hand der Tauchpartnerin wird vom Licht des an der Kamera montierten Amphibienblitzes gezündet.

Systemblitzgehäuse und Blitzrohre

Systemblitzgeräte werden von den Herstellern natürlich nicht wasserdicht konstruiert und gebaut. Sie müssen deshalb in einem Unterwassergehäuse untergebracht werden, wenn man sie zum Tauchen nimmt. Zur Auswahl stehen Systemblitzgehäuse und Blitzrohre.

Systemblitzgehäuse sind so konzipiert, dass das Gerät in abgewinkeltem Zustand darin befestigt wird. In dieser Konfiguration funktionieren beim Systemblitz alle Programme und Blitzautomatiken, also auch der Zoomreflektor für die brennweitenabhängige Ausleuchtung und die herstellerspezifische TTL-Blitzsteuerung. An Systemblitzgehäusen kann man normalerweise alle Displayfunktionen bedienen. Manche Modelle haben Akkus mit eingebauten Pilotlampen.

Ein Nachteil des Systemblitzgehäuses ist seine schlechte Positionierungmöglichkeit bzw. seine Flucht, weil es sehr kompakt gebaut ist. Deshalb kann es auf weiter entfernte Motive nicht so exakt ausgerichtet werden wie ein Rohr.

Blitzrohre sind mit wenigen Ausnahmen bauartbedingt einfacher konstruiert als Systemblitzgehäuse. Der Systemblitz wird in aufgeklapptem Zustand auf dem Rückdeckel befestigt und in das Rohr geschoben. Der Zoomreflektor funktioniert in dieser Einbaulage nicht, die TTL-Blitzsteuerung in der Regel schon. Als Übertragung wird oft nur der Ein/Ausschalter für eine allerdings nicht immer vorhandene Pilotlampe installiert. Wenn für den Systemblitz keine Übertragungen vorgesehen sind, schiebt man ihn eingeschaltet in das Blitzrohr. Im Standby-Modus schaltet er sich nach ca. 1–2 min Inaktivität aus und verharrt im Wartezustand. Durch Drücken des Auslösers schaltet sich der Systemblitz sekundenschnell wieder ein. Während der Autofokus sein Ziel sucht, ist der Kondensator des Blitzgeräts längst wieder voll aufgeladen.

Systemblitzgehäuse mit Pilotlampen und vielen Übertragungen sind in der Regel teurer als die einfach gestalteten Blitzrohre. Es gibt aber auch sehr hochwertige Blitzrohre mit Pilotlampen und starken Akkus, über die man auch den Systemblitz betreiben (*www.seacam.com*) kann. Ein sehr aufwändiges Blitzrohr mit allen wichtigen Übertragungen wird über *www.subal.com* vertrieben.

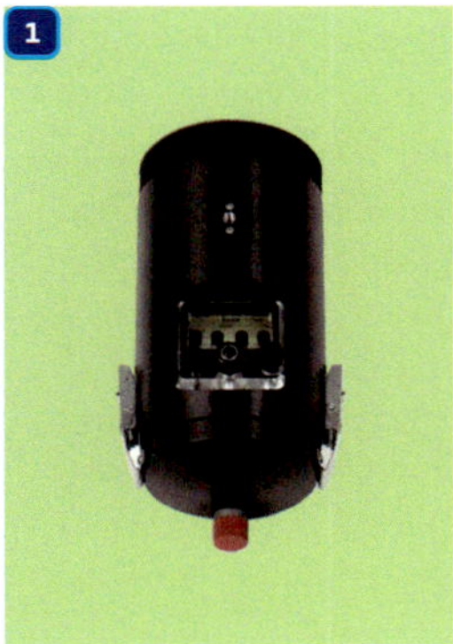

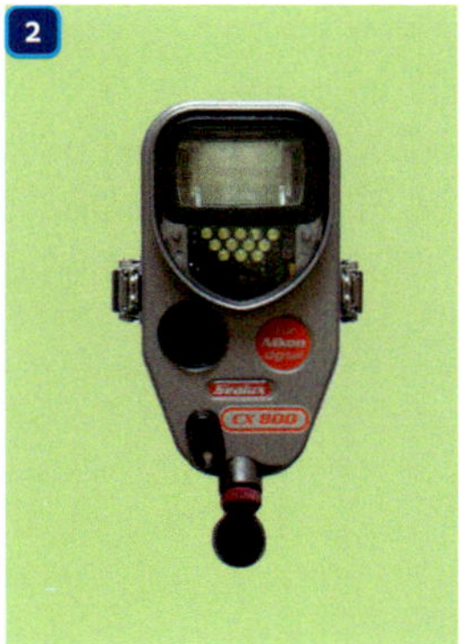

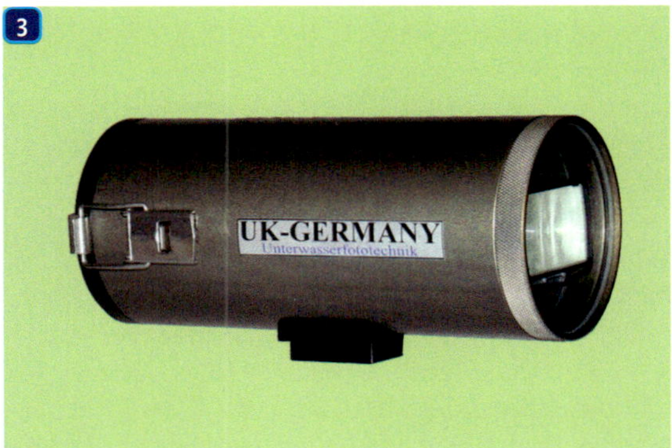

Hochwertiges Systemblitzrohr von Subal mit Domeglas, Monitoranzeige und allen Eingriffsmöglichkeiten (1).

Systemblitzgehäuse mit Pilotlicht und allen wichtigen Eingriffen (2). In Blitzrohren wird der Systemblitz in gestrecktem Zustand eingebaut.

Weil der Zoomreflektor in dieser Blitzposition meistens nicht funktioniert, sollte der Ausleuchtwinkel vor dem Einbau manuell auf die kürzeste Brennweite eingestellt werden (3).

Merke

1. Hochwertige und teure Systemblitzgehäuse beinhalten die Bedienung aller Displayfunktionen am Systemblitzgerät. Ob man das als Gelegenheitsfotograf nützen kann, ist eine andere Frage. Engagierte UW-Fotografen werden diese Eingriffsmöglichkeiten aber schätzen.

2. Die Schutzgehäuse für Systemblitzgeräte bestehen entweder aus Metall oder Kunststoff, die von den Kameraherstellern (z. B. Olympus) angebotenen ausnahmslos aus transparentem Polycarbonat.

3. Die für Systemblitzgeräte mitgelieferten Streuscheiben für eine breitere Ausleuchtung können unter Wasser nicht immer genutzt werden. Voraussetzung ist ein gewölbtes Frontglas am Systemblitzgehäuse bzw. Blitzrohr.

Tandemblitzgeräte

Tandemblitze sind auch unter dem Namen Doppelblitzgeräte bekannt. Man versteht darunter das Blitzen mit zwei Blitzgeräten. Notwendig kann das unter Umständen auch im Makrobereich sein, wenn sich die Motive so dicht vor dem Objektiv befinden, dass eine vernünftige Ausleuchtung mit einem Blitz nicht mehr gewährleistet ist und kein Ringblitzport zur Verfügung steht. Viele bekannte Unterwasserfotografen verwenden zwei Blitze, weil es die Belichtung sicherer und die Ausleuchtung harmonischer macht. Es gibt sogar Makroexperten, die noch einen dritten Blitz mittig über dem Unterwassergehäuse anbringen. Zwei Blitzgeräte – nach Möglichkeit identische Typen – verschlechtern aber auch das Handling. Die Gerätschaft wird unhandlich, macht Probleme in Strömungen, man verliert an Wendigkeit, und viele digitale Spiegelreflexkameras vertragen es nicht, wenn sie von zwei System- oder zwei amphibischen Blitzgeräten gleichzeitig angesteuert werden. Sollte das der Fall sein, muss einer der Blitze als TTL-Sklave arbeiten. Die bessere Lösung aber besteht aus einer im Unterwassergehäuse installierten Elektronik (*www.seacam.com*), die der Kamera suggeriert, dass nur ein Blitz angeschlossen ist. Blitzgerätehersteller wie Hartenberger und Subtronic empfehlen, die beiden Blitzgeräte mit einem Synchronkabel zu verbinden, wobei der rechte Blitz keinen direkten Kontakt zur D-SLR hat. Es ist auch möglich, am rechten Blitz ein Synchronkabel zu installieren, das den Blitz nicht ansteuert (www.mike-dive.de). Eine andere Philosophie verfolgt *www.heinrichsweikamp.de*. Dort favorisiert man einen im Blitzschuh der D-SLR befestigten Digitalkonverter, der die Signale beider Blitzgeräte zu einem einzigen umformt.

Tandemblitzanlagen sind unbedingt erforderlich, wenn mit Superweitwinkel- oder Fisheye-Objektiven fotografiert wird.

Doppelblitztechnik funktioniert auch mit zwei Kleinblitzgeräten (hier Subtronic-Mini). Der gemeinsame Ausleuchtwinkel reicht für alle Superweitwinkel vollkommen aus.

Wenn der Bildwinkel sich der 100°-Marke nähert oder diese wesentlich überschreitet, sollte man an ein Zweitblitzgerät denken. Es müssen nicht notwendigerweise zwei Großblitzgeräte sein. Wichtig ist nur der effektive Ausleuchtwinkel der Einzelblitze, der bei etwa 80° liegen sollte. Zusammen kommt man dann

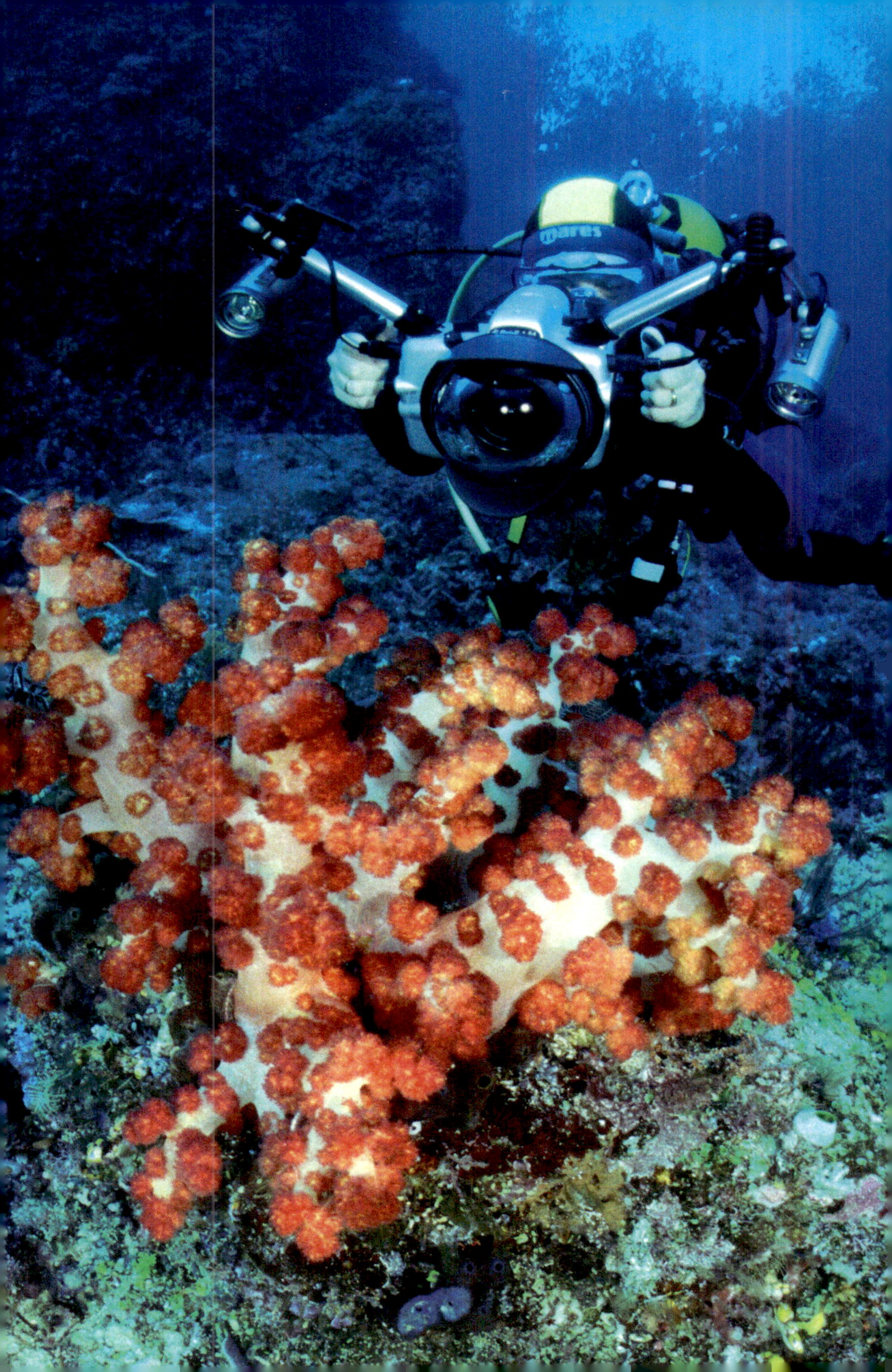
mares

bei korrekter Ausrichtung auf 160°, was für die meisten Anwendungen ausreicht, selbst mit einem Fisheye.
Obwohl es für die Ausleuchtung günstiger ist, wenn die Blitzgeräte identisch sind, kann man auch mit unterschiedlichen Modellen arbeiten. Kombinierbar sind auch Amphibien- und Systemblitzgerät. In diesem Fall sollte aber das Blitzgerät mit dem größten Ausleuchtwinkel links montiert sein. Ideal ist es, wenn man die Tandemblitzanlage so steuern kann, dass sich eine »Rembrandt-Ausleuchtung« ergibt, d. h. rechts ein Dittel weniger Licht als links. Dieser Lichtverlauf ist für das menschliche Auge sehr angenehm und verspricht eine optimale Ausleuchtungsharmonie. Zur Vermeidung von Trübstoffreflexionen sollte die Tandemblitzanlage so angeordnet sein, dass sich die Blitzgeräte horizontal auf einer Ebene mit der optischen Achse befinden. Außerdem müssen sie so angeordnet werden, dass sich die Blitzgeräte immer hinter dem Domeport befinden. Wenn ein Fisheye zum Einsatz kommt, ist auch eine Montage kurz hinter dem Unterwassergehäuse kein Fehler. Dafür sind allerdings lange Blitzarme erforderlich, am besten solche mit Kugelgelenken.

Durch Tandemblitzgeräte kann die UW-Kamera im Einzelfall etwas unhandlich werden. Das Ausleuchten mit zwei Blitzgeräten sollte aber zumindest bei Fisheye-Aufnahmen die Regel sein.

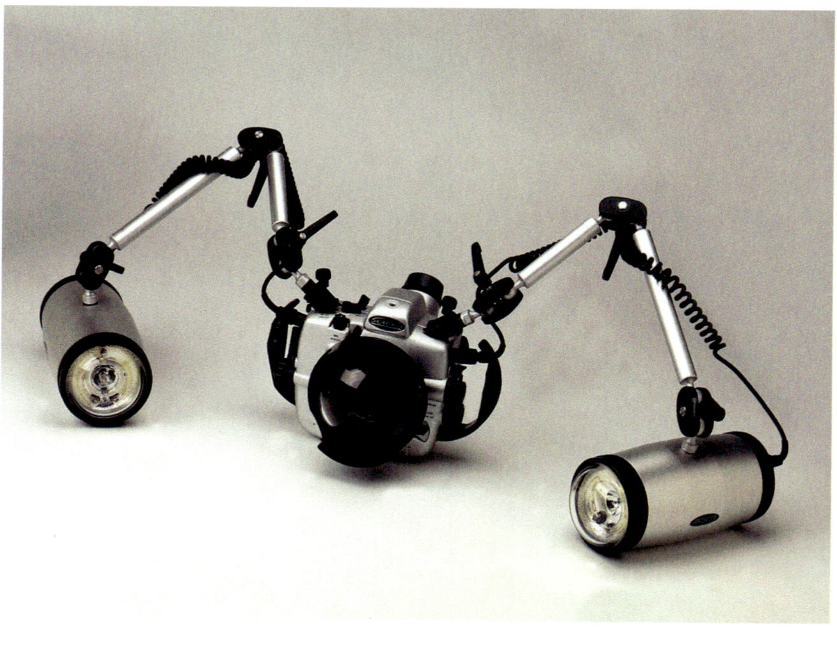

UW-Leitzahl

Alle Blitzgeräte strahlen eine konstruktiv vorgegebene spezifische Lichtleistung ab. Zur Berechnung der zur Belichtung erforderlichen Lichtmenge braucht man den Motivabstand und die Blende. Das Produkt aus Objektentfernung und Blende wird Leitzahl genannt.

Lzü = k x So (Lzü = Überwasserleitzahl, k = Blende, So = Motivabstand)

Die Leitzahl versteht sich bezogen auf eine Empfindlichkeitseinstellung von ISO 100/21°. Ermittelt wird die Überwasserleitzahl mit einem Blitzbelichtungsmesser in einem und zwei Meter Entfernung zur Blitzlichtquelle. Zur Vereinfachung für die Anwender geben die Hersteller von Systemblitzgeräten die Leitzahlen ihrer Modelle immer auf einen Meter Entfernung an. Die Leitzahl entspricht dann dem Blendenwert, bei dem eine Aufnahme in dieser Entfernung und bei der genannten Empfindlichkeit durch den Blitz richtig belichtet wird.
Unter Wasser beträgt die Leitzahl je nach Gewässertyp, Transparenz, Wassertiefe und Motivreflexion nur etwa ein Drittel bis die Hälfte der Überwasserangabe. Die gemessenen Leitzahlen beziehen sich wegen des Lichtweges (vom Blitz zum Motiv und von dort zurück zum Bildsensor) nicht auf einen, sondern auf zwei Meter Entfernung.

In klarem Wasser, bei 1 m Wassertiefe und mittäglichem Sonnenstand ergibt sich folgende Leitzahlberechnung:

$\text{Lzu} = \frac{\text{Lzü}}{\sqrt{5}}$ (Lzu = UW-Leitzahl in klarem Wasser)

$\sqrt{5} = 2{,}236$, zur Vereinfachung kann mit 2,5 gerechnet werden. Wenn das Wasser trüb (ca. 5 m Sicht) ist, der Himmel bewölkt und die Wasseroberfläche durch Wellen aufgewühlt ist, rechnet man mit dem Divisor $\sqrt{8} = 2{,}824$, wobei zur Vereinfachung mit 3,0 gerechnet werden kann.

Coleman-Shrimps in einem Seeigel. Starke Blitzgeräte haben den Vorteil, dass man mit ein bis zwei Bildern pro Sekunde fotografieren kann, ohne dass der Blitz nach dem zweiten oder dritten Bild bereits in die Knie geht.

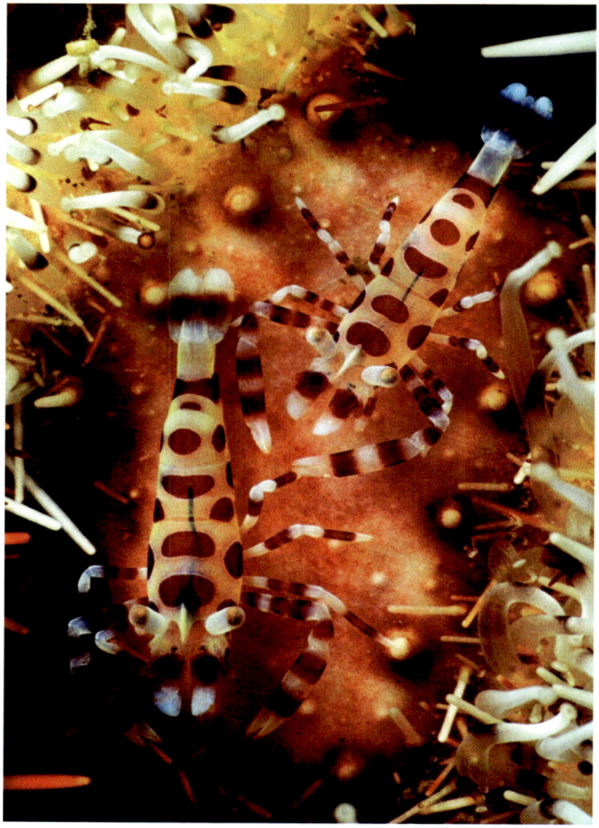

UW-Leitzahlen beziehen sich immer auf die geometrisch richtige Entferung, nicht auf die scheinbare!

Den UW-Leitzahlangaben der Hersteller bei Amphibienblitzgeräten sollten Sie mit gesundem Misstrauen begegnen. Nur wenige Hersteller messen nämlich wirklich unter Wasser. Die UW-Leitzahlen ausländischer Fabrikate beziehen sich oft auf »ft = feet« und sind deshalb gut dreimal so hoch wie die auf Meter bezogenen. Auch die Wattsekundenzahl des Blitzgerätes sagt nur bedingt etwas über die abgegebene Lichtleistung aus, weil zu viele Parameter Einfluss auf die UW-Leitzahl nehmen: Reflektor-

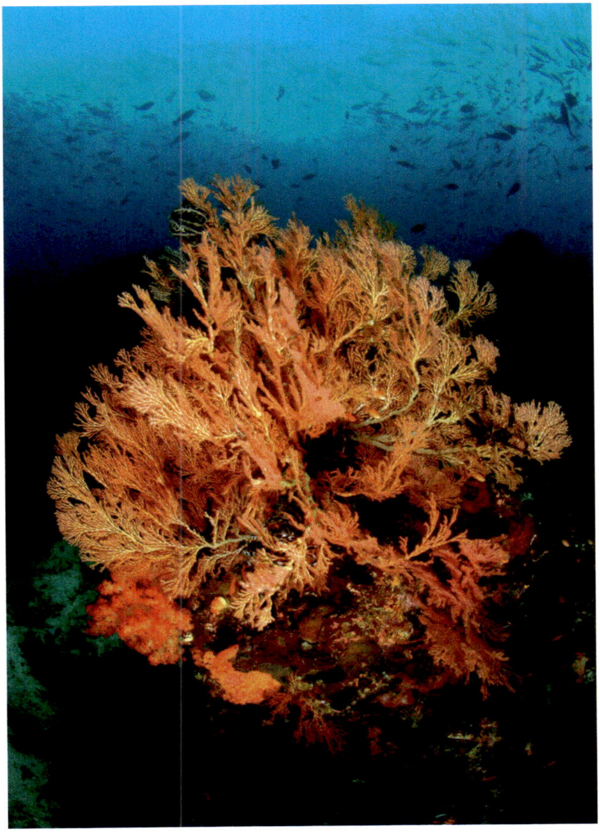

Wenn sich die Leitzahlen zweier Blitzgeräte vermischen, man eventuell mit ISO 200/24° fotografiert und Mischlicht angestrebt wird, genügen UW-Leitzahlen zwischen 11 und 16.

geometrie, Frontglas (plan oder gewölbt), Ringblitzröhre oder Stabblitzröhre, Farbtemperatur und Diffusor spielen eine Rolle. Die exakte Berechnung der UW-Leitzahlen ist auch deshalb so schwierig, weil sie in Abhängigkeit vom Lichtweg nicht mathematisch linear und in verschiedenen Gewässertypen unterschiedlich verlaufen. Wasser filtert die Spektralfarben des Lichtes auf seinem Weg durch das dichtere Medium mit der Länge der Wegstrecke allmählich heraus. Dem Blitzlicht ergeht es also ebenso wie den Sonnenstrahlen. Eine gewisse Linearität besteht nur bis zum Lichtweg 1 m (0,5 m Motivdistanz), darüber hinaus verläuft die Leitzahlenkurve als e-Funktion mit negativem Exponenten.

Digitalkonverter

Digitale Spiegelreflexkameras weisen bis auf wenige Ausnahmen hochkomplexe TTL-Blitzsteuerungen auf, die auf konventionelle TTL-Blitzgeräte für analoge Kameras nicht reagieren. Man bringt sie an einer D-SLR nur zum Zünden, wenn in den Blitzbuchsen alle Pins bis auf zwei stillgelegt werden und die Belichtungssteuerung auf »M« steht. Die Blitzbelichtung erfolgt dann manuell über Leistungsstufen (1/1; 1/2, 1/4; 1/8 etc.). Weil aber ungeübte Unterwasserfotografen mit der manuellen Blitzbelichtung nicht immer zurechtkommen, sind die Hersteller von Unterwassergehäusen und amphibischen Blitzgeräten bestrebt, ihre Produkte nach Möglichkeit mit modernen TTL-Blitzsteuerungen auszurüsten, damit an digitalen Spiegelreflexkameras automatisch blitzbelichtet werden kann. Ganz einfach ist das aber nicht, weil die Elektronik komplexe Signale verarbeiten muss.
Die Aufgabe, eine TTL-Blitzsteuerung für digitale Spiegelreflexkameras nachzubauen, scheitert meistens am verschlüsselten Protokoll des Steuerungsablaufes. Das Hauptproblem stellen die Vorblitze dar, die bei einer D-SLR den ganzen Matrix- bzw. Mehrfeldbereich berücksichtigen. Auf diese Weise werden nicht selten 16 oder mehr Vorblitze unterschiedlicher Stärke abgegeben und deren Reflexion aus den einzelnen Matrixsegmenten ausgewertet, ein komlizierter Vorgang, der sehr präzise ablaufen muss. Diverse Firmen wie Ikelite, Light & Motion und HeinrichsWeikamp haben sich mit dem Nachbau von TTL-Blitzsteuerungen in

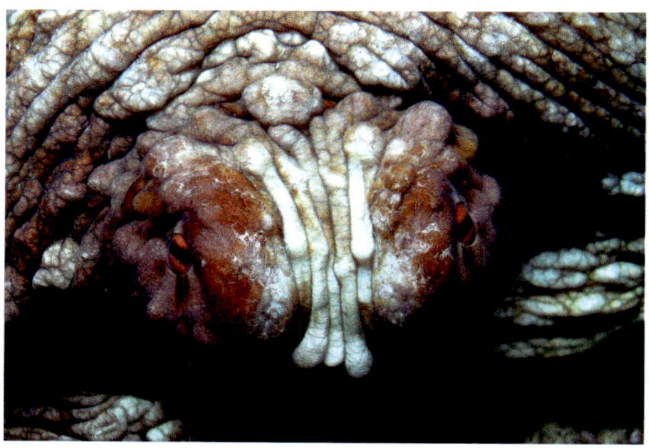

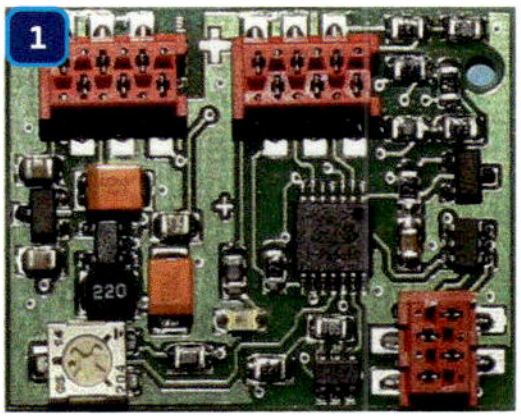
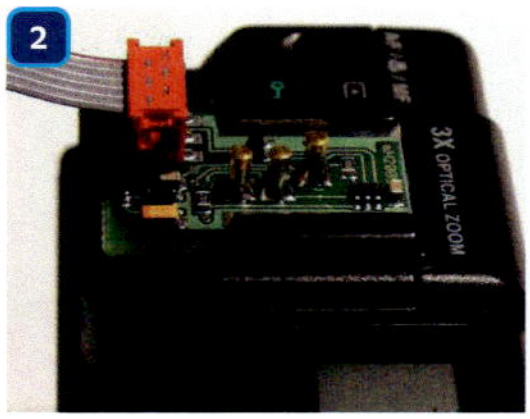

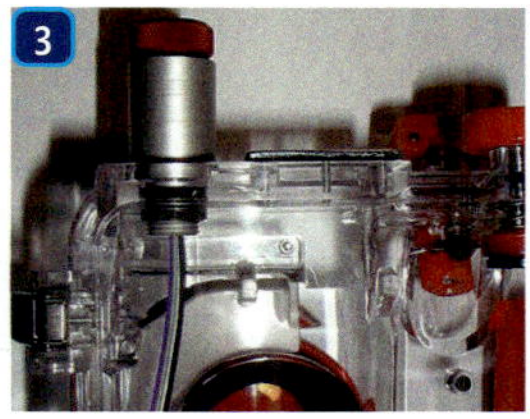

digitalen Spiegelreflexkameras auseinander gesetzt und sog. Digitalkonverter entwickelt. Das sind elektronische Schaltungen, die entweder im Unterwassergehäuse, im Blitzschuh der D-SLR oder in einem Amphibienblitz installiert werden und dort die Signale der jeweiligen TTL-Blitzsteuerung einer D-SLR in die bekannte konventionelle Nikon-TTL-Blitzsteuerung umwandeln. Das hat den Vorteil, dass man seinen alten Nikon-Amphibienblitz an der D-SLR weiterverwenden kann, sofern er vorblitzfähig ist.
Denn da liegt eine der Schwächen des Systems. Die vielen Vorblitze werden innerhalb weniger Millisekunden abgegeben, und dazu sind die Elektroniken vieler herkömmlicher Amphibienblitzgeräte zu träge. Wer sich eine digitale Spiegelreflexkamera zulegt und TTL-blitzen möchte, kommt deshalb meistens nicht umhin, auch in ein neues Blitzgerät zu investieren.

Digitalkonverter der Firma Heinrichs-Wei-kamp (1)

Der Konverter beim Einbau in eine digitale Spiegelreflexklamera (2)

Die mit dem Konverter bestückte Kamera in ihrem Unterwassergehäuse (3)

Merke

1. Der Digitalkonverter für eine digitale Spiegelreflexkamera kann nicht immer auch für das Nachfolgemodell oder andere D-SLR-Varianten des Kameraherstellers verwendet werden. Bei einem Wechsel der Kamera ist oft auch ein neuer Digitalkonverter fällig. Wenn das Blitzgerät über einen Microcontroller verfügt, muss dieser umprogrammiert werden.

2. Mit Digitalkonvertern, die im UW-Gehäuse oder im Kameraschuh installiert sind, kann man das Blitzgerät ohne Umbau bei einem Kamerawechsel weiterverwenden.

3. Auskünfte über Digitalkonverter, deren Einbau und Verwendung sowie die Vorblitzfähigkeit von amphischen Blitzgeräten erteilen *www.mike-dive.de* und *www.heinrichsweikamp.de*.

Blitzbuchsen, Stecker und Synchronkabel

Bei TTL-Blitzbuchsen und Steckern unterscheidet man diverse Systeme, die sich in der Funktion nicht unterscheiden, aber manche Schwäche aufweisen und auch nicht kompatibel sind.

Fünfpoliges Nikonos-System: Es ist die verbreitetste Buchsen-Stecker-Verbindung in der Unterwasserfotografie, aber auch diejenige mit den meisten Problemen, falls Wasser eindringt. Wenn die Nikonos-Buchse zwei gefederte TTL-Pins aufweist, läuft bei einer Undichtheit das eindringende Wasser ungehindert in das innere Synchronkabel und von dort eventuell sogar bis ins Unterwassergehäuse. Zwei gefederte Pins sind aber erforderlich, wenn Blitzgeräte von Ikelite, Inon oder Sea & Sea verwendet werden, weil deren Nikonos-Stecker zwei Vollmaterial-Pole aufweisen. Man kann die Nikonos-Buchse auch mit fünf starren Pins (Subtronic) ausstatten, dann hat eine Undichtheit keine schlimmen Folgen. Der Stecker am äußeren Synchronkabel ist vermutlich nicht mehr zu gebrauchen, aber die Kamera und das innere Synchronkabel bleiben meistens trocken.

Fünfpoliges Olympus-System: Konzeptionell ist das Olympus-Buchsen-Stecker-System dem der Nikonos nachempfunden. Verwendet wird es ausschließlich an Olympus-Unterwassergehäusen. Die fünf Pins sind alle fest, der Stecker hat ebenfalls fünf Buchsen. Buchse und Stecker sind, weil kleiner als beim Nikonos-System, zu diesem nicht kompatibel. Ferner bestehen die Konnektoren aus Kunststoff, was nicht selten zu Splitterbrüchen führt, wenn das Gehäuse mit der Buchse unsanft an Steine oder Korallen stößt. Aber auch hastiges und unsachgemäßes Hantieren an Buchse und Stecker kann zu Defekten führen. Wer den Olympus-Steckerverbindungen misstraut, kann sie bei *www.mike-dive.de* oder *www.subtronic.de* gegen Nikonos-Teile austauschen lassen.

Ikelite-System: An seinen Unterwassergehäusen verwendet Ikelite eigene Buchsen, die wiederum auch nur mit Ikelite-Kabeln verbunden werden können. Funktionell sind sie dem Nikonos-System überlegen, weil sie wasserdicht sind und ohne Gefahr einer Pinverdrehung zusammengesteckt werden können. Für

Tipp

Blitzkabel sollten nicht übermäßig verdreht oder gedehnt werden, auch Knicken ist tunlichst zu unterlassen. Wenn die Stecker mit einem Blindstopfen abgedichtet worden sind, kann man das Kabel in Süßwasser reinigen.

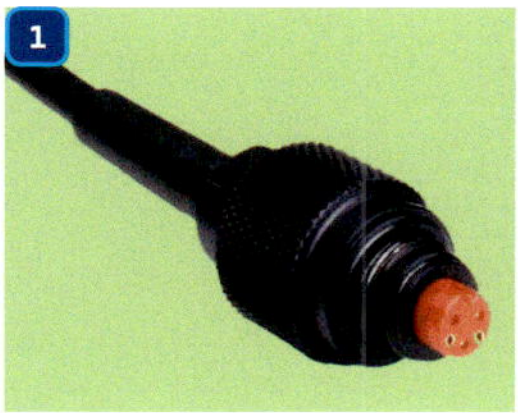

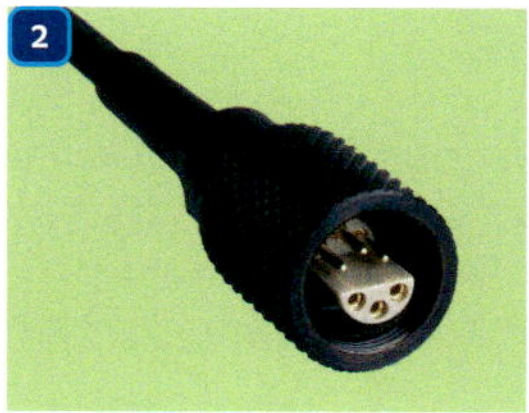

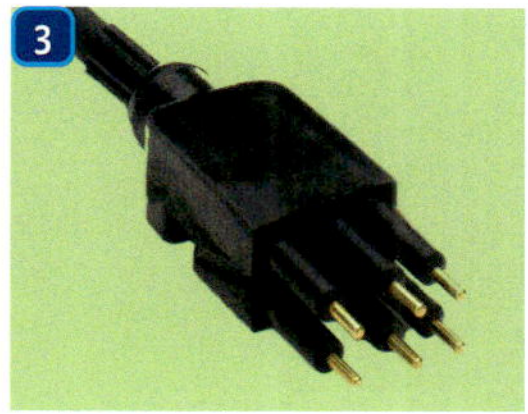

Canon-TTL-Blitzbelichtungen gibt es das Ikelite-Buchsen-Steckersystem auch mit sechs Polen. Wer einen Ikelite-Amphibienblitz an einem anderen Unterwassergehäuse verwenden will, bekommt das Kabel auch mit einem Nikonos-Stecker und zwei Vollmaterial-Polen. Das Kabel kann deshalb nur an Nikonos-Blitzbuchsen mit zwei gefederten TTL-Pins verwendet werden.

S6-System: Es handelt sich um eine Gemeinschaftsentwicklung von SeaCam und Subtronic. Stecker und Buchsen sind aber als offener Standard konzipiert und nicht an bestimmt Gehäuse, Systemblitzgehäuse oder Amphibienblitze gebunden. Das S6-System ist das perfekteste und montagesicherste am Markt. Es hat sechs Pole (drei Stifte und drei Buchsen) und ist deshalb für alle TTL-Blitzsteuerungen geeignet. Die Verbindung von Buchse und Stecker ist fast narrensicher, bei einem Wassereinbruch bleibt die Buchse dicht und der Stecker zum Teil auch.
S6-Kabel gibt es in diversen Varianten, so dass man mit unterschiedlichen Steckern (S6 und Nikonos oder 2 x S6 bzw. S6 und Ikelite) mit fast allen Blitzgeräten und Unterwassergehäusen arbeiten kann. Nachteilig ist, dass die S6-Verbindungen fast ausschließlich im deutschsprachigen Raum verwendet werden.

Wenig beachtet, oft vernachlässigt, selten gepflegt – Blitzkabel führen in vielen Kamerataschen ein Aschenputteldasein. Wie wichtig dieses Bauelement ist, merken viele Unterwasserfotografen erst, wenn das Blitzgerät unregelmäßig oder gar nicht zündet. Blitzkabel bestehen aus einem spiralförmig gedrehten Material. Man kann sie dehnen, zusammenrollen und nahezu beliebig verlängern. Dann allerdings nicht mehr als Spiralkabel. TTL-fähig sind Synchronkabel bis ca. 5 m Gesamtlänge. Weil ohne Blitzkabel in der digitalen Blitzlichtfotografie nichts geht, sollte man sich grundsätzlich mit zwei Synchronkabeln ausrüsten.

5-poliger Nikonos-Stecker (N5), sehr weit verbreitet (1)

6-poliger Stecker (S6), wird für Canon E-TTL benötigt; Handhabung und Funktionssicherheit sind sehr gut (2)

Nassstecker von SEACAM, TTL-fähig; kann unter Wasser gezogen und wieder gesteckt werden, interessante Alternative für Profis (3)

Tipp

Wenn das Blitzgerät wegen eines Kabeldefektes nicht mehr zündet, kann man zur Not mit der Pilotlampe im Nah- und Makrobereich weiterfotografieren. D-SLR in Blendenautomatik (1/60 s einstellen) betreiben, auf ISO 200 oder ISO 400 stellen, damit man eine vernünftige Schärfentiefe bekommt.

Tipp

Die Pflege von Blitzarmen wird allgemein vernachlässigt. Damit die Funktionen reibungslos ablaufen, müssen Kugeln und Gelenkschalen neben der obligatorischen Süßwasserdusche ab und zu gereinigt – eventuell mit Alkohol – werden. Dabei darf aber kein Fett verwendet werden. Die Gewinde der Drehknebel können hin und wieder ein bisschen Fett vertragen.

Blitzarme

Blitzarme sind eines der verkanntesten Accessoires in der Unterwasserfotografie. Als Bindeglied zwischen Gehäuse und Blitzgerät kommt ihnen jedoch eine entscheidende Funktion zu. Ohne Blitzarm kann man mit einem externen Blitzgerät nicht vernünftig fotografieren und mit einem wackeligen und unflexiblen Arm zumindest nicht besonders gut. Ein stabiler und gut beweglicher Blitzarm ist erfolgsentscheidend.
Wie gut ein Blitzarm seine Aufgaben bewältigen kann, ist eine Frage von Konstruktion und Material. Weitgehend durchgesetzt hat sich der Kugelgelenkarm, den seine Flexibilität zum Favoriten macht. Er hat auch den Vorteil, dass man die Gesamtlänge durch Hinzufügen neuer Glieder beliebig verändern kann – besonders wichtig in der Weitwinkel- und Fisheye-Fotografie. Viele Hersteller bieten zudem kurze oder lange Armglieder an. Ob man sich für Kunststoff- oder Metallblitzarme entscheiden soll, ist primär eine Frage der Tragfähigkeit. Kunststoffarme können sinnvoll nur mit gut austarierten Blitzgeräten verwendet werden. Die Aufgabe eines Blitzarmes besteht in erster Linie darin, das Blitzgerät sicher in einer vorgewählten Position zu halten und gleichzeitig so beweglich zu bleiben, dass man den Blitz in Sekundenschnelle ausrichten kann. Insbesondere wenn die Blitzgeräte schwer sind, können das Aluminium-Kugelgelenkar-

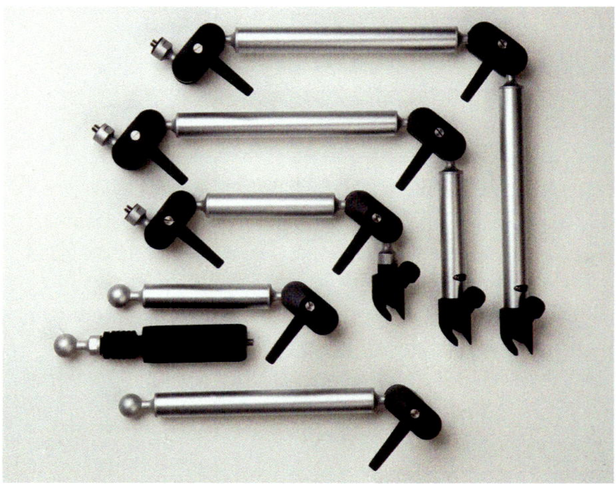

Kugelgelenkarme eines durchdachten Armsystems haben den Vorteil, daß man sich seine Armlängen zusammenstellen kann.

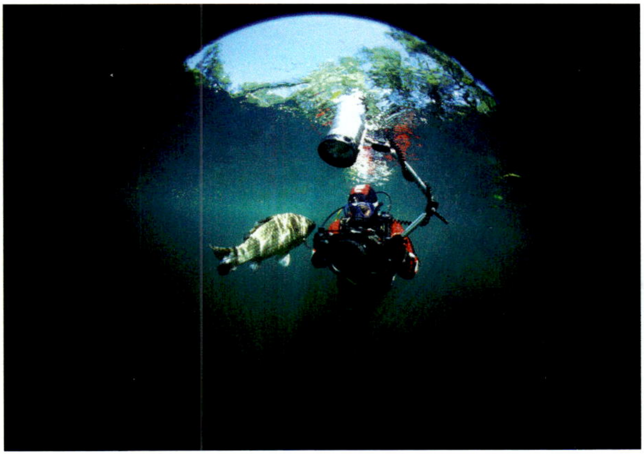

In den meisten Fällen hat es sich als günstig erwiesen, wenn der Blitzarm mittig über dem Unterwassergehäuse steht.

me mit Bremsscheiben-Friktion (*www.seacam.com*) am besten. Bewährt haben sich auch Friktionen mit O-Ringen, die allerdings wegen Rissbildung gelegentlich ausgetauscht werden müssen. Für leichte Blitzgeräte und Systemblitzgehäuse sind sie aber ideal. Hin und wieder findet man auch Kunststoffkugelgelenke, die mit leichteren Blitzgeräten durchaus gut harmonieren. Wie gut ein Blitzarm das Blitzgerät hält und wie beweglich dieses gehandhabt werden kann, ist auch vom Kugeldurchmesser abhängig. Große Kugeln benötigen weniger Anpresskraft an den Gelenkschalen als kleine.

Tipp

Blitzarme können mit einer Point-Shooting-Vorrichtung versehen sein. Damit kann man den Arm mit einem Knopfdruck vom Gehäuse lösen und frei in der linken Hand führen. Sinnvoll ist das aber nur, wenn die Kamera auch einhändig (Handschlaufe!) bedient werden kann.

Merke

1. Sparen Sie nicht am Blitzarm. Der beste ist gerade gut genug, auch wenn er Ihnen sehr teuer vorkommt.

2. Blitzgerätehersteller haben immer auch eigene Blitzarme im Programm. Mit Adaptern kann man fast jeden Blitz an jedem Blitzarm befestigen.

3. Starre Blitzarme sind für Unterwassergehäuse ungeeignet, weil man keine Makroaufnahmen damit machen kann.

4. Befestigt werden Blitzarme üblicherweise am UW-Gehäuse oder auf einer Halteschiene mit einem internationalen T-Stück. Die in Deutschland und Österreich gefertigten UW-Gehäuse sind alle damit ausgestattet.

Tipp

Manche Kamerahersteller haben an den besseren Modellen sog. feste Slow-Synchronzeiten eingeführt, die man im Modus Zeitautomatik vorgeben kann, beispielsweise $^1/_{30}$ s. Unter dieses Limit sinkt dann die Synchronzeit auch dann nicht, wenn die Umgebung düster wird.

Tipp

Blitzen auf den 2. Verschlussvorhang ist nur bei bewegten Objekten sinnvoll. Schwämme, Korallen, Muscheln oder Krebse sind keine geeigneten Rear-Motive, Fische und Taucher hingegen schon.

Mit der Zeitautomatik blitzt man ausgesprochen unbeschwert, weil nur die Blende nachgeführt werden muss.

Blitzprogramme

Jede D-SLR verfügt neben der obligatorischen Programmautomatik auch über Zeit- und Blendenautomatik sowie über eine manuelle Einstellung von Blende und Verschlusszeit. Grundsätzlich sind bei digitalen Spiegelreflexkameras alle Belichtungsarten – außer einigen speziellen Motivprogrammen – blitzfähig. Hinzu kommen noch die Blitzfunktionen Slow und Rear.

Slow heißt, dass in diesem Blitzmodus bei der Einstellung auf Zeitautomatik eine Synchronzeit vorgegeben wird, die der Verschlusszeit bei einer Belichtung mit dem Umgebungslicht entspricht.

Dabei bekommen Sie faktisch immer Mischlicht, d. h. im Hintergrund wird die Eigenfarbe des Wassers abgebildet. Sie müssen bei der Slow-Funktion aber aufpassen, dass die Synchronzeit nicht zu lang wird, sonst verwackelt das Bild.
Kameras mit Bildstabilisation lassen sich unter Wasser wegen des Wasserwiderstandes normalerweise noch mit Synchronzeiten von $^1/_8$ s verwacklungsfrei halten. Ohne Bildstabilisation liegen die längsten Synchronzeiten bei max. $^1/_{15}$ s bis $^1/_{30}$ s.

Blitzmodus Rear bedeutet blitzen auf den 2. Verschlussvorhang, ein Modus, den digitale Spiegelreflexkameras üblicherweise bieten, der aber von den Unterwasserfotografen nur selten verwendet wird.

Bei dieser Blitzfunktion entsteht ein sog. Wischeffekt, den man durch leichtes Mitziehen der Kamera noch verstärken kann. Der Rear-Effekt kommt im Prinzip nur zum Tragen, wenn die Verschlusszeit mindestens $^1/_{30}$ s beträgt. Sie müssen also in hellem Wasser die Blende etwas schließen, damit sich eine längere Synchronzeit einstellen kann, aber nicht so lang, dass sich der Wischeffekt mit dem dann notwendigerweise auftretenden Verwackeln mischt. Rear erzeugt immer Mischlicht, weil die Synchronzeit auf das Umgebungslicht abgestimmt wird.
Die Rear-Funktion lässt sich sinnvollerweise nur mit der Zeitautomatik realisieren, weil man hier auch Einfluss auf die Blende nehmen kann. Bei Rear wird das Motiv scharf abgebildet und der

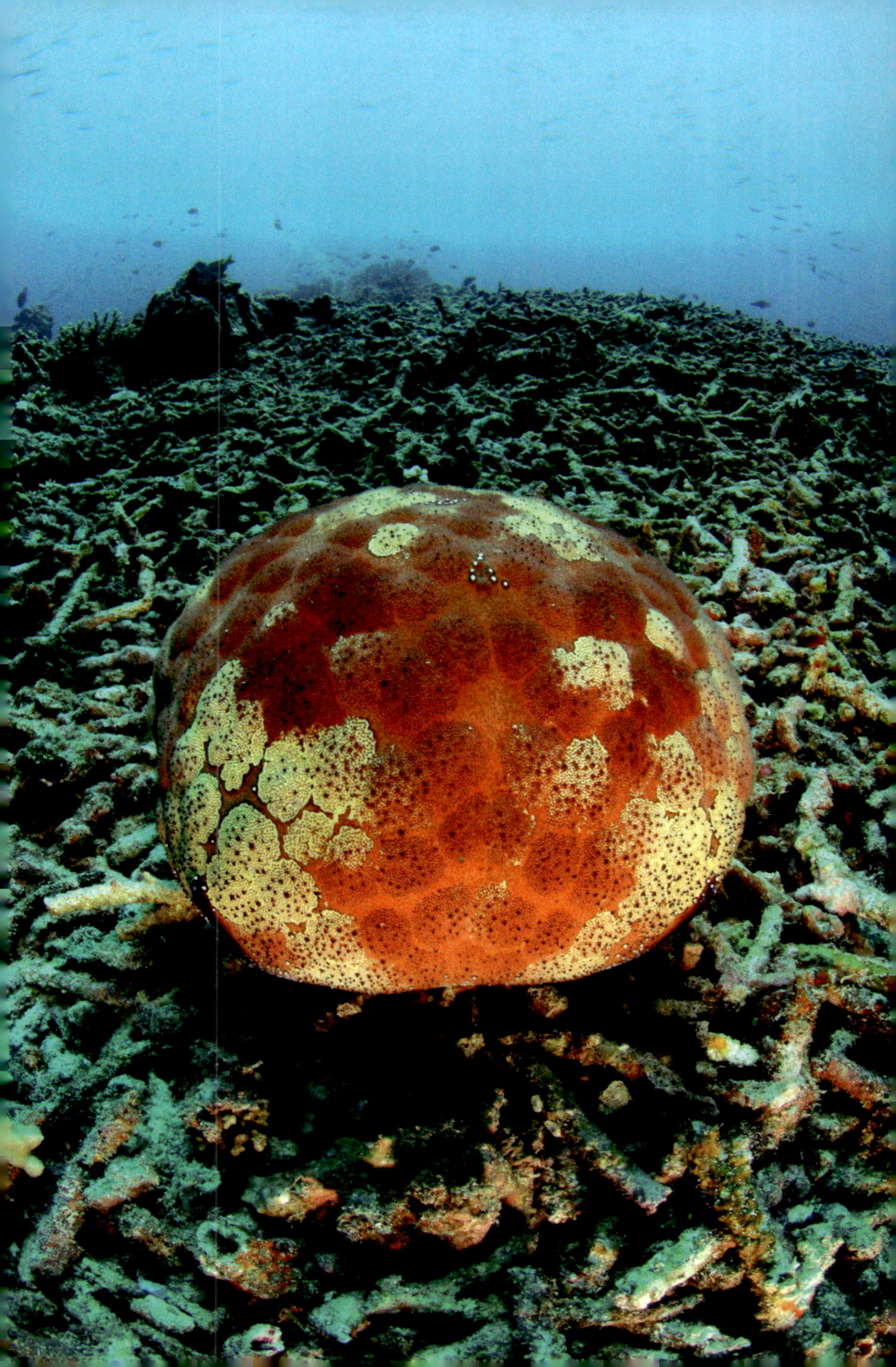

Hintergrund verwischt dargestellt. Manchmal kommt auch das Motiv verwischt, was aber nicht schlimm ist. Nur das Auge des Motives sollte scharf sein.

Blitzen mit der Programmautomatik (P)

Die Programmautomatik ist Standard in jeder digitalen Spiegelreflexkamera. Weil sie keine Eingriffe zulässt, kann man auch bei der Blitzbelichtung nichts Grundsätzliches falsch machen. Im Großen und Ganzen werden die Bilder korrekt belichtet. Störend wirkt sich aber im Nah- und Makrobereich die geringe Schärfentiefe aus, wenn die Blende von der Automatik nicht weit genug geschlossen wird.

Makroaufnahmen mit einer D-SLR sollte man wegen der reduzierten Schärfetiefe nicht im Modus »Programmautomatik« machen.

Blitzen mit der Zeitautomatik (A bzw. Av)

Wenn der Blitz zugeschaltet wird, stellt sich automatisch eine Verschlusszeit ein, die variabel zwischen der schnellsten und der langsamsten Synchronzeit in Abhängigkeit des Umgebungslichtes pendeln kann.

Blitzen mit der Zeitautomatik kann bei den meisten digitalen Spiegelreflexkameras als Standardeinstellung angesehen werden.

Blitzen mit der Zeitautomatik kann eine sehr kreative Tätigkeit sein. Mit der Zeitautomatik können alle Blitzfunktionen einschließlich Slow und Rear eingesetzt werden. TTL- und Computerblitzbelichtungen sind kein Problem.

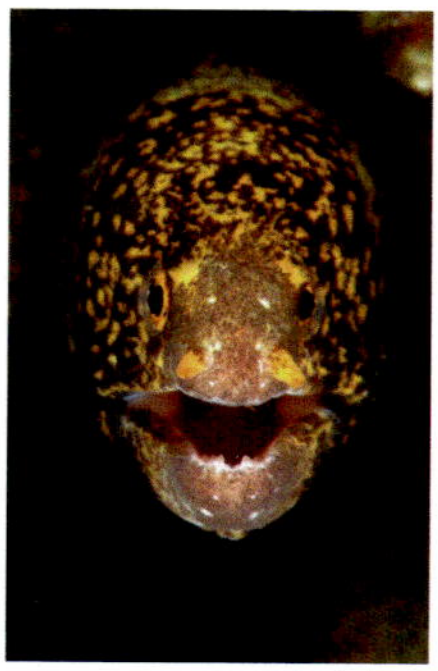

Geblitzte Nahaufnahmen sind mit der Programmautomatik ein Risiko, weil sich die Blende beim Fotografieren nicht weit genug schließt.

Blitzen mit der Blendenautomatik (S bzw. Tv)

Hier wählt man eine bestimmte Zeit vor und überlässt der Kamera die Auswahl der Blende. Auch bei kleinen Bildsensoren (Four-Thirds-System) erhält man trotz relativ offener Blenden in manchen Fällen immer noch genügend Schärfentiefe, selbst im Nahbereich. Bei Makroaufnahmen wird es kritisch, wenn sich die Blende auf Werte zwischen 2,8 und 5,6 öffnet.

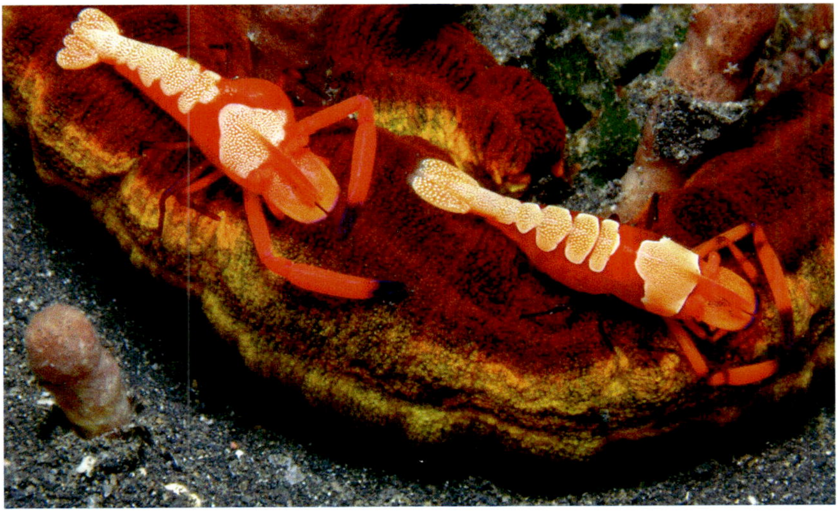

Mit der Blendenautomatik sollte man nur im Weitwinkelbereich bzw. mit Fisheye-Objektiven blitzen. Hier wirkt sich eine relativ offene Blende nur noch wenig auf die Schärfentiefe aus.

Bei fast allen digitalen Spiegelreflexkameras (Aunahme Canon) ist der Modus »Zeitautomatik« die richtige Einstellung.

Die Blendenautomatik ist im hellen Flachwasser als Schnappschusseinstellung ideal. TTL- und Computerblitzbelichtungen sowie manuelle Blitzbelichtungen sind kein Problem.

Blitzbelichtungskorrekturen

Obwohl die TTL-Blitzsteuerung einer digitalen Spiegelreflexkamera in der Regel richtig belichtet, kommt es unter Wasser immer wieder zu Situationen, wo die Blitzbelichtung versagt, weil das Motiv entweder stark reflektiert oder enorm Licht schluckt.
Digitale Spiegelreflexkameras bieten daher fast immer eine Möglichkeit, die Intensität des Blitzlicht zu beeinflussen. Die »Blitzbelichtungskorrektur« funktioniert mit jedem Blitzprogramm. Durch Drücken eines Knopfes und Drehen des Funktionsrades kann das Blitzlicht normalerweise im Bereich von Plus/Minus zwei oder drei Blenden entweder mit halben oder Drittelblenden korrigiert werden.

> Wenn das Bild auf dem Monitor zu hell ist, müssen Sie die Blitzbelichtungskorrektur nach Minus stellen. Dann gibt der Blitz weniger Leistung ab. Ist das Bild zu dunkel, muss mehr Licht aufs Bild. Ergo muss eine Korrektur nach Plus erfolgen.

Menschliche Haut reagiert sehr heikel auf Blitzlicht. Manuelles Blitzen bringt dann bessere Ergebnisse als die Blitzautomatik (unten).

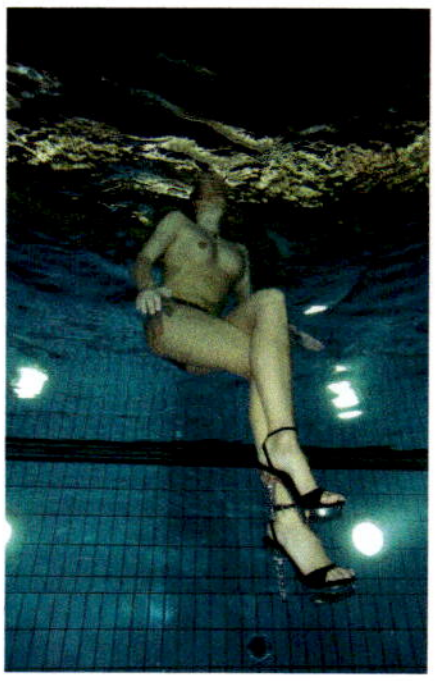

Beim Arbeiten mit einem Systemblitz oder einem entsprechend konfigurierten Amphibienblitz kann die Blitzbelichtungskorrektur auch am Blitzgerät eingegeben werden. Die Blitzbelichtungskorrektur gehört beim Fotografieren mit digitalen Spiegelreflexkameras zu den wichtigsten Eingriffen und sollte deshalb an jedem Unterwassergehäuse möglich sein.

Blitzen im manuellen Modus (M)

Bei praktisch allen digitalen Spiegelreflexkameras lassen sich Blende und Verschlusszeit auch manuell einstellen. Stellen Sie eine Synchronzeit (z. B. 1/60 s) ein, die Sie ruhig halten können, und führen sie die Blende je nach Schärfentiefebedarf nach. Im Nah-und Makrobereich bleibt oftmals auch die Blende als Festwert (z. B. 11 oder 16) stehen, so dass man unbelastet fotografieren kann. Bei Weitwinkelaufnahmen ist die manuelle Einstellung von Blende und Zeit wegen der Mischlichtsituation nicht so

Merke

1. Je mehr manuelle Leistungsstufen ein Blitzgerät hat, desto feinfühliger kann man das Blitzlicht setzen. Systemblitzgeräte bieten hin und wieder manuelle Leistungsstufen bis 1/128. Amphibienblitzgeräte gehen bis maximal 1/64 (Subtronic), vielfach aber nur bis 1/4 der maximalen Leistungsabgabe.

2. Die effektiven Leistungsabgaben der Blitzgeräte sind nicht gleich. Halbe Leistung eines Blitzes kann der vollen Leistung eines anderen entsprechen.

3. Manuell Blitzen kann man grundsätzlich mit jedem Blitzprogramm und auch mit Slow und Rear.

4. Manuelles Blitzen heißt, die Blitzbelichtung über Teillaststufen manuell ermitteln. Das hat im Prinzip nichts mit der manuellen Vorwahl von Verschlusszeit und Blende zu tun.

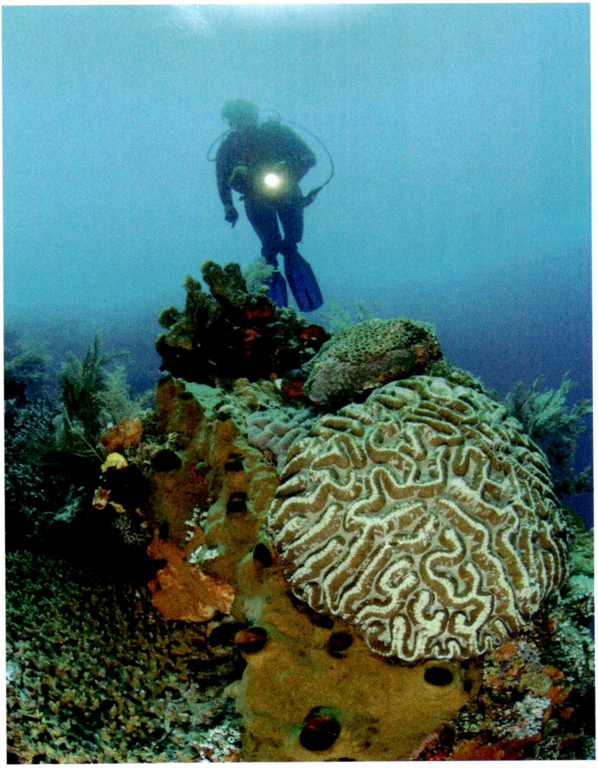

Tipp

Wer mit einer Canon-D-SLR arbeitet, ist gut beraten, bei Nah- und Makroaufnahmen im manuellen Modus zu blitzen, sonst kommen Synchronzeiten zustande, die man nicht mehr ruhig halten kann.
Aber auch mit anderen digitalen Spiegelreflexkameras lässt sich im manuellen Modus gut und sicher fotografieren.

Große Bildwinkel kaschieren beim Blitzen mit der Blendenautomatik die Nachteile verminderter Schärfentiefe durch offene Blenden.

günstig, weil man den Belichtungsabgleich im Sucher beobachten muss. Der manuelle Modus M eignet sich für alle Blitzfunktionen einschließlich Rear und Slow. TTL-oder Computerblitzbelichtungen sowie manuelle Blitzbelichtungen sind kein Problem.

Manuelles Blitzen

Um ein Bild manuell korrekt blitzbelichten zu können, sollte das Blitzgerät mindestens über drei oder vier anwählbare Leistungsstufen verfügen. Bei Nah-und Makroaufnahmen wird man die Blende oft fix auf 11 oder 16 stehen lassen und die richtige Blitzbelichtung mittels der Leistungsstufen einstellen. Wenn es hier zu Schwierigkeiten kommen sollte, bleibt noch der Weg über die Empfindlichkeitseinstellung. Belassen Sie es aber nach Möglichkeit bei ISO 200/24° bis maximal ISO 400/27°.

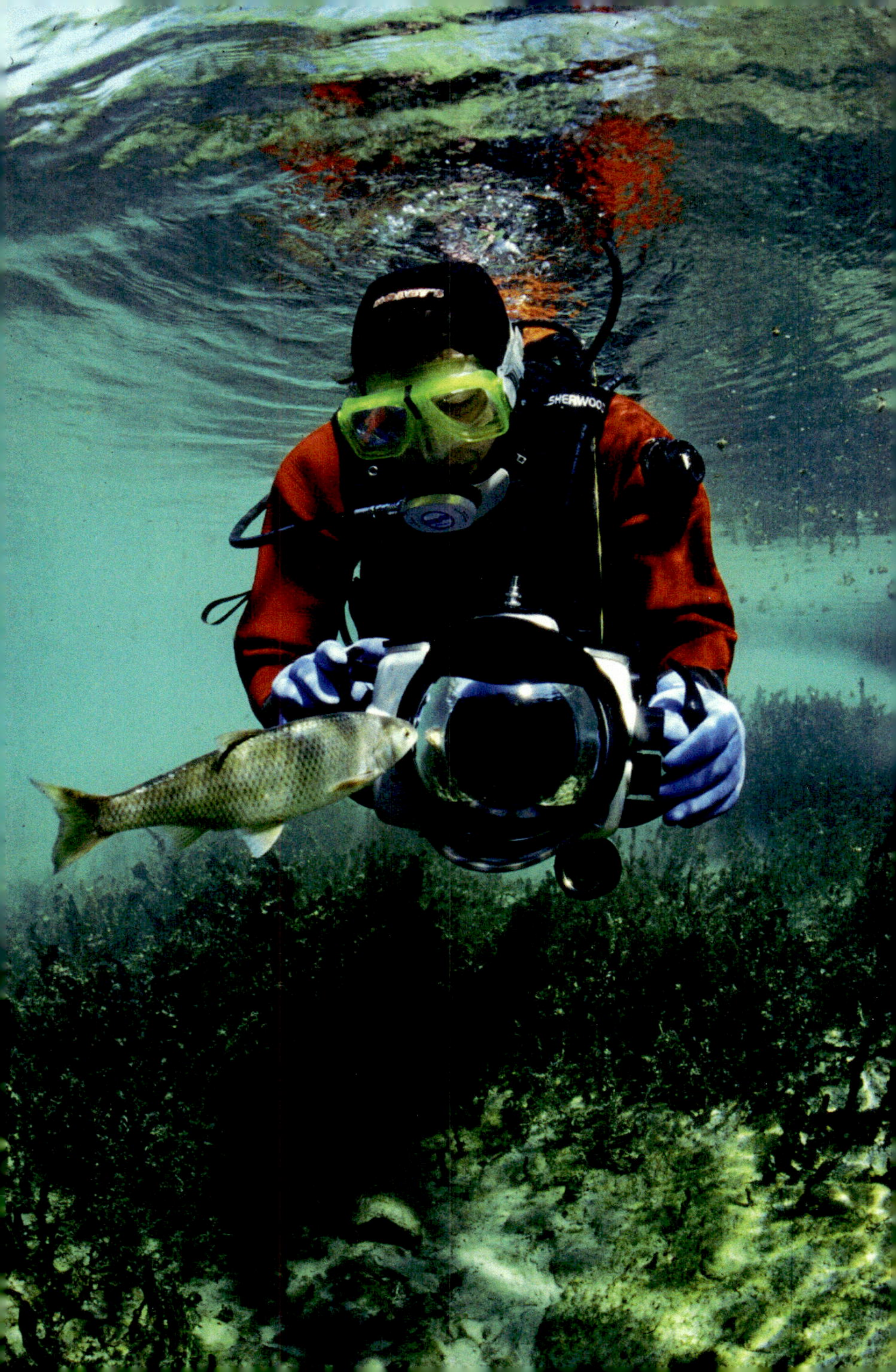

Kameraschutzhüllen

Digitale Spiegelreflexkameras, die für das Fotografieren an Land konzipiert sind, benötigen eine wasserdichte Schutzhülle, damit man sie zum Tauchen oder Schnorcheln mitnehmen kann. Ob man sich hierbei für ein Gehäuse aus Metall oder aus Kunststoff entscheidet, ist abhängig von der Art des Einsatzes, den fotografischen Ansprüchen und den finanziellen Möglichkeiten. Häufig bekommt man bei verschiedenen Gehäuseherstellern für ein bestimmtes Kameramodell nach Gestaltung und Preis unterschiedliche UW-Gehäuse. Für sehr hochwertige oder exotische Kameramodelle gibt es oftmals nur ein einziges passendes UW-Gehäuse. Deshalb sollte man bereits vor der Wahl eines Kameramodells das Angebot an passenden UW-Gehäusen prüfen. Mit Ausnahme von Olympus (transparente Polycarbonatgehäuse) findet man in den Sortimenten der Kamerahersteller so gut wie keine UW-Gehäuse.

Machen Sie Ihre Entscheidung nicht von der Zahl der Übertragungen abhängig. Man benötigt selbst an einer Profi-D-SLR unter Wasser kaum mehr als fünf bis acht Eingriffe, und zwar: Ein/Aus, Auslöser, Blende, Blitzbelichtungskorrektur, Blitzmodus und Zoomrad. Sinnvoll sind auch noch Übertragungen für Belichtungsprogramme, Verschlusszeit und ISO.

Mehr Eingriffsmöglichkeiten können sich sogar als Gefahrenquelle erweisen, wenn man bedenkt, dass schon in 20 m Tiefe die Gedächtnisleistung wegen des erhöhten Stickstoffanteils im Blut stark nachlässt und sich die Bedienungsfehler häufen.

Metallgehäuse

Sie sind die Stars in der Szene, bewegen sich aber schon wegen ihres Preises ausschließlich in der Oberklasse. Je teurer die D-SLR, desto empfehlenswerter wird die Anschaffung eines Metallgehäuses. Weil ein solches Gerät ziemlich viel kostet, wird es vorzugsweise von ambitionierten UW-Fotografen erworben. Dicht sind solche Metallgehäuse nicht selten bis 80 m

Tipp

Wer unbedingt an seiner Kamera Veränderungen an der Empfindlichkeitseinstellung, dem Weißabgleich oder dem Bild (s/w; Sepia etc.) vornehmen möchte, sollte grundsätzlich mit Nitrox tauchen. Der erhöhte Sauerstoffanteil in der Luft (32% sind ideal) verschafft einen klareren Kopf, und den braucht man beim Denken in größeren Tiefen.

Tipp

Wenn Sie viel im Süßwasser tauchen, eventuell auch im Winter, sollten Sie darauf achten, dass sich die wichtigsten Übertragungen mit Handschuhen bedienen lassen.

und mehr, und bei richtiger Pflege bieten sie dauerhafte Sicherheit. Mit der Qualität wachsen aber nicht selten auch Volumen und Gewicht.

Metallgehäuse bestehen immer aus drei Einheiten: dem Rückteil, dem Mittelteil und dem Vorderteil. Letzteres wird auch Port oder Frontport genannt. An Metallgehäusen kann man die Ports generell wechseln. Alle Gehäuseeinheiten sind gegeneinander mit O-Ringen abgedichtet. Die Hauptdichtung, auch Haupt-O-Ring genannt, liegt zwischen Rückteil und Mittelteil. Die Frontgläser bestehen zumindest bei europäischen Metallgehäusen weitge-

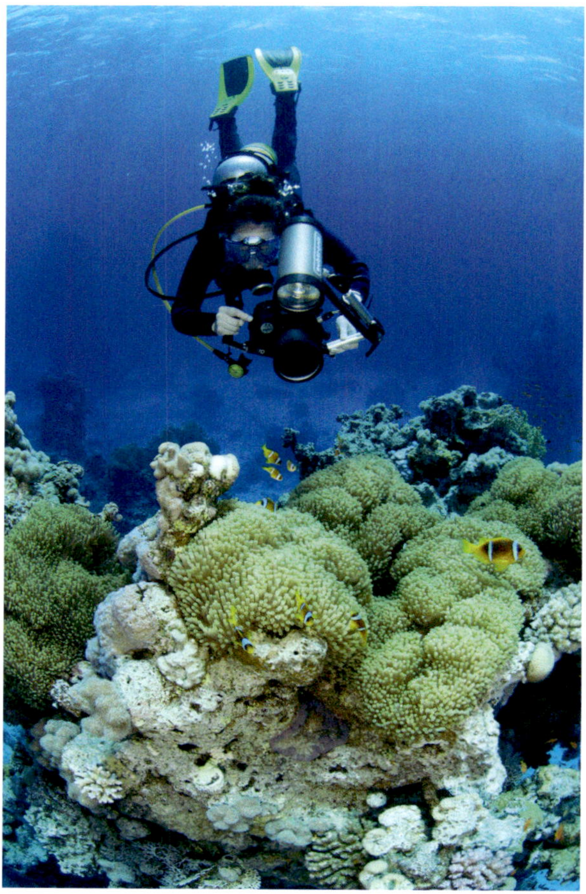

Metallgehäuse stehen bei Unterwasserfotografen in hohem Ansehen.

Merke

1. Statten Sie Ihr UW-Gehäuse mit einem Leckwarner (opisch und akustisch) aus. Er könnte das Leben Ihrer D-SLR retten.

2. Es gibt zwei Möglichkeiten, eine Kamera im UW-Gehäuse zu befestigen:
a) Die D-SLR wird im Mittelteil angeschraubt oder mit einem Schlitten in Position gebracht. Diese Montage ist die modernere und ergonomischere. Meistens kann man die Speicherkarte ohne Ausbau der Kamera wechseln, den Akku aber nicht immer.
b) Die D-SLR wird am Rückdeckel (z. B. Ikelite) adaptiert. Das ist normalerweise etwas umständlich und nicht sehr montagefreundlich. Für den Speicherkartenwechsel muss die Kamera meistens demontiert werden.

3. Große UW-Gehäuse mit viel Totraum lassen sich oftmals unter Wasser handlicher bewegen und ruhiger führen als instabile Kleingehäuse. Bei Flugreisen spricht allerdings viel für eine kleine Schutzhülle.

hend aus optischem Mineralglas. Amerikanische und japanische Hersteller verwenden zum Teil Frontgläser aus Acrylglas (Kunststoff), die zwar in ihren opischen Eigenschaften nicht schlechter sind, aber bei Unachtsamkeit an Korallen und Felsen schnell zerkratzen.
Metallgehäuse für digitale Spiegelreflexkameras weisen oftmals zwei Blitzbuchsen (fünf- oder sechspolig) auf, so dass die Ausleuchtung mit zwei Blitzgeräten für Superweitwinkel-und Fisheyebilder problemlos möglich ist. Und man hat Ersatz, falls eine Buchse ausfallen sollte.
Während transparente Kunststoffgehäuse nach dem Spritzen keine besondere Innenbehandlung erfahren, beflocken manche

SEACAM-Silver; unverwechselbar, weil einmalig, ist die Silberfarbe des UW-Gehäuses (1)
Subal-Gehäuse mit Handgriff-Schlaufe und Drehhebelverschluß (2).
UW-Gehäuse von UK-Germany; traditionell nur mit einem Handgriff (3)

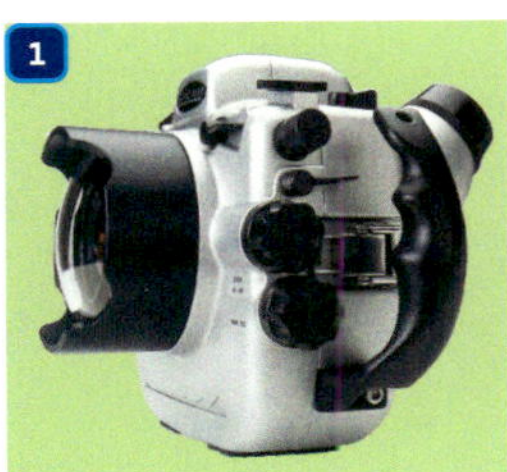

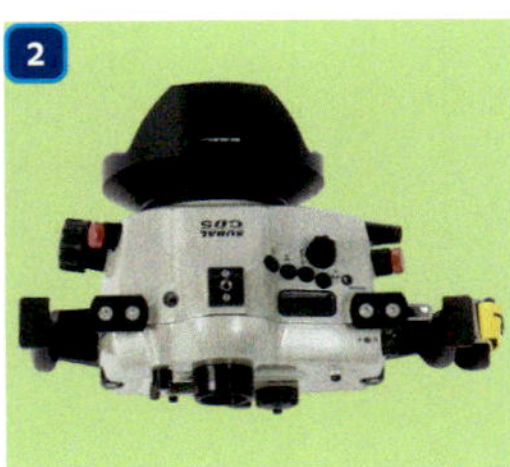

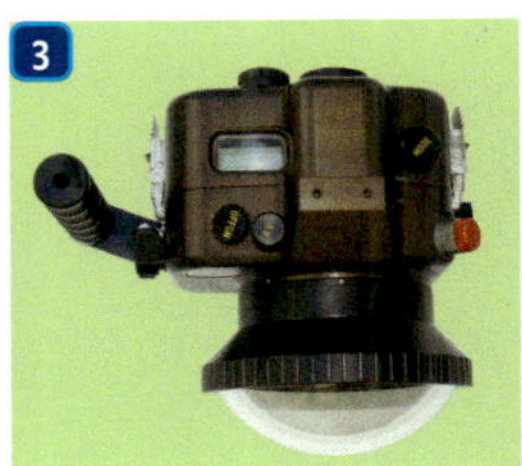

Sealux-UW-Gehäuse für eine Nikon-Profikamera

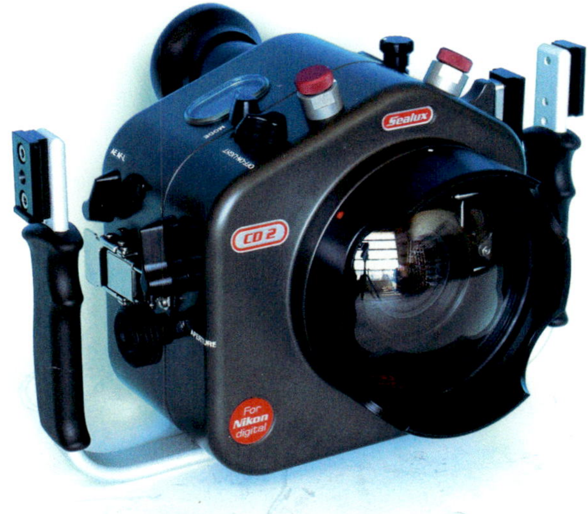

Metallgehäusehersteller den Innenraum mit schwarzem Kunststoff. Das verhindert Metallreflexe und bringt bei kleinen Leckagen einen gewissen Saugeffekt. Hochflockige Innenwände verdauen gut und gern eine halbe Tasse Wasser. Nachteil der Beflockung: Wassertropfen kann man nicht so ohne weiteres abwischen, Staub und Fusseln fangen sich am samtigen Kunststoff. Dafür wird Kondenswasser absorbiert.
Vorteil der Metallgehäuse ist die individuelle Bearbeitung bei den Herstellern, meist hochspezialisierten Kleinbetrieben. Oftmals kann der Kunde sogar bei der Bestellung angeben, wieviele und welche Übertragungen er wünscht, und nirgendwo sonst hat er so viel Auswahl bei den Front- bzw. Domeports, wo sich auch Sonderwünsche realisieren lassen.

Kunststoffgehäuse

Zumindest die transparenten unter ihnen haben mit dem Einstieg von Olympus und der bedeutenden Marktstellung von Ikelite, dem ältesten Hersteller transparenter Polycarbonatgehäusen, eine treue Fangemeinde. Hinzu kommt der italienische Hersteller Nimar (*www.nimar.it*) mit seinen preiswerten Angeboten. Kunststoffgehäuse kosten gegenüber solchen aus Metall oftmals weniger als die Hälfte. Trotzdem muss man ehrlich sagen, dass es auch in diesem Sektor kaum noch Schnäppchen gibt. Ein Vorteil der transparenten Schutzhüllen liegt im ungehinderten Blick auf die Kamera und alle relevanten Übertragungen, ein Nachteil in dem Umstand, dass das Umgebungslicht im UW-Gehäuse Streulichtreflexe verursachen kann. Vernünftigerweise sollte deshalb der Frontport innen schwarz eingefärbt sein, was zum Teil auch gemacht wird. Reparaturen an Polycarbonat-Gehäusen sind schwierig und nicht immer dauerhaft. Bei Rissbildung infolge eines Sturzes muss das Gehäuse meistens ausgetauscht werden. Seit einigen Jahren hat sich auch Kohlefaser als Material durchgesetzt. Leicht, zäh, schlagfest, gut zu reparieren und relativ preiswert, konnte das in Industrie und Motorsport als Carbon bekannte und seit langem erfolgreiche Material auch unter Wasser beachtliche Marktanteile erobern. Ein fertiges Carbongehäuse mit perfekter Außenlackierung ist äußerlich nicht von einem solchen aus Metall zu unterscheiden. Erst wenn man beide in die Hand nimmt, fällt einem das geringe Gewicht auf, und wenn man den Rückdeckel öffnet, kann man eventuell Gießspuren in den O-Ring-Nuten erkennen, sofern diese nicht gefräst sind. Auch Carbongehäuse können innen ausgeflockt werden. Heute hat sich Kunststoff als Gehäusematerial weithin durchgesetzt, genießt aber in Europa – anders als in den USA oder Japan – weniger Wertschätzung, weil sie als anfälliger für Wassereinbrüche gelten. Was diese angeht, gibt es sie auch bei Metallgehäusen, wenn O-Ringe vergessen oder eingequetscht werden. Berichte über Ermüdungsbrüche konnten nicht verifiziert werden.

Kunststoff-Gehäuse sind üblicherweise dicht bis 60 m, manchmal auch mehr.

Tipp

Ein bekannter Nachteil von Kunststoffgehäusen ist ihre Neigung zum Beschlagen des Frontglases bei starken Temperaturunterschieden zwischen Wasser und Luft), insbesondere wenn im Frontport ein Mineralglas eingebaut ist. Man verhindert dies mit einem oder zwei Beutelchen mit Trockenmittel.

Transparentes Polycarbonatgehäuse von Olympus (1)
Ein Anliegen, das alle UW-Gehäuse betrifft: Die Übertragungsvielfalt überfordert die meisten UW-Fotografen (2).

1
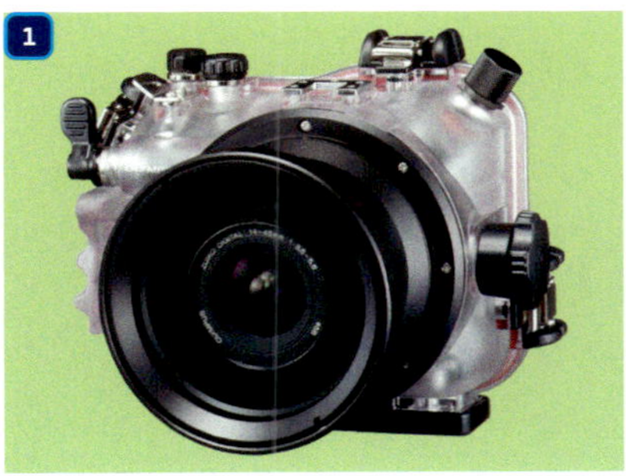

2
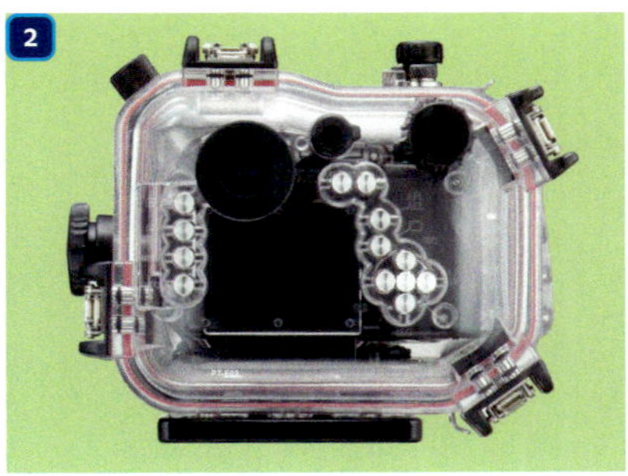

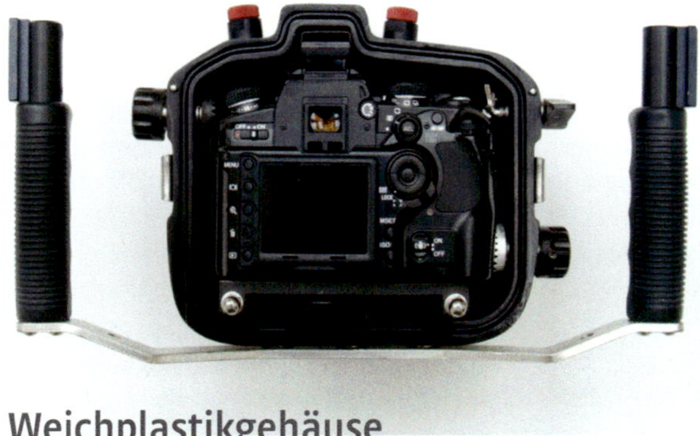

Carbongehäuse von BS Kinetics; für individuelle Anpassungen geeignet

Weichplastikgehäuse

Die bekanntesten Vertreter dieser Gattung sind die Gehäuse von ewa-marine. Ursprünglich nur zum Schnorcheln und für Einsätze unter widrigen Bedingungen konzipiert, sind die heutigen Weichplastikgehäuse je nach Modell dicht bis über 30 m. Für digitale Spiegelreflexkameras aller Art sind sie im Prinzip geeignet, weil man das fertige Bild nach dem Auslösen am gut sichtbaren Monitor betrachten kann. Der integrierte Kamerablitz einer D-SLR kann in einem Weichplastikgehäuse verwendet werden, wenn auch nur bis ca. 50 cm Motivdistanz. Systemblitzgeräte lassen sich aufstecken und in dafür geeigneten Weichplastikgehäusen verwenden. Wegen der frontalen Lichtabgabe muss man allerdings mit verstärkten Trübstoffreflexen rechnen.
Die Nachteile der UW-Fotografie mit Weichplastikgehäusen liegen im Nah- und Makrobereich. Der integrierte Kamerablitz kann den unmittelbaren Bereich vor der Kamera nicht ausleuchten und die extern angebrachten Systemblitzgeräte lassen sich nicht herunterschwenken. Probleme gibt es auch beim Anbringen von Nahlinsen und Weitwinkelkonvertern. Weil für Weichplastikgehäuse keine gewölbten Frontgläser – die Positionierung ist zu instabil – angeboten werden, kann man auch keine Weitwinkel- und Fisheye-Objektive verwenden. Nahlinsen können montiert, aber kaum sinnvoll verwendet werden.

Beim Tauchen mit einer digitalen Spiegelreflexkamera ist ein Festkörpergehäuse aus Metall oder Kunststoff vorzuziehen.

Gehäusesucher

Wird eine D-SLR in ein UW-Gehäuse eingebaut und man schaut mit einer Tauchmaske durch den Sucher, bleibt je nach Totraum der Maske nur ein kleines Guckloch übrig. Wassertropfen im Sichtfeld, eine angelaufene Scheibe und eventuell eingeklebte Korrekturgläser verschlechtern den Durchblick zusätzlich. Insbesondere fehlsichtige Fotografen haben dann ihre liebe Not mit dem kleinen Suchereinblick.

Um dieses Manko zu verbessern bzw. zu eliminieren, haben die Gehäusehersteller – zumindest für teure oder auch weit verbreitete Kameramodelle – sog. Gehäuse-Sportsucher entwickelt, die das Sucherbild größer und übersichtlicher machen. Teils sind die »Zusatzsucher«, wie sie auch genannt werden, im Gehäuserückdeckel installiert, teils schraubt oder steckt man sie aber auch auf das Kameraokular. Die im Gehäuserückdeckel befestigten Zusatzsucher haben den Vorteil, dass sie das Sucherbild erheblich mehr vergrößern als die im Okular befestigten. Und weil sie recht weit aus dem Rückdeckel herausragen, stößt man auch mit einer großen 2. Stufe des Atemreglers nicht an das UW-Gehäuse.

Unter den europäischen Gehäuseherstellern führt insbesondere die österreichische Firma SEACAM mit ihren hervorragenden und wechselbaren Gehäusesuchern das Feld an. Sie sind außergewöhnlich brillant, schlucken kaum Licht, und das Sucherbild hat fast die Größe eines Kleinbild-äquivalenten Vollformatsensors. SEACAM-Sucher können für den Transport entfernt werden. Es gibt sie in den Ausführungen »Horizontalsucher S 180« (beliebt in den USA) und »45°-Winkelsucher«. Letzteren kann man in Schwimmlage bequem einsehen und für Hochformatfotos drehen.

Der andere große Hersteller von Zusatzsuchern ist Sealux. Der Sucher, den man auch in den UW-Gehäusen von Subal findet, ist als Horizontalsucher ausgelegt und fest mit dem Rückdeckel verbunden. In der optischen Ausführung ist er nicht so perfekt wie der SEACAM-Sucher, hält sich dafür aber preislich in etwas erschwinglicherem Rahmen.

Neu im Kreis der Zusatzsucheranbieter ist UK-Germany. Die abnehmbaren Winkel- und Horizontalsucher bieten für moderates Geld beste Suchereinblicke. Da der UK-Sucher auch anderen Gehäuseherstellern zum Einbau angeboten wird, kann man ihn

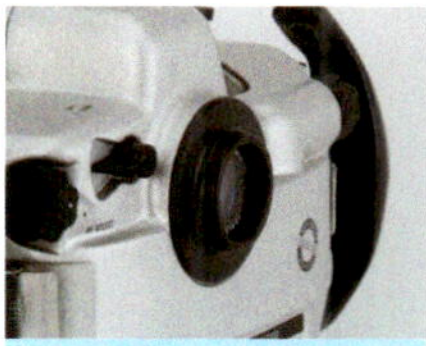

Abnehmbarer Standardsucher von SEACAM

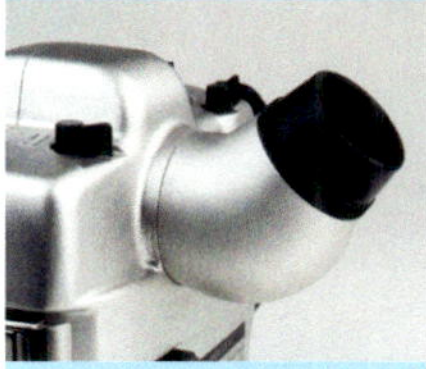

Abnehmbarer 45°-Sportsucher an einem SEACAM-Gehäuse

Abnehmbarer Horizontalsucher von SEACAM (links)

Fest montierter Sportsucher an einem Subal-Gehäuse (rechts)

auf Wunsch auch an Carbongehäuse anbauen. Achten Sie beim Kauf eines UW-Gehäuses darauf, dass der Zusatzsucher nicht das halbe Monitorbild abdeckt. Bei allen digitalen Spiegelreflexkameras werden nämlich die Menüdaten und Sonderfunktionen auf dem Monitor angezeigt. Wenn dieser nicht eindeutig einzusehen ist, kann man die D-SLR möglicherweise nur noch eingeschränkt bedienen, auch weil man das Monitorbild nicht mehr gut beurteilen kann.

1

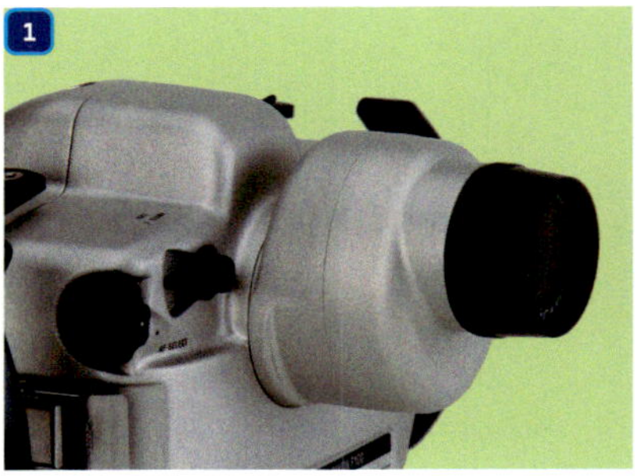

2

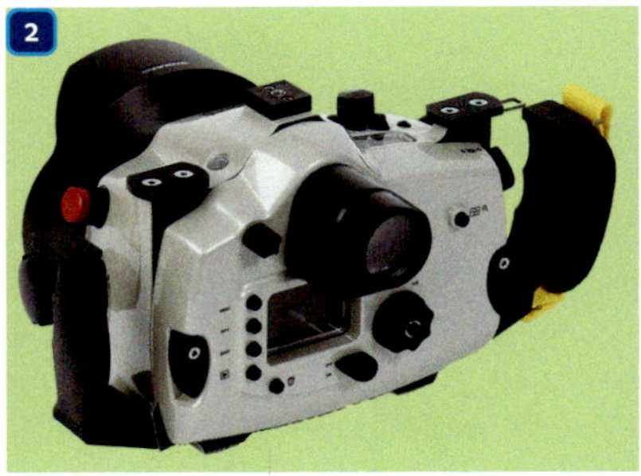

Merke

1. Die Zusatzsucher von SEACAM, Sealux und UK-Germany können auch nachgerüstet werden. Man muss sich also nicht gleich für die teuren Varianten entscheiden.

2. Noch immer werden in UW-Gehäusen Galileo-Sucheroptiken verwendet. Mit ihnen kann man das Sucherbild zwar vollständig überblicken, es wird aber gleichzeitig stark verkleinert. Bildbeurteilungen sind sehr erschwert, für Brillenträger sind sie nicht geeignet.

3. Gelegentlich werden noch Zusatzsucher des kanadischen Unternehmens Stromm verwendet. Man schraubt oder steckt sie auf das Kameraokular (z.B Fatasea-Gehäuse).

4. Die Sucherbilder von APS-C-Kameras und insbesondere die im Four-Thirds-System sind wegen der kürzeren Bildsensordiagonalen normalererweise um den Crop-Faktor kleiner als bei Kleinbild-äquivalenten Vollformatsensoren. Große Zusatzsucher gleichen dieses Manko fast wieder aus.

Plangläser

Planparallele Frontgläser bzw. Planports werden mit digitalen Spiegelreflexkameras hauptsächlich bei der Nah- und Makrofotografie eingesetzt. Der enge Bildwinkel der Makroobjektive gewährleistet gute bis sehr gute Eckenschärfen und Farbtreue an den Bildrändern.

Planports eignen sich mit kleinen Einschränkungen für alle Objektive bis zu einem Bildwinkel von 75°.

Ab 70° aufwärts zeigen sich allerdings schon erste kissenartige Verzeichnungen und leichte Eckenunschärfen, die man aber noch tolerieren kann, zumal die Möglichkeit einer kleinen Bildbeschneidung am PC besteht. Größere Bildwinkel bis etwa 84° sind nur noch bei Freiwassermotiven zu empfehlen, also dort, wo keine Strukturen in den Ecken auftreten. Bilder ins Riff oder Aufnahmen von Wasserpflanzen kann man damit kaum machen. Hinter Plangläsern verringern sich die Bildwinkel, weil sich, wie geschildert, die Brennweite infolge des Brechungsindexes (scheinbar) um den Faktor 1,33 verlängert. Die Motive rücken aufgrund der Lichtbrechung optisch um 25% näher und wirken um 33% größer. Diese physikalischen Gegebenheiten machen es unmöglich, mit Weitwinkelkobjektiven und einem entsprechend großen Bildwinkel hinter Planglas zu fotografieren. Von den schlechten Abbildungsleistungen abgesehen, wäre spätestens bei 97° Schluss. Größere Bildwinkel kann es unter Wasser hinter einem Planglas nicht geben, weil dann infolge der Totalreflexion eine Vignettierung (Eckenschwärzung) eintritt. Frontgläser an Planports sollten wegen der Verkratzungsgefahr aus Mineralglas bestehen. Auf Wunsch können sie vergütet werden.

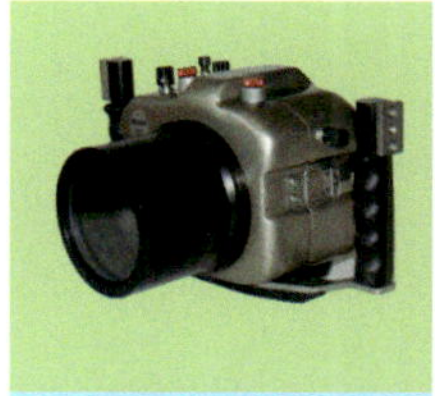

Makroobjektive und Zooms mit mehrfachem Zoomfaktor benötigen im Einzelfall lange Planglasports.

Domegläser

Gewölbte Frontgläser nennt man Domescheiben, Domegläser oder auch nur Domes. Das Wort kommt aus dem Englischen und bedeutet Kuppel. Domegläser sind konvex-konkave Linsen, deren Materialstärke an jedem Punkt der inneren und äußeren Fläche gleich groß ist. Befindet sich die Außenseite im Wasser, entsteht

Tipp

Domegläser aus Mineralglas können vergütet werden. Der Mehrpreis lohnt sich, weil weniger Reflexe anfallen. Allerdings darf beim Reinigen der Domeinnenseite kein raues Tuch verwendet werden.

eine negative Brechung. Domegläser wirken, vereinfacht ausgedrückt, wie überdimensionale negative Menisken. Dadurch neutralisieren sie das Brechungsverhalten von Wasser, wodurch alle einfallenden Lichtstrahlen ohne Versatz und ungebrochen zum optischen Mittelpunkt des Objektives gelenkt werden. Verzeichnungen und Farbränder, wie sie bei Plangläsern vorkommen können, sind hier ausgeschlossen. Und das Wichtigste: Der Bildwinkel des dahinter positionierten Objektives bleibt erhalten.
Entscheidend für die Abbildungsqualität von Domegläsern sind gleichmäßige Materialstärke, Krümmungsradius und die Stellung des Objektives zum Brennpunkt der Domescheibe. Gewölbte Frontgläser rücken das Umfeld scheinbar näher, doch bleiben die Proportionen der Motive erhalten. Schon aus diesem Grund müssen bei Objektiven hinter Domegläsern immer kürzere Entfernungen eingestell werden, wenn man im Unendlichen fotografieren will. Denn Motive im Unendlichen liegen beim Fotografieren mit Domescheiben optisch näher, als sie in Wirklichkeit sind. Daraus ergibt sich allerdings auch, dass Weitwinkelobjektive, Weitwinkel-Zooms und Fisheye-Optiken eine Mindestnaheinstellung von unter 30 cm (ideal sind 20 cm) bieten sollten, sonst kann man eventuell mit ihnen ohne Nahlinse hinter dem gekrümmten Frontglas nicht scharf stellen.
Wenn Weitwinkelobjektive an digitalen Spiegelreflexkameras mit APS-C-Bildsensoren verwendet werden, ergibt sich ein Crop-Faktor und dadurch ein kleinerer Bildwinkel. Man könnte beispielsweise ein 14-mm-Objektiv, das an einer APS-C-D-SLR mit Bildwinkelfaktor 1,5 den Bildwinkel eines 21-mm-Objektives bekommt, statt hinter einem 14-mm-Domeport nur hinter einem 20-mm-Domeport verwenden. Dieser Weg wäre preisgünstig, ist aber dennoch nicht zu empfehlen. Bessere Abbildungsleistungen erhält man hinter einem echten 14-mm-Domeport, weil man hier nur eine Segmentfläche des Frontglases benötigt und nicht wie beim 20-mm-Domeport die gesamte sphärische Scheibe ausnutzen muss.

Je größer das Domeglas bzw. je größer der Krümmungsradius, desto größer wird die Schärfentiefe. Das ist mit ein Grund, weshalb auch Fisheye-Objektive verstärkt hinter riesigen Domegläsern eingesetzt werden, obwohl das nicht notwendig wäre.

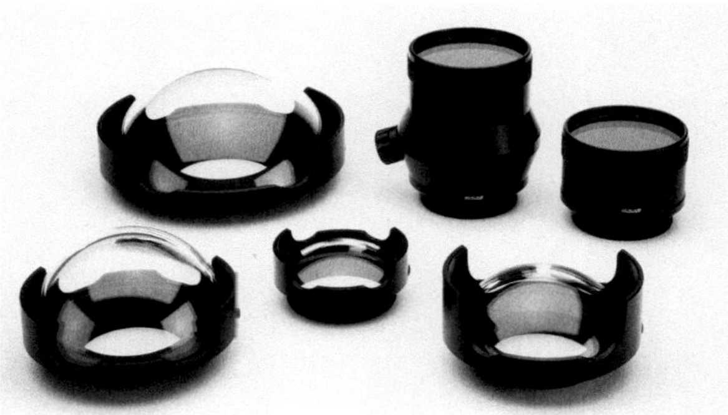

Je nach Verwendungszweck und Objektiv-Bildwinkel benützt man Domegläser unterschiedlicher Größe.

Merke

1. Domegläser müssen perfekt auf das dahinter positionierte Objektiv abgestimmt sein.

2. Man verwendet Domegläser ab einem Bildwinkel von 80°, spätesten aber ab 84°.

3. Als Material wird Acryl oder Mineralglas verwendet. Mineralglas hat sich in der Praxis wegen seiner Robustheit als zweckmäßiger erwiesen, obwohl Acrylglas (weiche Oberfläche) dem Brechungsindex von Wasser näher ist.

4. Wenn mit einem Fisheye-Objektiv fotografiert wird, sollte das Domeglas eine Halbkugel sein. Wird ein Zirkular-Fisheye (diametral 180°) verwendet, darf wegen sonst eintretender Vignettierungen keine Sonnenblende angebracht sein.
Mit sog. Superdomes, also riesigen Domegläsern, die aber nicht total halkugelförmig ausgebildet sein müssen, kann man auch mit vollformatigen Fisheyes bestens fotografieren.

5. Werden Weitwinkel-Zooms hinter Domegläsern eingesetzt, muss die Krümmung des Frontglases immer auf die kürzeste Brennweite ausgelegt sein. Eventuell muss man dem Domeglas einen Zwischenring vorsetzen, wenn das Zoom sehr lang ist.

6. Das Aufbringen von Nahlinsen zwischen 2 und 4 Dioptrien ist nötig, wenn sich das Weitwinkel bzw. das Zoom hinter dem Domeglas nicht nah genug einstellen lässt. Der Abbildungsqualität tut das in vielen Fällen keinen sichtbaren Abbruch.

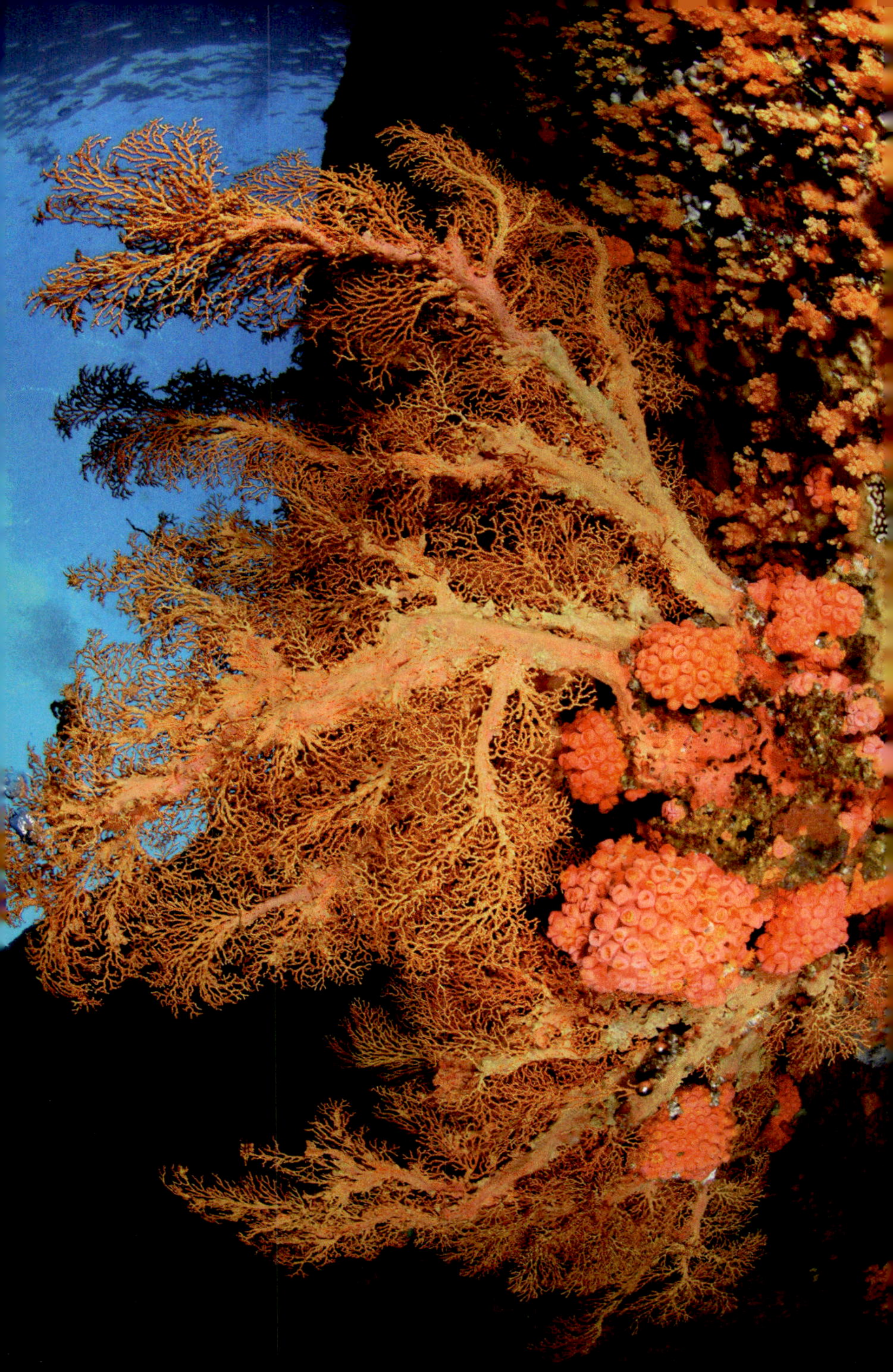

Bildgestaltung

Unterwasserbilder zu gestalten, ist für Einsteiger meistens schwierig. Bereits bei den ersten Bildern werden Sie merken, dass vieles anders ist als an Land. Fische verharren in der Regel nicht still an einem Fleck, das Umgebungslicht ist dunkler als über Wasser, Strömung kann den Fotografen von seinem Platz abtreiben, Wellengang stört den Schnorchler, Trübstoffe behindern die Sicht, Temperaturschichten verschlechtern Transparenz und Kontrast. Bildgestaltung unter Wasser heißt, dass man sich in erster Linie mit den Unwägbarkeiten des nassen Elements samt dessen Tier- und Pflanzenwelt auseinander setzen muss.

Vermeiden von Trübstoffreflexionen

Schwebeteilchen, wie man Trübstoffe auch nennt, sind die erklärten Feinde aller Unterwasserfotografen. Sie vernebeln die Sicht, eliminieren in größeren Tiefen das Sonnenlicht, dämpfen die Energie des Blitzlichtes und erzeugen unangenehme Reflexionen auf den Bildern – manchmal so gehäuft und stark, dass man die Aufnahmen nicht verwenden kann. Selbst aufwändiges Nachbearbeiten am Computer bringt in solchen Fällen außer viel Arbeit kaum sichtbare Erfolge.
In trüben Gewässern ist das Wasser oft dicht unter der Oberfläche am klarsten. Diese Zone sollten Sie bei wenig Sicht zum Fotografieren aufsuchen. Schlierige Sichtverhältnisse gibt es, wenn sich warmes Wasser mit kaltem mischt. In diesen Zonen kann man nicht fotografieren, sondern muss entweder tiefer tauchen oder etwas aufsteigen. Blitzen Sie in trüben Gewässern nicht frontal, sonst reflektieren alle Trübstoffe, die sich im Strahlungsbereich des Blitzes und innerhalb des Bildwinkels befinden. Wenn Sie die D-SLR leicht nach oben neigen, wird das Wasser auf den Bildern heller, und man sieht die Reflexionen nicht mehr so deutlich. Diese lassen sich zumindest in Grenzen vermeiden, wenn man den externen Blitz so ausrichtet, dass sein Licht von links oben nach rechts unten abstrahlt. Manche externen Amphibienblitzgeräte, z. B. die von Ikelite oder Sea & Sea, kann man mit einem Diffusor beaufschlagen, der ein weicheres Licht erzeugt und zur Dämpfung der Schwebeteilchenreflexionen beiträgt.

Tipp

Wenn Sie einen Tauch- oder Schnorchelurlaub planen, sollten Sie sich nach den besten Jahreszeiten hinsichtlich der Wassertransparenz erkundigen.

Trübstoffreflexionen lassen sich in trüben Gewässern nur vermeiden, wenn das Blitzlicht seitlich von oben einfällt.

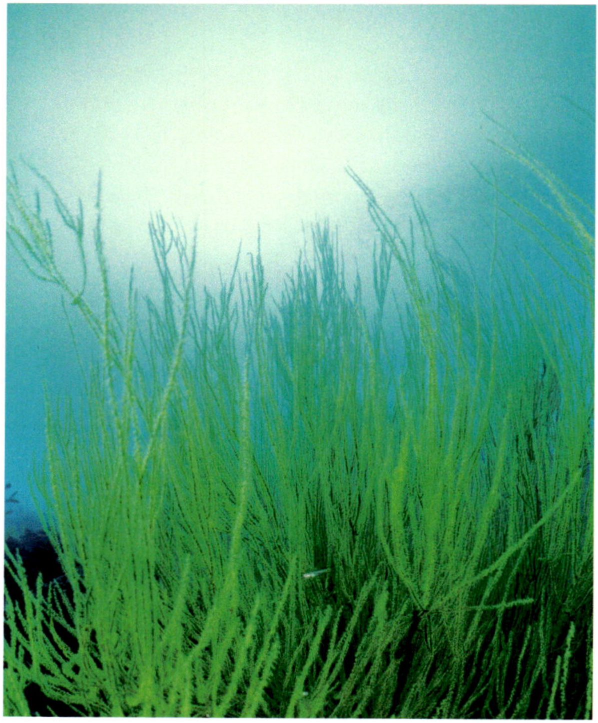

Merke

1. Wenn die Sicht unter 5 m sinkt, sollten Sie nach Möglichkeit nur noch im Nahbereich fotografieren.

2. Die wenigsten Trübstoffreflexionen erzeugt man im Nah- und Makrobereich.

3. Kritisch wird es beim Blitzen, wenn man mit Superweitwinkel- oder Fisheye-Konvertern in sehr trübem Wasser fotografiert. Manchmal kann es besser sein, den Blitz oder die Blitzgeräte abzuschalten und im Flachwasser mit dem Umgebungslicht zu fotografieren.

4. Lange Blitzarme sind, wenn sie flexibel positioniert werden können, in trübem Wasser unverzichtbar.

Das Problem mit der Schärfe

Nicht immer hat die Auslöseverzögerung Schuld, wenn ein Bild unscharf geworden ist. Ein Großteil der unscharfen Unterwasseraufnahmen geht auf das Konto von versehentlichem Mitziehen oder Verwacklern.
Das Mitziehen der Kamera erfolgt häufig unwillkürlich, wenn man sich an Fische heranpirscht und diese dann quer durchs Bild davonschwimmen. Um sie nicht im Sucher zu verlieren, muss man die Kamera schwenken bzw. mitziehen. Dabei kommt es zu Wischeffekten, die aber manchmal ganz reizvoll sein können. Häufig ist es aber so, dass das Blitzlicht die Bewegung des Fisches einfriert. Wer die Empfindlichkeit auf ISO 100/21° und eine kleine Blende einstellt, damit der Hintergrund tiefblau bzw. tiefgrün wird, ist hier meist auf der sicheren Seite. Oder man taucht etwas tiefer (ca. 30 m), dann verdunkelt sich im Hintergrund die Wasserfarbe (Dunkelblau oder Dunkelgrün), und ein schwimmendes Motiv wird vor dieser dunklen Wasserwand scharf und brillant abgebildet.
Als Element der Bildgestaltung verwendet man die Mitziehtechnik hauptsächlich, um kreative Wischeffekte zu erzielen. Dies geschieht oft bei relativ schnellen Verschlusszeiten (etwa $^1/_{125}$ s) und sehr schnell schwimmenden Objekten möglichst parallel zur Bildebene. Sie sollten für solche Wischeffekte aber besser die Verschlusszeit verlängern und eventuell mit Slow fotografieren. Wischbilder durch Mitziehen gelingen sehr gut mit $^1/_{30}$ s oder $^1/_{15}$ s. Wenn Sie die Kamera dann noch auf den Modus »Rear« =

Tipp

Halten Sie das UW-Gehäuse ruhig und mit beiden Händen. Einhändiges Auslösen ist nur bei idealen Bedingungen – keine Strömung, kein Wellengang, gut austariert – zu empfehlen. Am sichersten hält man das UW-Gehäuse rechts am Handgriff und am Blitzarm eines links am UW-Gehäuse montierten externen Blitzgerätes.

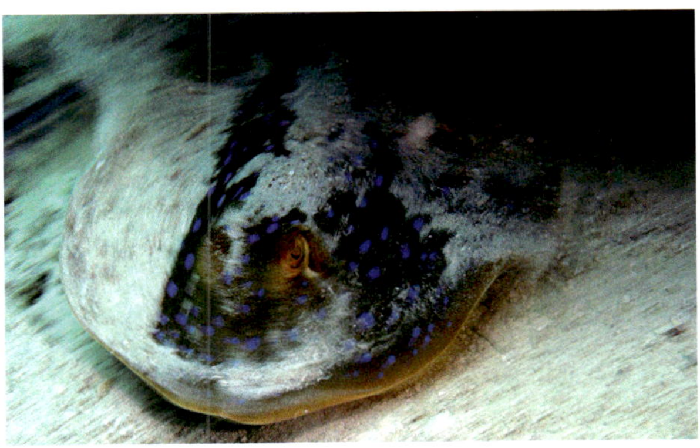

Rochen auf der Flucht. Bewegung stellt man dar, indem man Wischeffekte (Blitzmodus Rear) mit einer scharfen Bildkomponente erzeugt.

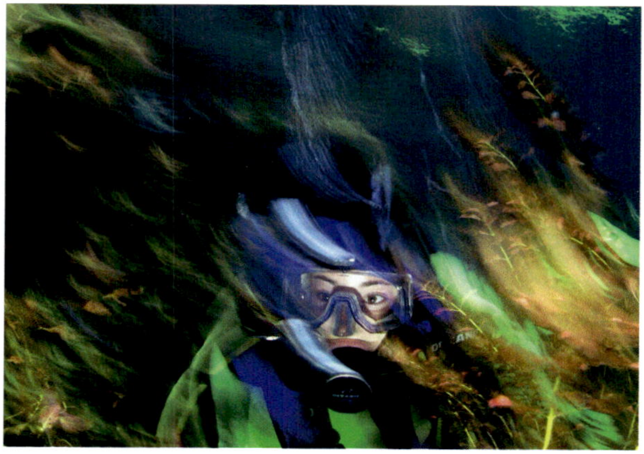

Verwackelung durch Blitzmodus »Slow«. Wichtig ist, dass die Augen scharf abgebildet werden, wenn diese Technik beim Fotografieren von Menschen oder Tieren angewendet wird.

»Blitzen auf den zweiten Verschlussvorhang« einstellen, haben Sie gute Chancen auf perfekte Wischaufnahmen.
Zu Verwacklern kommt es dagegen vor allem beim Schnorcheln, wenn man an der Wasseroberfläche dümpelt und die Kamera nicht immer ruhig halten kann. Dann können sogar relativ schnelle Verschlusszeiten zu lang sein. Verwackler treten also vor allem im hellen Oberflächenwasser auf, wenn das Umgebungslicht selbst mit kleinster Blende und kürzester Verschlusszeit keine Hintergrundabdunkelung ermöglicht und gleichzeitig starker Wellengang herrscht.

Merke

1. Um Verwackler zu vermeiden, sollten Sie beim Auslösen kurz den Atem anhalten. Das ist insbesondere wichtig, wenn die Auslöseverzögerung mehr als 0,2 s beträgt.

2. Wenn Sie in starker Strömung fotografieren, während Sie an einem Riff vorbeitreiben, müssen Sie mit Wischeffekten und Unschärfen rechnen.

3. Blitzen verringert die Gefahr von verwackelten Bildern.

4. Verwackler lassen sich bei längeren Verschluss- bzw. Synchronzeiten nur vermeiden, wenn das Objektiv oder die D-SLR selbst über eine Bildstabilisation verfügen.

Fotografische Distanzen

Der Nahbereich beginnt bei digitalen Spiegelreflexkameras mit Makroobjektiv mitunter schon Zentimeter vor dem Frontglas des UW-Gehäuses. Aber ob man diese extrem kurze Motivdistanz auch nutzen kann, steht auf einem ganz anderen Blatt. Sofern nur ein Blitzgerät montiert ist, scheitert eine vernünftige Blitzbelichtung fast immer an der Ausleuchtungsproblematik. Bestenfalls können zwei seitlich angebrachte Kleinblitzgeräte, beide auf horizontaler Ebene dicht neben dem Frontglas positioniert, die Szenerie aufhellen.

Tipp

Wenn Sie viele unterbelichtete Bilder mit nach Hause bringen, sollten Sie die Blitzdistanzen kontrollieren und es eventuell mit einer größeren Blende oder einer höheren Einstellempfindlichkeit versuchen.

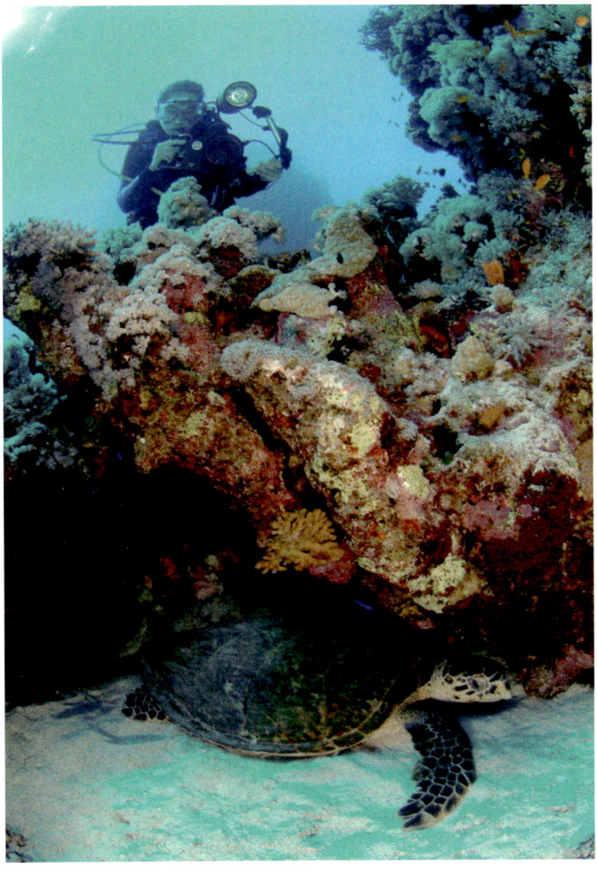

Die unterschiedliche Distanz von Schildkröte und Fotografin konnte auch mit einem Zweitblitz nicht überbrückt werden.

Wenn mit Programm- oder Blendenautomatik fotografiert wird, besteht im Makrobereich Überbelichtungsgefahr!

Im extremen Nahbereich sollte man beim Blitzen mit zwei Blitzgeräten wegen drohender Überbelichtungen nur mit den kleinsten Blenden fotografieren. Beim Arbeiten mit nur einem Blitzgerät beträgt die kürzeste Motivdistanz ungefähr 10 cm zum Gehäusefrontglas – eine Entfernung, bei der man es im Flachwasser auch mal ohne Blitz versuchen kann. Im extremen Nahbereich kann das Motiv auch sowohl vom UW-Gehäuse als auch vom Fotografen selbst abgeschattet werden. Die Ferne hat ebenfalls ihre Tücken. »Unendlich« liegt unter Wasser ziemlich nahe. Schon bei Entfernungen ab 5 m wird mit dieser Einstellung fotografiert. In extrem klarem Wasser kann die fotografisch nutzbare Entfernung auch mal auf 10 m ansteigen. Als Faustformel für die Praxis teilt man die geschätzte Sichtweite durch drei. Das Ergebnis kann als fotografische Maximaldistanz angesehen werden. Bei einer Sichtweite von 30 m wären das 10 m – mit Blitzlicht oder Videoscheinwerfer geht aber nichts mehr.

Auch im Süßwasser kann man Fische anlocken und sie an Menschen gewöhnen. Dicht unter der Oberfläche ist Blitzlicht in solchen Spontansituationen nicht erforderlich.

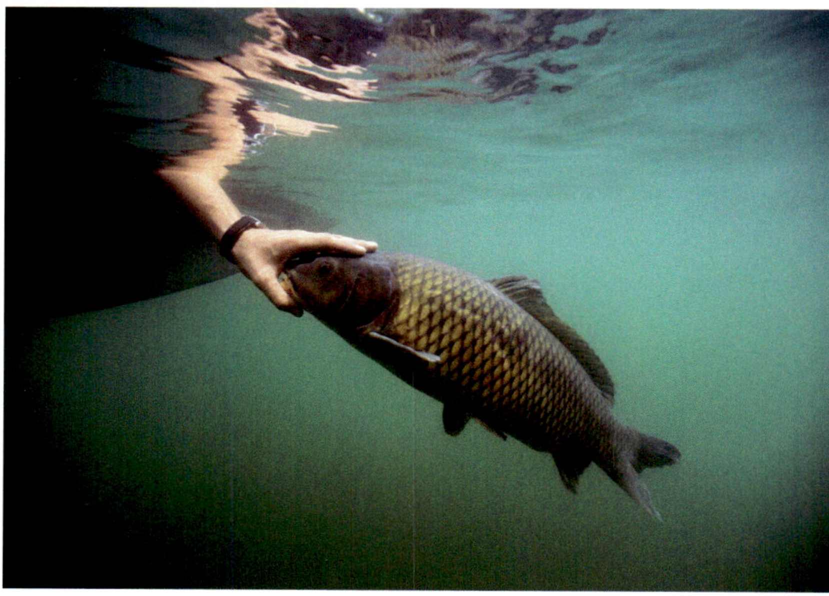

Bilder ohne Blitzlicht

Digitale Spiegelreflexkameras werden unter Wasser normalerweise mit einem externen Blitzgerät betrieben. Blitzlicht ist erforderlich, weil man sonst keine intensiven Rottöne aufs Bild bekommt. Aber nicht immer wird Blitzlicht wirklich benötigt. Viele Motive wirken selbst in 5 m Tiefe ohne Kunstlicht besser als aufgehellt. So kommen beispielsweise im Freiwasser schwimmende Schildkröten fast immer reizvoller, wenn ihnen das Sonnenlicht auf den Panzer scheint, als wenn sie vom Blitzlicht angestrahlt werden. Häufig werden die natürlichen Lichteffekte »totgeblitzt«, und die Gefahr, dass Trübstoffe reflektieren, darf selbst in klarem Wasser nicht unterschätzt werden. Haifotografen verzichten deshalb meist auf Kunstlicht, wenn es nicht unbe-

Tipp

Ohne Blitzlicht können und sollten Sie hin und wieder auch Taucheraufnahmen machen – im Meer allerdings nur im Flachwasser, in heimischen Gewässern in der Uferzone oder dicht unter der Wasseroberfläche.

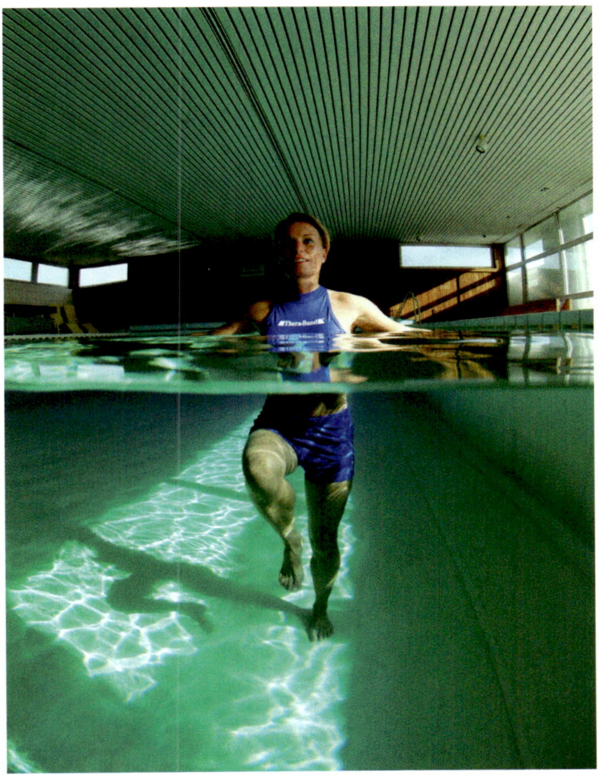

Helles Umgebungslicht vorausgesetzt, ist Blitzlicht sogar bei Halbhalb-Aufnahmen überflüssig.

dingt erforderlich ist – selbst in mehr als 10 m Wassertiefe und vor allem wenn die Haie nicht nah genug herankommen. Motive in Entfernungen über 3 m sind auch mit einem starken Blitz kaum auszuleuchten. Mehr als ein Aufhellen der weißen Bäuche gelingt dann nicht. Farben kommen nicht mehr an, die Unterwasserwelt versinkt im Graublau der Tiefe. Dann kann es manchmal sogar besser sein, die D-SLR auf s/w oder Sepia umzustellen und etwas höherempfindlich zu belichten.
Man darf sich allerdings vom natürlichen Umgebungslicht nicht täuschen lassen. Menschliche Augen sehen vieles klarer, heller und farbiger als ein Bildsensor. Auch der Monitor kann zumindest

Merke

1. Für Bilder ohne Blitz hat sich die Blendenautomatk sehr gut bewährt.

2. Die Verschlussgeschwindigkeit muss beim Fotografieren ohne Blitzlicht so schnell sein, dass es nicht zu Bewegungsunschärfen oder Verwacklern kommt.

3. Ohne Blitzlicht werden Bewegungen von Fischen nur mit schnellen Verschlusszeiten eingefroren. Suchen Sie gemächlich schwimmende, ruhende oder festsitzende Motive, beispielsweise Hechte, Schildkröten, Fledermausfische oder Barrakudas.

4. Ohne Blitzlicht gelingen auch ansprechende Bilder im sonnendurchfluteten Pool.

5. Wenn Sie ein Bild ohne Blitz machen wollen und das Systemblitzgerät bzw. der Amphibienblitz sind noch eingeschaltet, sollten Sie ihn am besten wegdrehen, weil auch nach dem Ausschalten der Kondensator noch Energie beinhaltet, die beim Auslösen normalerweise als Blitz abgegeben wird. Eine echte Blitzunterdrückung gibt es nur im Systemblitzgehäuse von SEACAM. Bei amphibischen Blitzgeräten kann die Restenergie des Kondensators unterdrückt werden, wenn man den Modusschalter auf Laden stellt.

6. Widerstehen Sie der Versuchung, eine sehr hohe Empfindlichkeit vorzuwählen, bleiben Sie auch bei Vollformatsensoren bei max. ISO 400/21°. Beim Fotografieren mit APS-C-Bildsensoren und im Four-Thirds-System bei ISO 200/24°.

unter Wasser ein Verblauen, Vergrauen oder Vergrünen des Bildes nicht immer signalisieren.

Nah- und Makroaufnahmen sollten nur in Ausnahmefällen ohne Blitzlicht gemacht werden.

Denn fehlende bzw. verblasste Farben, insbesondere bei Rot und Orange, führen zu unbefriedigenden Ergebnissen, die auch bei der Bildbearbeitung kaum mehr zu verbessern sind.

Man sollte sich auf größere Objekte mit wenig intensiven Farben beschränken und die Kamera so platzieren, dass Sonnenlicht das Motiv aufhellt.

Zu den reizvollen Bildern ohne Kunstlicht zählen Landschaftsaufnahmen im Flachwasser. Ob im Bergsee, am Korallenriff oder in der Uferzone eines mit Pflanzen bewachsenen Flachlandgewässers – Blitz oder Leuchte benötigt man im Flachwasser bei hellem Umgebungslicht fast nie, wohl aber ein Weitwinkel- oder Fisheye-Objektiv, damit ein räumlicher Eindruck entsteht. Voraussetzung ist aber, dass die Unterwasserlandschaft nicht tiefer als 5–6 m liegt, sonst versinkt sie im monochromen Blau oder Grün.

Bilder mit Blitzlicht

Blitzlicht wird benötigt bei Makroaufnahmen, meistens bei Nahaufnahmen und häufig auch bei Unterwasserlandschaften, wenn der Vordergrund in die Bildgestaltung einbezogen werden muss. Außerdem ist Blitzlicht fast unabdingbar, wenn man in über 5 m Tiefe fotografiert, ebenso wenn man das Gesicht eines Models aufhellen will. Umstritten ist Blitzen bei versunkenen Schiffen, aber ein im Vordergrund farbig bewachsenes Wrack gewinnt unglaublich an Tiefe, wenn man es gekonnt anblitzt und das Mischlicht ideal erwischt.
Geblitzte Bilder haben allerdings immer auch etwas von einer künstlichen Stimmung an sich. Das muss aber nicht negativ sein. Der Mensch liebt Farben, und unter Wasser gibt es die eben nur mit Kunstlicht. Die Schwierigkeit, mit Blitzlicht vernünftig umzugehen, liegt darin, dass es kaum jemand richtig gelernt hat. An

Tipp

Um sich die Wirkung von Blitzlicht zu verdeutlichen, sollten Sie ein rotes Motiv in einigen Metern Tiefe einmal ohne und einmal mit Blitzlicht fotografieren. Der Bildvergleich wird Sie überzeugen, dass selbst ein Kleinblitz besser ist als keiner.

Land wird Blitzlicht nur verwendet, wenn man in Räumen fotografiert, gelegentlich mal in der Dämmerung. Alle anderen Bilder entstehen ohne Blitzlicht. Unter Wasser ist es genau umgekehrt. Fast alle Bilder werden geblitzt, nur wenige entstehen ohne Kunstlicht.

Merke

1. Ab 5 m Wassertiefe ist Blitzlicht eine fast zwingende Notwendigkeit, sofern nicht andere gestalterische Gesichtspunkte dem entgegenstehen oder das Wasser extrem trüb sein sollte.

2. Auch mit den stärksten Blitzgeräten liegt die Reichweite des Blitzlichts theoretisch bei 2,5 m geometrisch gemessener Distanz. In der Praxis sind 1,5 m bis max. 2 m das Limit, in trübem Wasser oft nur 60–70 cm.

3. Rot und Orange können auch in geringer Tiefe nur mit Blitzlicht (oder einer Handlampe) korrekt wiedergegeben werden.

4. Wenn Sie mit einem Superweitwinkelobjektiv fotografieren, ist ein Blitzgerät mit einem großen Abstrahlwinkels zwingend.

5. Fisheye-Objektive (180°) und Weitwinkeloptiken mit Bildwinkeln über 100° bedingen normalerweise zwei Blitzgeräte zur harmonischen Ausleuchtung.

6. Den höchsten Bildkontrast bekommen Sie, wenn das Motiv vor einem dunklen bzw. schwarzen Hintergrund abgelichtet wird. Sie erreichen das mit einer sehr kleinen Blende und/oder einer schnellen Synchronzeit.

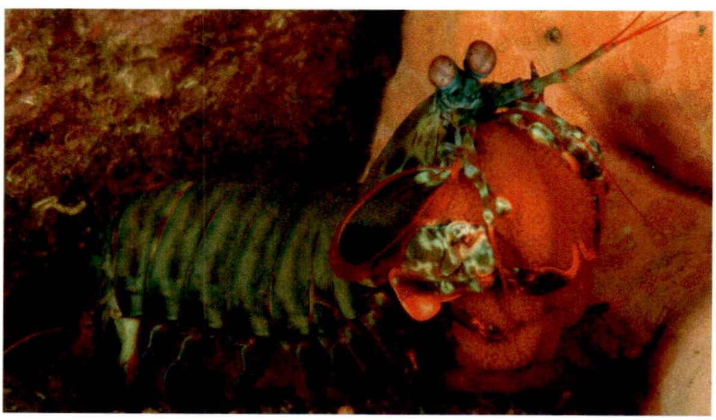

Fangschreckenkrebs mit Eigelege. Blitzlicht bringt Farbe in die Tiefe und aufs Motiv.

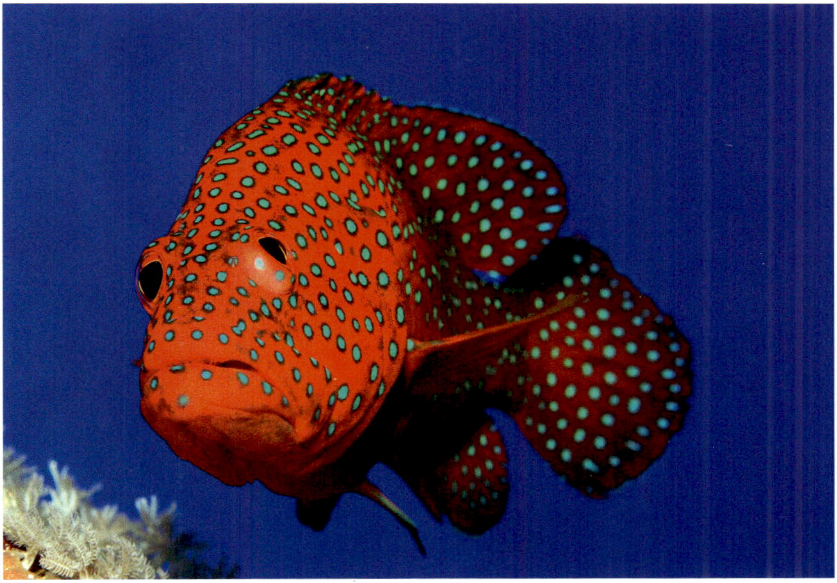

Rote Motive wie dieser Juwelen-Zackenbarsch sollten grundsätzlich geblitzt werden.

Belichten mit zwei Blitzgeräten

Tandemblitzgeräte sind aus der kreativen und anspruchsvollen Unterwasserfotografie nicht mehr wegzudenken. Waren Tandem- bzw. Doppelblitzgeräte lange Zeit nur eine Sache der Weitwinkel- und Fisheye-Fotografie, vertrauen heute immer mehr Unterwasserfotografen auch im Nah- und Makrobereich auf die Wirkung von zwei Blitzgeräten. Dabei müssen die Zweitblitzgeräte nicht notwendigerweise mit Synchronkabeln arbeiten. Als kabellose TTL-Blitzgeräte kann man sie mit guten Ergebnissen im Sklavenbetrieb einsetzen. Dann spielt es auch keine Rolle, von welchem Hersteller der TTL-Sklavenblitz stammt.

Zwei Blitzgeräte haben den Vorteil, dass sie auch mal etwas schlampig ausgerichtet sein können und die Ausleuchtung immer noch stimmt. Im Makrobereich, wo große Abbildungsmaßstäbe gefragt sind, vermeidet man mit zwei Blitzlichtern Schlagschatten, kann wegen der höheren Gesamtleitzahl mit kleineren Blenden arbeiten und unterdrückt sogar aufkommende Trübstoffreflexionen, weil diese wegen des zangenartigen Blitzlichtes (ca. 45°) weitgehend aufgehoben werden. Aufnahmen mit zwei Blitzgeräten beeindrucken immer wieder durch sehr inten-

sive Farben, eine bestechende Brillanz, makellose Ausleuchtungen und eine verblüffende Tiefenwirkung.
Makroaufnahmen kann man mit zwei Systemblitzgeräten machen, bei Weitwinkel- und Fisheye-Bildern sollte man wegen der kühleren Farbtemperaturen zu zwei Amphibienblitzgeräten greifen.

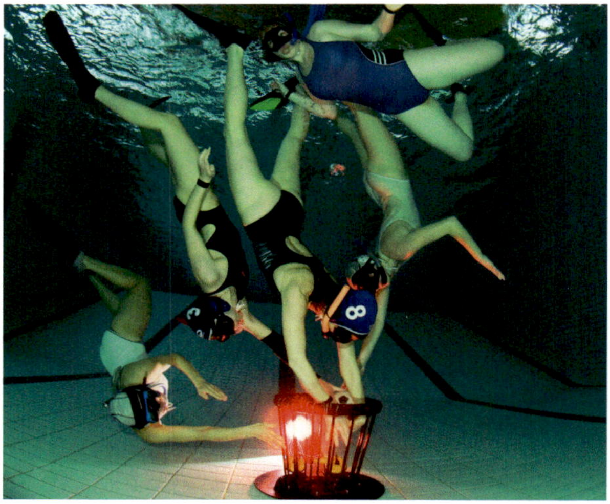

Kampfbetonte Szenen im Unterwasser-Rugby werden durch farbige Sklavenblitzeffekte aufgewertet.

Merke

1. Wenn Blitzgerätetypen gemischt werden, sollten der Systemblitz rechts und der Amphibienblitz links montiert sein.

2. Die Gesamtleitzahl Lzges. von zwei Blitzgeräten mit den Leitzahlen Lz1 und Lz2 errechnet sich aus

$$\text{Lzges.} = \sqrt{\text{Lz1}^2 + \text{Lz2}^2}$$

3. Bei hochformatigen Aufnahmen, insbesondere mit Superweitwinkel und Fisheye-Objektiven, kommt es immer wieder vor, dass der Vordergrund durch den unten positionierten Blitz zu hell wird, wenn dieser TTL-blitzgesteuert betrieben wird. Schalten Sie ihn dann auf eine passende manuelle Laststufe – meistens reicht $^1/_4$ Last.

Sklavenblitzeffekte

Zur experimentellen Unterwasserfotografie gehört auch die kreativ gehandhabte Sklavenblitztechnik mit zwei oder mehreren Sklavenblitzgeräten, die vom Tauchpartner bzw. vom Model in der Hand gehalten werden. Man kann den oder die Sklavenblitzgeräte auch frei im Riff positionieren, wenn sie keinen Auftrieb haben und keine Stömung vorhanden ist.
Wenn Sie im Urlaub auf andere Unterwasserfotografen treffen, so besteht vielleicht die Möglichkeit, dass Sie deren Blitzgerät für besondere Effekte ausleihen können. Die meisten externen

Tipp

Man sollte das Sklavenblitzen als experimentellen Spaß sehen, weil man nie genau weiß, was dabei herauskommt. Die Bilder sind vom Zufall bestimmt – können aber interessante Ergebnisse liefern.

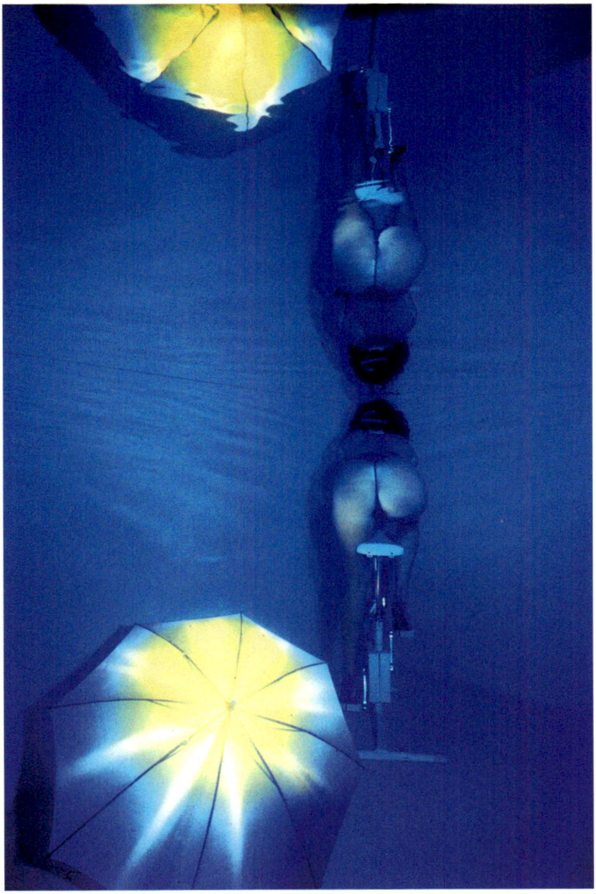

Phantasie ist alles. Sklavenblitze sind Effekthascher, die man in der kreativen Unterwasserfotografie perfekt einsetzen kann.

Amphibienblitzgeräte verfügen über einen Sklavenblitzsensor, der auf den Lichtimpuls eines anderen Blitzes hin auslöst. Wenn Sie den anderen Amphibienblitz auf Slave stellen und die D-SLR mit externem Blitz auslösen, dann zündet auch das andere Blitzgerät, sofern das Licht Ihres Blitzes auf dessen Sklavensensor trifft. Im Regelfall wirft der Sklavenblitz sein Licht mehr oder weniger direkt in Richtung auf die Kamera. Um Überstrahlungen zu vermeiden, muss er dabei auf schwache Leistung (ca. 1/8 Last oder weniger) eingestellt werden.
Sie können die Sklavenblitztechnik am besten in einem Pool bzw. Schwimmbad ausprobieren. Ein wichtiges Kriterium ist die Auslöseentfernung. In klarem Wasser sollte die kabellose Auslösung des vom Model gehaltenen Sklavenblitzgerätes auf eine Entfernung von 8–10 m möglich sein. Dann kann man sicher sein, dass das Gerät auch hinter Gorgonien und Schwämmen funktioniert. Einschränkend muss man indes sagen, dass in hellem Wasser,

Merke

1. Verwenden Sie den kreativen Sklavenblitz nur in wirklich klarem Wasser. Zwei gegeneinander gezündete Blitzgeräte sind problematisch, wenn Trübstoffe vor der Linse schweben.

2. Man kann den Sklavenblitzeffekt im Objektiv der D-SLR dämpfen, wenn das Gerät hinter eine Koralle bzw. Gorgonie gelegt wird. Dann leuchtet er mit Hintergrundlicht die Farben des Motives an.

3. Sklavenblitzlicht kann man durch Folien oder Filter vor dem Reflektor einfärben.

4. Weil der Bildsensor der meisten digitalen Spiegelreflexkameras sehr helles Licht nur mäßig gut verarbeiten kann (Blooming-Effekt), sollten Sie direkte Einstrahlungen ins Objektiv vermeiden.

5. Sklavenblitzfotografie macht in der Effektfotografie nur Sinn, wenn Sie ein Weitwinkel- oder Fisheye-Objektiv verwenden.

6. Wenn das Sklavenblitzlicht in Richtung Fotograf strahlt, reicht ein Kleinblitz mit mittlerer Leistung völlig aus.

also im Uferbereich oder auf einer Riffplatte, der Effekt nicht so zur Geltung kommt wie eine von hinten angestrahlte Weichkoralle vor einer sattblauen Wasserfarbe. Die besten Effekte bekommen Sie zweifelsohne, wenn der Sklavenblitz sein Licht etwas indirekt abgibt, also nicht frontal in das Objektiv strahlt. Das erweckt dann den Eindruck einer starken Handlampe, die ins Riff leuchtet.

Kabelblitzen

Diese Blitztechnik ist etwas in Vergessenheit geraten. In den 60er- und 70er-Jahren des letzten Jahrhunderts wurde sie sehr erfolgreich zur Verbesserung der Farben in größerer Motiventfernung eingesetzt.
Beim Kabelblitzen wird ein Amphibienblitz (selten ein Systemblitz) an einem bis zu 8 m langen Kabel vom Partner bzw. dem Model geführt. Der Kabelblitz sollte über mehrere Laststufen verfügen, die das Model auf Zeichen des Fotografen einstellt. Das Ergebnis kann und muss auf dem Monitor kontrolliert werden. Mit dem am Kabel geführten Blitzgerät kann man den Blitz überall auslösen und nach Belieben ausrichten. Die Effekte sind verblüffend, insbesondere wenn man den Vordergrund mit einem links am UW-Gehäuse befestigten Zweitblitz aufhellt.

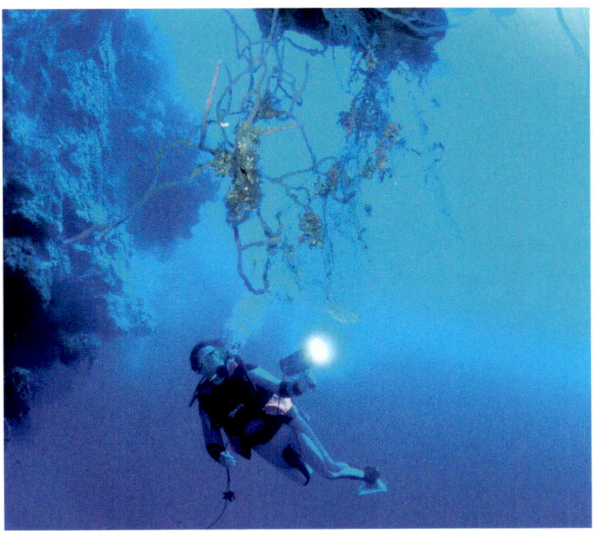

Kabelblitzen gehört zu den stimmungsvollsten Blitzeffekten.

Merke

1. Das verlängerte Blitzkabel (kein Spiralkabel!) sollte nach Möglichkeit nicht durchs Bild gezogen werden. Wenn es durchhängt, eventuell hinter Korallen verstecken, dann fällt es kaum auf.

2. Kabelblitzen kann sehr erfolgreich bei der Wrackfotografie eingesetzt werden.

3. TTL-Blitzbelichten funktioniert beim Kabelblitzen nicht. Die Bilder müssen manuell über Teillaststufen belichtet werden.

Tipp

Gegenlichtblitzen ist eine Technik, die Sie sich aneignen sollten, weil die Bilder ungemein stimmig werden. Silhouettenfotografie ist nämlich nicht in allen Fällen angebracht. Am besten eignet sich zum Aufhellen ein Amphibienblitz mit manuell einstellbaren Laststufen.

Gegenlicht

Prinzipell bezeichnet man alle Lichtquellen, die von vorne in das Objektiv scheinen, als Gegenlicht, aber umgangssprachlich versteht man darunter ausschließlich Sonnenlicht. Im Gegenlicht befindliche Objekte werden, sofern sie nicht mit Blitzlicht aufgehellt worden sind, immer als Silhouetten abgebildet. Die digitale Spiegelreflexkamera regelt das mit ihren automatischen Belichtungsprogrammen meistens zufrieden stellend. Allerdings verarbeiten die meisten Bildsensoren extrem helle bzw. gleißende Bildflächen, wie sie von einer ungehindert einstrahlenden Sonne nun mal erzeugt werden, nicht besonders gut. Sie müssen deshalb damit rechnen, dass die Lichtflächen optisch aufreißen und dann zu den übrigen Dunkelfeldern im Bild einen unnatürlichen Kontrast bilden.

Gegenlichtaufnahmen sollten Sie nicht im Flachwasser machen. Das starke und nur wenig gefilterte Sonnenlicht kann eine D-SLR bei frontalem Lichteinfall selbst in einigen Metern Tiefe nur bewältigen, wenn die Blende bis zum Anschlag geschlossen wird und die Empfindlichkeitseinstellung höchstens ISO 100/21° beträgt.

Ohnehin sind Gegenlichtaufnahmen in der Regel nur sinnvoll, wenn man mit einem Weitwinkel- oder Fisheye-Konverter aus etwas tieferen Gefilden fotografiert. Dort hat die Sonne nicht nur an Kraft verloren, dank des großen Bildwinkels wird sie auch kleiner abgebildet und wirkt daher nicht mehr so dominant – insbe-

sondere wenn Sie ein interessantes Motiv als Silhouette fotografieren, einen Manta beispielsweise, einen Taucher, eine große Gorgonie, einen mittelgroßen Fisch oder Pflanzen an der Wasseroberfläche. Die Motivauswahl ist größer als man denkt. Man muss die Objekte nur fotografisch erkennen.
Gegenlicht bedeutet aber nicht nur Silhouettenfotografie. Man kann die Motive im Gegenlicht auch mit dem Blitzlicht aufhellen. Solche Bilder vermitteln ein ganz besonderes Flair, weil man am Objekt Einzelheiten erkennen kann. Gegenlichtblitzen ist aber eine schwierige Belichtungstechnik. Gut, dass man den Monitor als Kontrollmedium nutzen kann. Amphibische Blitzgeräte verfügen meistens über mehrere manuelle Leistungsstufen. Die müssen Sie so lange durchprobieren, bis die Belichtung stimmt. Nach einigen Versuchen weiß man etwa, ob man Volllast, Halblast oder Viertellast braucht. Die Leistungsstufeneinstellung ist immer abhängig von der maximalen Leistungsabgabe des Blitzgerätes, der Motiventfernung und der ISO-Empfindlichkeit.
Man kann auch automatisch ins Gegenlicht blitzen, muss aber bei dieser Art der Blitzbelichtung mit starken Unterbelichtungen rechnen, weil die Automatik die helle Sonne als Primärlicht betrachtet und entsprechend wenig Blitzleistung abgibt. Meistens ist eine Plus-Korrektur erforderlich, doch z. B. ein weißer Haibauch muss auch im Gegenlicht ins Minus korrigiert werden.

Tipp

Achten sie auf die Bildgestaltung! Die D-SLR nur in die Sonne halten, bringt nicht das gewünschte Ergebnis. Überlegen Sie vorher genau, was die Aufnahme aussagen soll.

Gegenlichtfotografie heißt, die D-SLR in Richtung Wasseroberfläche halten. Suchen Sie aber fotogene Motive.

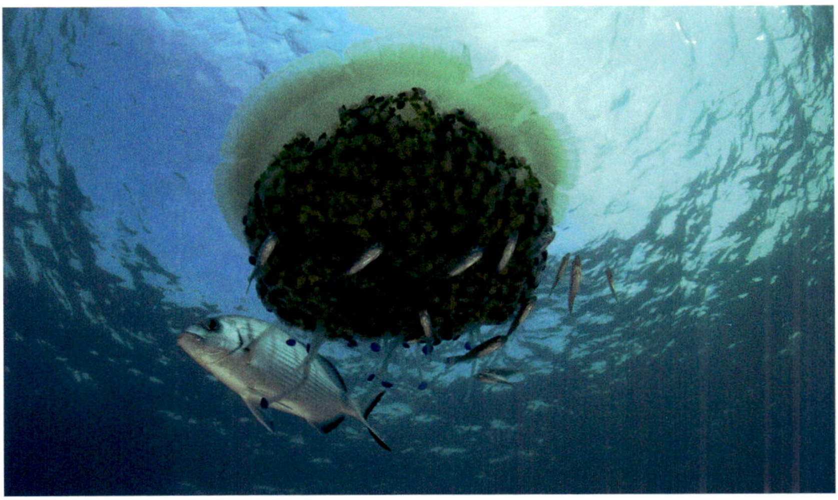

Merke

1. Stellen Sie die Kamera beim Gegenlichtfotografieren immer auf die niedrigste Empfindlichkeit.

2. Wählen Sie in Abhängigkeit von der Tiefe eine entsprechend kleine Blende.

3. Klares Wasser lässt die Lichtstrahlen fast ungehindert viele Meter tief eindringen. Bei solchen Verhältnissen im Flachbereich eine Gegenlichtaufnahme zu machen, erfordert ein dominierendes Motiv vor dem Objektiv, sonst kommt es trotz kleiner Blende zu Überbelichtungen.

4. Gegenlichtfotografie ist bis auf wenige Ausnahmen immer Weitwinkel- oder Fisheye-Fotografie.

5. Silhouettenfotografie ist auch mit einem Motivprogramm möglich.

6. Taucher als Silhouette im Gegenlicht macht sich am besten mit einem angeblitzten Vordergrund. Das kann ein Fisch oder auch eine Koralle sein.

Mischlicht

Mischlicht liegt vor, wenn auf geblitzten Bildern das Wasser im Hintergrund in seiner Eigenfarbe abgebildet wird. In tropischen Meeren und im Mittelmeer überwiegt die Wasserfarbe Blau. In heimischen Gewässern sowie in Nord- und Ostsee erscheint Wasser meistens grün. Wie das Wort bereits andeutet, setzt es sich aus unterschiedlichen Lichtquellen zusammen, nämlich aus dem Umgebungslicht und dem Blitzlicht. Hier die richtige Blitzdosierung, die ideale Blende und die perfekte Verschlusszeit zu finden, ist nicht immer einfach. Einsteiger und Urlaubsfotografen haben demzufolge bei der Bewältigung von Mischlicht nicht selten erhebliche Probleme. Manchmal wird der Hintergrund zu hell, vielfach aber auch zu dunkel.
Mischlichtgestaltungen treten generell ab einem Bildwinkel von 75° auf. Jenseits von 100° diagonal ist Mischlicht fast zwingend, weil sonst die Dunkelflächen überproportional zunehmen. Fisheye-Aufnahmen mit ihren 180°-Hyperbildwinkeln sollten, damit der riesige Raum wirksam zur Geltung kommen kann, ausschließlich mit Mischlichtcharakter gestaltet werden.

Bei Fisheyebildern
ist Mischlicht zwingend.

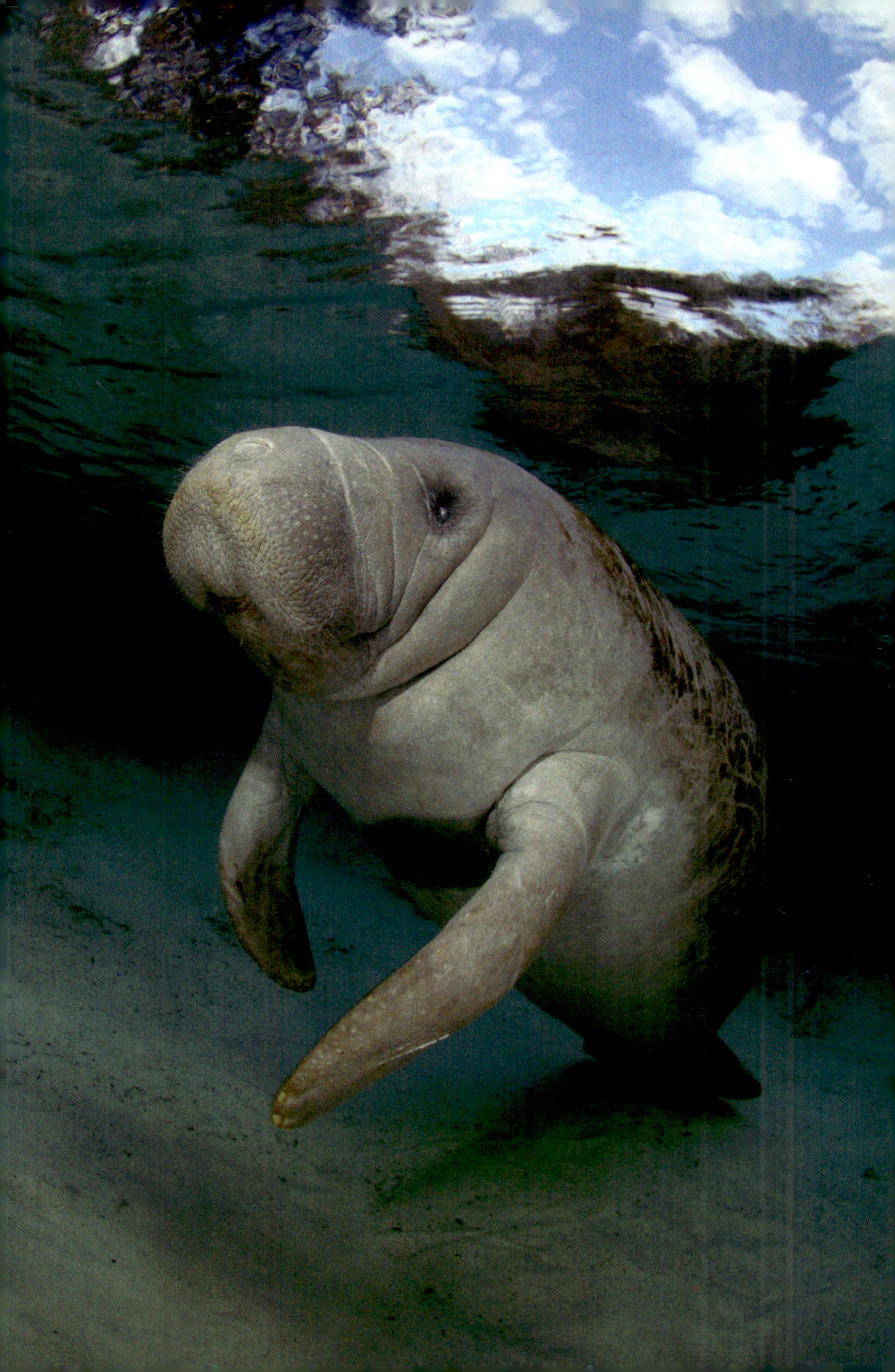

Tipp

Mischlicht manuell zu gestalten ist umständlich und setzt eine gewisse Versiertheit im Umgang mit der D-SLR voraus. Manuell müssen Blende und Verschlusszeit auf einem Belichtungsbalken im Kamerasucher aufeinander abgeglichen werden. Das dauert und ist auch nur ratsam, wenn man mit einem wirklich großen Kamerasucher arbeiten kann.

Die im Nah-und Makrobereich verschmähte Programmautomatik kommt mit ihrer Belichtungscharakteristik bei großen Bildwinkeln durchaus in die Nähe von akzeptablem Mischlicht. Das liegt hauptsächlich an den offenen Blenden, die diese Belichtungsautomatik bei nachlassendem Umgebungslicht vorgibt. Ähnlich ist es bei der Blendenautomatik. Die Grenzen sind erreicht, wenn das Umgebungslicht so schwach wird, dass die beiden Belichtungsautomatiken die Blende so weit öffnen, dass die nachlassende Abbildungsqualität sichbar wird.

Eine sehr gute Mischlichtcharkteristik bekommen Sie im Belichtungsprogramm »Zeitautomatik« und Stellung des Blitzmodus auf »slow«.

Vorsicht ist geboten, wenn sich »slow« an großen Korallenflächen orientiert (kommt bei Fisheyes vor!), weil dadurch die Wasserfarbe zu hell werden kann. Deshalb kann es nicht schaden, die D-SLR ab und zu ins Freiwasser zu schwenken und die Mischlicht-Verschlusszeit zu kontrollieren. Sollte diese zu sehr von der vorherigen Position abweichen, ist man gut beraten, die Freiwasserbelichtung zu speichern bzw. Blende und Zeit entsprechend einzustellen.

Merke

1. Perfektes Mischlicht liegt vor, wenn man nicht mehr explizit erkennt, dass geblitzt worden ist. Das gelingt aber nur selten auf Anhieb.

2. Ob das Blitzlicht TTL-gesteuert oder manuell vorgewählt wird, spielt bei der Wasserfarbe keine Rolle. Ebenso ist es für die Hintergrundfarbe unbedeutend, ob mit einem oder zwei Blitzgeräten fotografiert wird.

3. Oberflächenwasser ist sehr hell, Tiefenwasser dunkel. Bei Hochformataufnahmen ergibt sich bei sehr großen Bildwinkeln zwangsläufig Mischlicht.

4. UW-Bilder mit Mischlichttechnik wirken freundlicher als ein Objekt vor nachtschwarzem Hintergrund.

5. In eingeschränktem Maße (ca. 2 Blenden) kann man Digitalbilder mit dem RAW-Konverter im Hintergrund aufhellen.

D-SLR und Videobeleuchtung

Mit digitalen Spiegelreflexkameras kann man prinzipiell mit allen zur Verfügung stehenden Lichtquellen fotografieren. Das ist der große Vorteil gegenüber einer analogen SLR. Möglich macht das der automatische Weißabgleich. Diese Funktion stimmt den Bildsensor so auf das vorherrschende Licht ab, dass Weiß auch weiß erscheint und alle Grautöne in den richtigen Farben wiedergegeben werden. Theoretisch könnten Sie deshalb unter Wasser Ihr Motiv auch auch mit einer Neonröhre ausleuchten oder mit Kerzenlicht. Es spielt im Prinzip auch keine Rolle mehr, ob das Kunstlicht eine Farbtemperatur von 4500 K aufweist oder 5500 K.

> Wenn der Weißabgleich auf die Farbtemperatur der Lichtquelle abgestimmt ist, werden normalerweise die Farben richtig belichtet.

Hochwertige digitale Spiegelreflexkameras können mit einer Videobeleuchtung und ISO 200/24° bzw. 400/27° nahezu ohne Bildrauschen verwendet werden. Man kann damit fotografieren

Tipp

Lassen Sie die Scheinwerfer bzw. Videoleuchten nicht den ganzen Tauchgang über brennen, sonst sind die Akkus leer, wenn Sie das Wasser verlassen. Das Wiederaufladen kann einige Stunden dauern. Schalten Sie die Lampen aus, solange Sie auf Motivsuche sind.

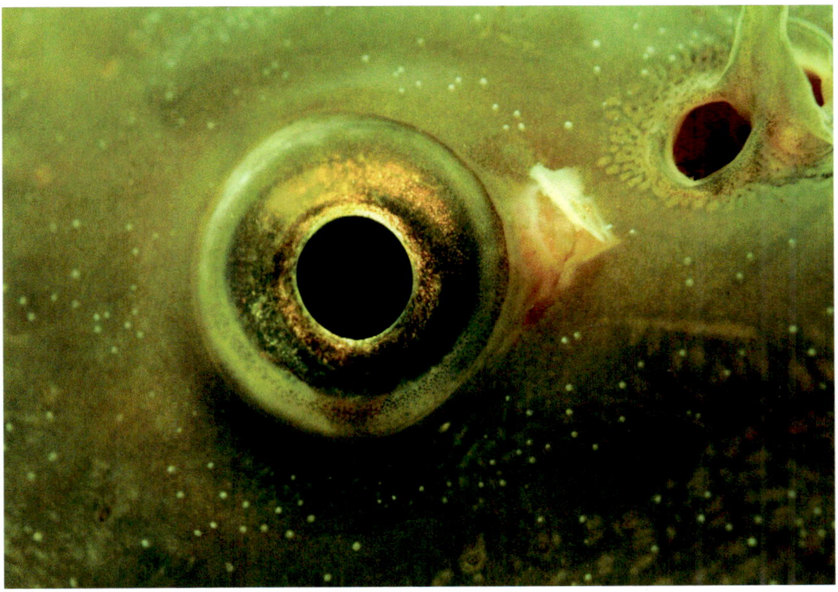

Karpfenauge. Wer mit LED-Leuchten in den Makrobereich vordringt, sollte viele LED-Elemente einsetzen.

> **Tipp**
>
> Kann man zusätzlich in das Lampenlicht hineinblitzen? Man kann, doch wenn die Farbtemperaturen von Blitz und Scheinwerfern zu sehr divergieren, wird es zu Farbverfälschungen kommen. Keine farblichen Probleme ergeben sich, wenn Lampe und Blitzlicht ähnliche Kelvinzahlen aufweisen.

wie an Land, wenn es sein muss sogar mit kleiner Blende und Serienbildern – zumindest im Nah- und Makrobereich.

Spotlicht oder Floodcharakter

Nicht jede Handlampe eignet sich für das Fotografieren mit digitalen Kameras. Wenn der Abstrahlwinkel des Scheinwerfers kleiner oder gleich 30° ist, kommt es mitunter zu Partialbeleuchtungen, die aber ganz interessant wirken können. Eine homogene Bildgestaltung ist dann selbst mit einem Makroobjektiv nur bedingt möglich.

Viele Handscheinwerfer sind als Spotlicht konzipiert, was in Verbindung mit einer digitalen SLR eher nachteilig ist. Versuche haben gezeigt, dass der Abstrahlwinkel eines Handscheinwerfers mindestens 60° betragen sollte. Damit kann man dann bei sorgfältiger Ausrichtung des Lichtkegels eine vernünftige Ausleuchtung erzielen. Noch besser sind allerdings Flooder, also Lampen mit 80° oder mehr Abstrahlung. Damit gelingt auch bei salopper Positionierung eine ordentliche Ausleuchtung.

Breite Abstrahlwinkel kosten allerdings Energie. Die angestrahlten Flächen werden nicht immer so hell angeleuchtet wie erforderlich, weshalb man unter Umständen mit größeren Blenden oder längeren Verschlusszeiten arbeiten muss.

Besonderheiten der Scheinwerferbeleuchtung

Videografen, die auf digitale Unterwasserfotografie umgestiegen sind oder zusätzlich digital fotografieren, sind die größten Verfechter der Handlampenbelichtung – schon deshalb, weil Filmleuchten meistens schon vorhanden sind.

Die Farbtemperatur des Lampenlichtes spielt bei der Motivbelichtung keine entscheidende Rolle, doch wenn das Licht der normierten Farbtemperatur von Systemblitzgeräten (5500–5600 K) annähernd entspricht, tut sich die Kamera beim automatischen Weißabgleich etwas leichter, weil das Hintergrundlicht des blauen oder grünen Wassers ebenfalls etwas kühler ist. Das Spektrum von Sonnenlicht aus Filmleuchten wäre die perfekte Alternative zum Elektronenblitzgerät. An dieser Lösung wird gearbeitet, wäre sie doch für das Fotografieren mit der digitalen Spiegelreflexkamera ein enormer Gewinn.

Beim Fotografieren mit Scheinwerferlicht darf das Handlampenlicht nicht zu schwach ist. Wenig Kunstlicht bedeutet weniger

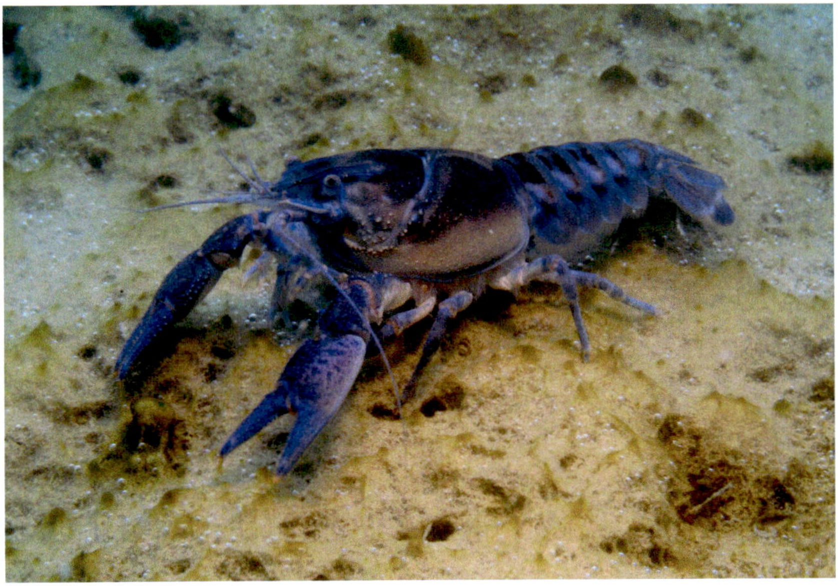

Kamberkrebs in einem Baggersee, fotografiert mit zwei Video-Halogenleuchten. Diese weisen eine Farbtemperatur von 3200 bis 3600 °Kelvin auf, was zu etwas »süßlichen« Farben führen kann.

intensive Farben und eventuell Verwackelungsgefahr. Bei Kameras mit Kleinbild-äquivalenten Vollformatsensoren ist die Schärfentiefe kleiner als bei solchen mit APS-C- oder Four-Thirds-System-Bildsensoren. Deshalb ist es mit schwachem Kunstlicht nicht getan, auch wenn ein solches für die korrekte Belichtung gut ausreichen würde.

Um die Verwackelungsgefahr ausschließen zu können, sollten Sie vorzugsweise mit der Blendenautomatik fotografieren. Wählen Sie eine ausreichend kurze Verschlusszeit ($^{1}/_{60}$ s oder $^{1}/_{125}$ s) vor und lösen Sie dann aus. Der richtige Blendenwert wird in diesem Fall von der D-SLR automatisch berechnet und beim Belichtungsvorgang berücksichtigt.

Sie können auch mit der Zeitautomatik fotografieren, doch müssen Sie dabei immer die Verschlusszeit im Auge behalten. Denn Scheinwerferlicht friert im Gegensatz zum Blitzlicht die Motivbewegungen nicht ein.

Einzellampe oder Scheinwerfer-Set?

Der Griff zum Zweitscheinwerfer kann gute Gründe haben. Mit nur einer Handlampe kann man Weitwinkelaufnahmen nicht

korrekt ausleuchten. Man sollte sich hier die Videografen zum Vorbild nehmen, die üblicherweise immer zwei Scheinwerfer verwenden, manchmal sogar einen dritten über der Kamera. Die Scheinwerfer sollten dimmbar sein. Mit einem einzigen Scheinwerfer kann man sich zur Not begnügen, wenn ausschließlich mit einem sehr engen Bildwinkel fotografiert wird.
Da Unterwassergehäuse für digitale Spiegelreflexkameras für die Weitwinkelfotografie aufgerüstet werden können und die Fotografen diese Optionen auch annehmen, sollte man bei der Belichtung mit Videoleuchten über die Anschaffung eines Scheinwerfer-Sets nachzudenken. Denn im Weitwinkel- oder gar Fisheye-Bereich sind zwei breit streuende Scheinwerfer zwingend notwendig, sonst kommt es zu nicht mehr tolerierbaren Abschattungen in den Ecken oder an den Formatseiten. Normalerweise reichen zwei Abstrahlwinkel mit je 60° aus, nicht aber bei Fisheye-Belichtungen. Ingesamt 150° bis 160° Ausleuchtung sind anzustreben. Geringfügige Dunkelfelder in den Ecken oder an den Seiten sind zumindest am Tag unerheblich. Die meisten Unterwasserfotografen werden im Superweitwinkel- oder Fisheye-Bereich vermutlich eher mit zwei Blitzgeräten fotografieren. Festzuhalten ist aber, dass Fotografieren mit zwei hellen, dimmbaren und breit streuenden Scheinwerfern keine Nötlösung ist, wie es vielfach hingestellt wird, sondern eine eigenständige und ausgesprochen belichtungssichere Art der digitalen Unterwasserfotografie. Allerdings stellen zwei Scheinwerfer im Set nicht gerade eine handliche Lichtanlage dar – aber das haben sie mit der Kombination von zwei Blitzgeräten gemeinsam. Außerdem sind Filmleuchten nur dann schwerer und unhandlicher als Blitzgeräte, wenn sich der Akku im Lampengehäuse befindet. Systeme, bei denen man den Akku separat am Bleigürtel, am Jacket oder an der Pressluftflasche trägt, sind – vom Gewicht des externen Akkus abgesehen – genauso handlich und flexibel einstellbar wie kleine amphibische Blitzgeräte oder Systemblitzgeräte.

Zwei Fotoleuchten lassen das Unterwassergehäuse der Kamera auch nicht unhandlicher erscheinen als zwei Blitzgeräte (rechte Seite)

D-SLR und Hochleistungs-LEDs

Vielleicht gehört die Zukunft den Hochleistungs-LEDs, weil sie wenig Strom verbrauchen, leicht sind und ein breit streuendes Licht abgeben. Dieses Licht ist allerdings sehr kalt und leuchtet sogar etwas bläulich. LED-Lichtanlagen sind leicht, weil sie kei-

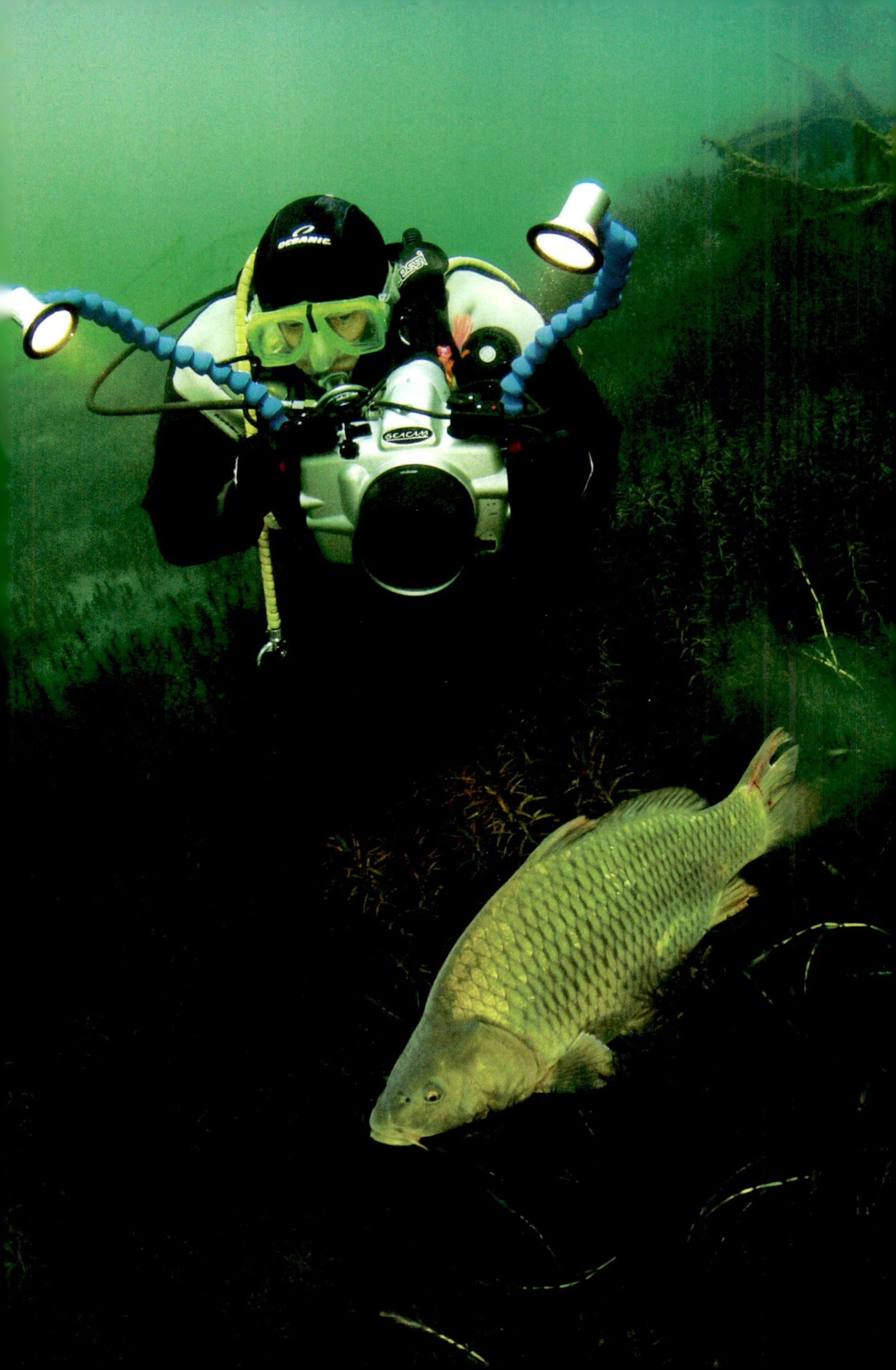
OCEANIC
SEACAM

nen starken Akku brauchen, und deshalb für Flugreisen besonders prädestiniert. Transportprobleme wegen diverser nicht zu öffnender Energieträger sind nicht bekannt. Der Akku wird getrennt transportiert. Hochleistungs-LEDs sind leider noch sehr teuer, aber die Vorteile überwiegen.
Das kalte Licht weist allerdings eine sehr hohe Farbtemperatur auf, die nicht in jedem Fall mit dem automatischen Weißabgleich korrekt gemessen und farbrichtig umgesetzt werden kann. Sie müssen hier mit Ihrer D-SLR Versuche unternehmen. Eventuell muss der Weißabgleich manuell abgestimmt werden oder Sie fotografieren mit RAW.

Merke

1. Zwei Scheinwerfer sind erforderlich, wenn man mit Weitwinkel- oder Fisheye-Objektiven arbeitet. Auch der Nah- und Makrobereich verträgt zwei starke Lampen. Die Scheinwerfer sollten im Weitwinkelbereich je einen Abstrahlwinkel von mindestens 60° bis 80° aufweisen. Bei Makroaufnahmen reichen gegebenenfalls auch 2 x 30°.

2. Die Farbtemperatur der Handlampen bzw. Scheinwerfer ist relativ unbedeutend. Mit tageslichtnaher Charakteristik arbeitet aber der automatische Weißabgleich besser. Die Farbverteilung kann insofern harmonischer ausfallen.

3. Kaufen Sie keine zu schwachen Scheinwerfer, sonst kommt deren Licht im hellen Flachwasser nicht zum Tragen. Dimmbare 50- oder 100-W-Handlampen sind keinesfalls zu stark, ideal sind 2 x 50 W .

4. Die Verschlusszeit ist der wichtigste Parameter bei der Belichtung mit Scheinwerfern. Sie muss immer so ausgelegt sein, dass verwackelungsfrei ausgelöst werden kann – also mit mindestens $^1/_{60}$ s. Blendenautomatik ist zu bevorzugen.

5. Bei Makroaufnahmen ist neben einer ausreichend schnellen Verschlusszeit (mindestens $^1/_{60}$ s) auch eine kleine Blende erforderlich. Kontrollieren Sie diese Werte.

6. Wenn Sie mit eingeschalteten und voll aufgedrehten Scheinwerfern auf lichtscheue Tiere zuschwimmen, kann es sein, dass diese vor dem grellen Licht flüchten. Sollte Ihnen das häufig passieren, müssen Sie die Scheinwerfer dimmen oder bis zum Auslösen der Kamera abgeschaltet lassen.

Filterfotografie

Seit die Unterwasserfotografie betrieben wird, haben sich findige Zeitgenossen mit der Frage befasst, ob die Filtertechnik in diesem Medium Vorteile bringt. Da es früher keine speziellen Unterwasserfilter gab, behalf man sich mit allerlei Rot- und Orangefiltern, die man meistens vor dem Objektiv, manchmal auch vor dem Blitzreflektor befestigte, um warme Farben zu bekommen. In den 90er-Jahren des letzten Jahrhunderts produzierte Kodak einen speziellen UW-Film mit ISO 50/18° und einer ISO 200/24°-Rotschicht. Weil die meisten Unterwasserfotografen die Farbcharakteristik des UW-Films aber nicht verstanden haben, wurde die Produktion bereits nach kurzer Zeit wieder eingestellt.
Sinn der UW-Filterung war und ist die Eliminierung der Blautöne, die in tropischen Meeren alle anderen Farben überlagern. UW-Filter sollen und können Blitzgeräte und Videoleuchten nicht ersetzen, aber sie bringen freundliche bzw. rötliche Farben aus größeren Distanzen ins Bild, die man mit Kunstlicht so nicht erzeugen kann.
Auch im Bereich der digitalen Unterwasserfotografie bedurfte es experimentierfreudiger Menschen, die über die Filterfrage nach-

Tipp

Nicht jedem gefallen die gefilterten Bilder. Vor allem sollte man nicht jedes Motiv filtern, weil die Farben im Prinzip etwas unnatürlich wirken. Rot ist überproportional vorhanden. Die menschliche Haut wird rostbraun, was allerdings bei der Modelfotografie nicht unbedingt ein Nachteil sein muss.

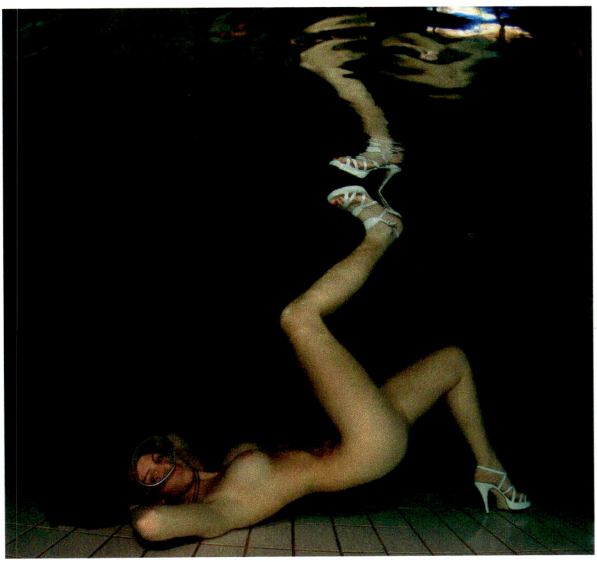

Obwohl UW-Filter nicht für die Blitzlichtfotografie geeignet sind, kann man sie bei geschickter Handhabung bei der Modelfotografie im Pool mit Kunstlicht kombinieren.

Tipp

Die Magic-Filter von Dr. Alexander Mustard können vorsichtig gereinigt werden. Kratzer und Fingerabdrücke sind zu vermeiden. Bei einer Bestellung werden immer drei Filterplättchen geliefert.

gedacht und entsprechende Produkte auf den Markt gebracht haben. An digitalen Kompaktkameras adaptiert man die UW-Filter immer auf dem Objektiv bzw. am Port. Mit digitalen Spiegelreflexkameras geht das nur bedingt, weil Superweitwinkelobjektive und Fisheyes große und stark gewölbte Frontlinsen besitzen, vor die man keinen Filter setzen kann. Als Lösung bietet sich eine flache Filterfolie an, die man an der Objektiv-Hinterlinse befestigen kann.

Die technisch besten UW-Filter stammen von dem Engländer Dr. Alexander Mustard (*www.magic-filters.com*), der damit in der internationalen Unterwasserfotografenszene für Furore gesorgt hat und auch einige einschlägige Fotowettbewerbe mit dieser Technik gewinnen konnte. Die Polyestergel-Filter werden speziell auf diverse Objektive zurechtgeschnitten, so dass man sie für nahezu alle unter Wasser verwendeten Optiken verwenden kann – auch mit Makroobjektiven. Bei einer Bestellung der UW-Filter ist immer der Objektiv-Typ anzugeben. Für Objektive mit fehlendem Filterhalter an der Rücklinse werden auch spezielle Frontfilter gefertigt.

Weil man sich beim Fotografieren mit digitalen Spiegelreflexkameras für einen Modus des Weißabgleichs entscheiden muss (manuell, automatisch, kelvinbezogen), gibt es diverse Möglichkeiten, den passenden Weißabgleich zu ermitteln – wobei sich der automatische Weißabgleich als die schlechteste Lösung erwiesen hat. Farbtemperaturbezogen kann nur fotografieren, wer eine D-SLR besitzt, bei der sich der Weißabgleich individuell nach Kelvingraden einstellen lässt. Diese ändern sich mit der Tiefe und müssen ständig neu ermittelt werden. Die Kontolle des Monitors ist unerlässlich. Ähnlich verhält es sich manuell, wo man den Weißabgleich auf diverse feste Lichtquellen setzen kann.

Ohne Blitzlicht und trotzdem kraftvolle, tiefe Farben. Kunstlicht können die UW-Filter aber trotzdem nicht ersetzen (rechte Seite)
In geringen Tiefen (ca. 5–8 m) ist bei Verwendung eines UW-Filters der Rotanteil sehr dominant (folgende Seite).

Den besten und korrektesten Weißabgleich bekommen Sie mit RAW-Dateien, weil dieser hier nachträglich am PC oder Mac beliebig gesetzt werden kann. Grundsätzlich ist diese Option am empfehlenswertesten, wenngleich man alle Bilder nachbearbeiten muss. Aber das sind Filteraufnahmen allemal wert.

UW-Filter können ihre Vorzüge in Tiefen zwischen 3 und 20 m ausspielen. Kein Blitzlicht, das Trübstoffe aufhellt. Keine schwere Videolichtanlage, die einen behindert. Belichten ist mit allen Programmen bei Tageslicht möglich.

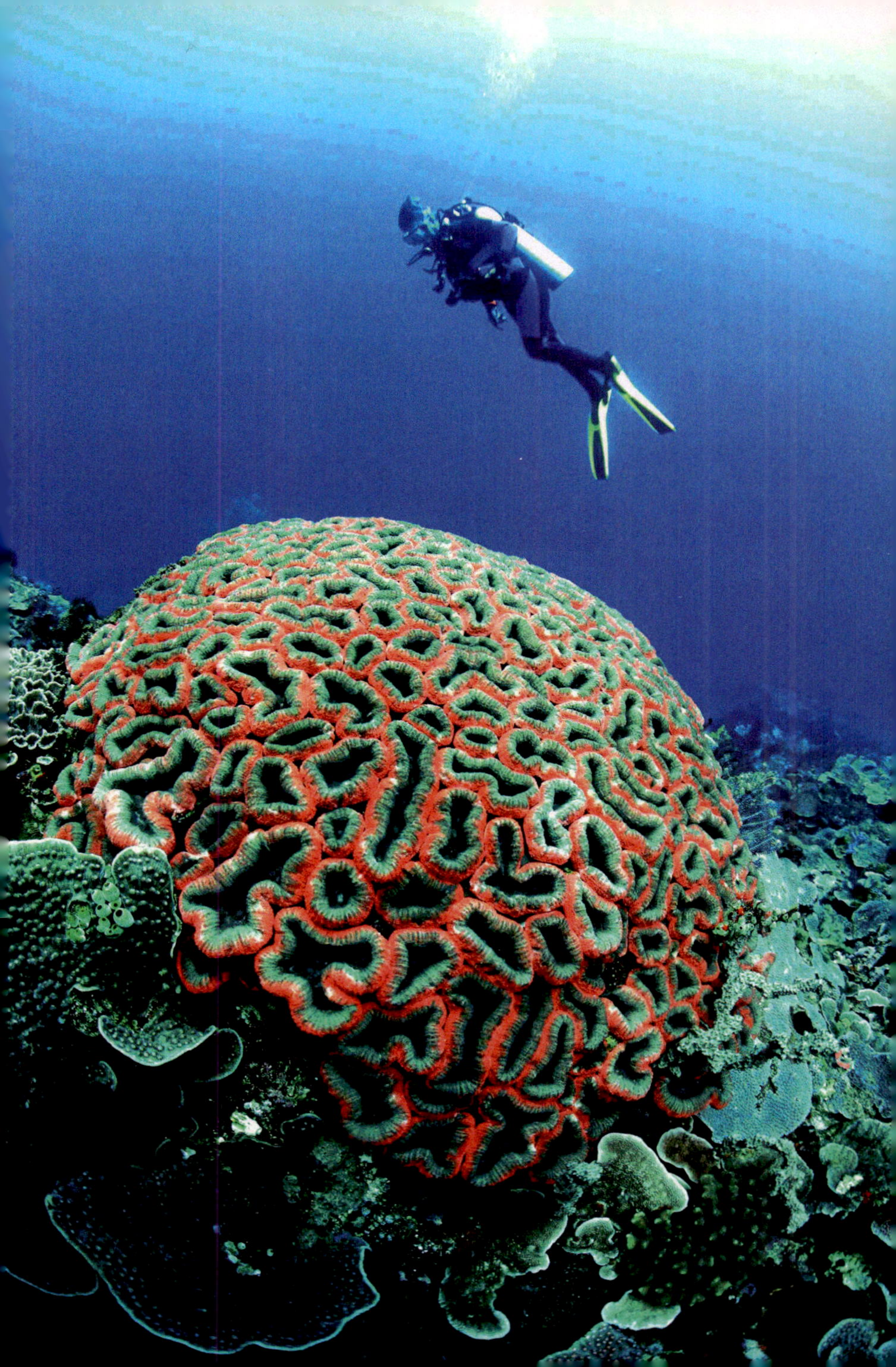

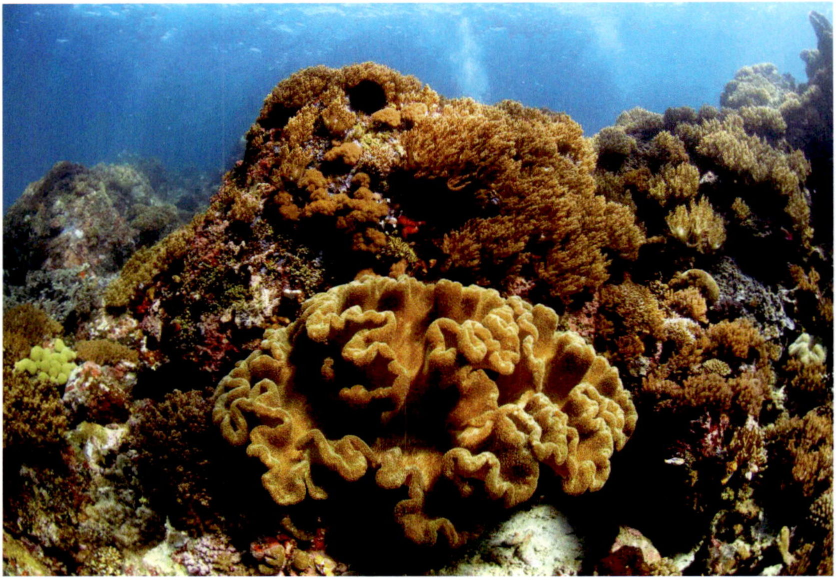

Merke

1. Die Kamera-Ausrüstung wird merklich handlicher, weil man keine Blitzgeräte oder Videoleuchten benötigt.

2. Je größer das Objekt, desto besser kann sich der UW-Filter in Szene setzen. Landschaften, Haie , Mantas, Taucheraufnahmen und Wracks sind die perfekten Motive.

3. Die besten Ergebnisse bekommt man zwischen 3 und 15 m Wassertiefe. Die Filter können aber bis ca. 20 m Tiefe verwendet werden.

4. Eine hochstehende Sonne bietet Gewähr für verwackelungsfreie Bilder. Fotografieren Sie rauschfrei je nach Kameramodell und Sensorformat (Vollformat, APS-C oder Four-Thirds-System) zwischen ISO 100/21° und ISO 400/27°.

5. UW-Filter können nicht mit normalem Blitz- oder Fotolampen im Nahbereich kombiniert werden, denn dadurch würden extreme Rottöne entstehen. Deshalb können die Filter auch nicht bei Nacht eingesetzt werden.

Mit der D-SLR im Süßwasser

Mit einer digitalen Spiegelreflexkamera muss man nicht notwendigerweise im Meer fotografieren. In heimischen Gewässern kann man damit ebenso agieren, wenn auch schwieriger und häufig nur mit mäßigem Erfolg. Ursache sind die größtenteils schlechten Sichtweiten, das raue Wetter und der Umstand, dass man seine Motive fast immer erst suchen muss.

Süßwasserfotografie ist anspruchsvoll. Ausdauer, Glück und fotografisches Einfühlungsvermögen sind dabei wichtiger als Spitzentechnik. Primär müssen Sie auf die Sichtweite achten. Diese ist im Süßwasser in der Regel sehr bescheiden. Normalerweise sollte man nur fotografieren, wenn die Transparenz mindestens 2–3 m beträgt. Sichtweiten von 10 m und mehr wären ideal, doch findet man so klares Wasser meist nur in Quelltöpfen und Bergseen.

Versuchen Sie Ihre Bilder in moderaten Tiefen zu machen, dann können Sie sich das Blitzlicht oftmals sparen. Die Bilder wirken natürlicher, und Schwebeteilchen werden auch nicht angeblitzt. Bis ca. 3 m Tiefe kann man so im klaren Freiwasser stehende Fische brillant fotografieren. Bei heller Sonne reicht im Flachwasser dafür eine ISO 100/21°-Einstellung völlig aus. Sicherheitshalber sollten Sie aber in unseren Breiten immer damit rechnen, dass die Sonne hinter den Wolken verschwindet. Dann hilft nur noch das Ändern der Empfindlichkeitseinstellung auf ISO 200/24° oder ISO 400/27°.

Tipp

In Bergseen wie dem Fernsteinsee und dem Samarangersee (am Fernpass) mit ihren Sichtweiten von 50 m an guten Tagen und bei hellem Sonnenschein können Sie mit einer digitalen Spiegelreflexkamera und montiertem Weitwinkelobjektiv faszinierende UW-Landschaften fotografieren. Forellen und Saiblinge in Quelltöpfen, Barben in Quellbächen, Rotaugen und Hechte in klaren Bergseen – eine Augenweide, die Sie begeistern wird.

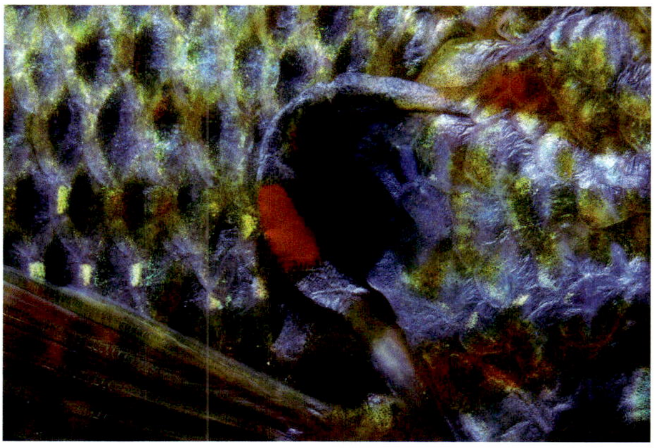

Farben wie in einem Regenbogen – die Kiemenspalte eines Sonnenbarsches

Kaulquappe eines Ochsenfrosches; die aus Nordamerika stammenden Amphibien haben sich in einigen Altarmen des Rheins verbreitet.

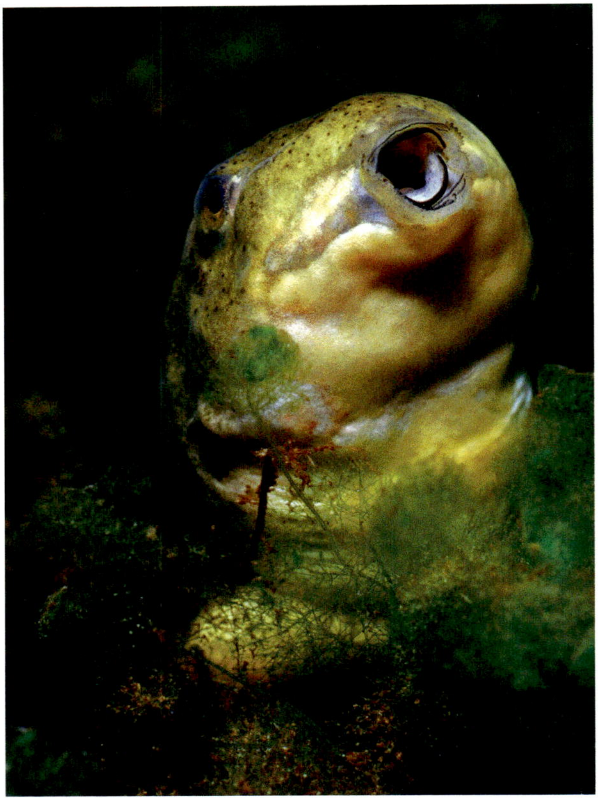

Tipp

Transparentes Süßwasser ist üblicherweise immer kalt. Je weniger Sie frieren, desto besser werden die Bilder. Ziehen Sie sich zum Tauchen im Süßasser immer warm an. Halbtrocken oder trocken tauchen ist kein Fehler.

Angeblitzte Trübstoffe sind der Albtraum eines jeden Süßwasserfotografen. Doch damit muss man leben. Damit die Trübstoffreflexionen nicht zu sehr dominieren, sollten Sie allzu frontales Blitzen vermeiden. Ein langer, beweglicher und flexibler Blitzarm hilft bei stark seitlich oder hoch stehendem Blitzgerät die Positionierung zu halten. Gute Landschaftsbilder können Sie mit einem leichten Weitwinkelobjektiv (Bildwinkel ca. 84°) nur machen, wenn die Sichtweite mindestens 10 m beträgt. Besser geht es, wenn der Bildwinkel 100° oder mehr beträgt. Ideal ist ein Fisheye mit 180°. Damit kann man sehr erfolgreich auch in weniger klaren Seen arbeiten. Auch Karpfen, Hechte, Waller, Zander und große Döbel kann man damit formatfüllend ablichten. Mit einem Weitwinkel- oder Fisheye-Objektiv lassen sich in der Flachwas-

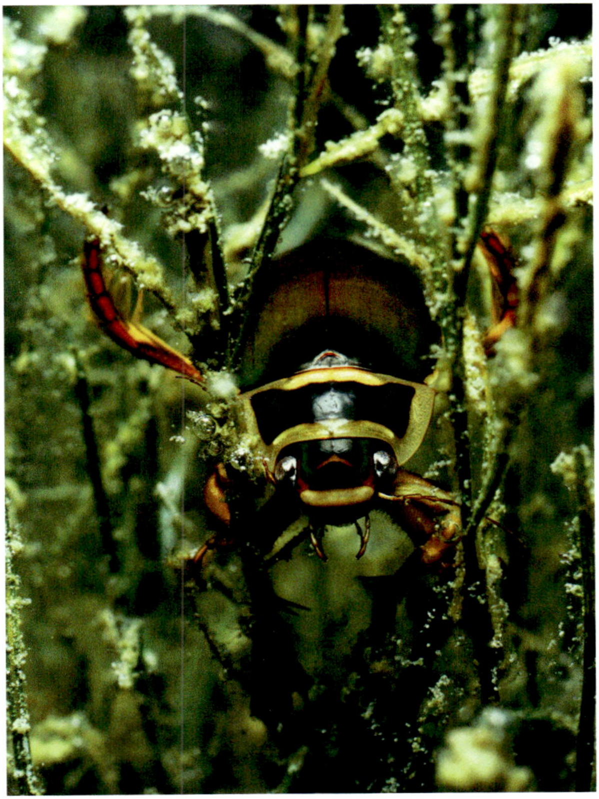

Gelbrandkäfer sind gefürchtete Räuber. Das tauch- und flugfähige Insekt überwältigt sogar kleine Hechte.

serzone herrliche Süßwasseraufnahmen ohne dominierendes Blitzlicht realisieren. Die Welt im Süßwasser ist eine faszinierende. Sie müssen Sie mit der Kamera nur entdecken.

Nah- und Makroaufnahmen

Damit erzielen Sie im Süßwasser oftmals hervorragende Ergebnisse, weil der vom Blitzlicht erleuchtete Raum wesentlich kleiner ist als derjenige vor einem Fisch in 1 m Entfernung. Dadurch sind die Farben brillanter und die Bilder wirken schärfer. Makroobjektive an digitalen Spiegelreflexkameras lassen sich auf weniger als 10 cm vor dem Gehäusefrontglas einstellen. Bei solchen Motivdistanzen bekommen Sie sogar das Auge eines Fisches formatfüllend auf den Monitor.

Tipp

Erfolgreiche Süßwasserfotografie erfordert viel Einsatz und regelmäßiges Fotografieren. Nehmen Sie Ihre D-SLR immer mit, wenn Sie am Wochenende in heimischen Gewässern tauchen wollen. Am erfolgreichsten werden Sie vermutlich mit einem Makroobjektiv fotografieren. Weitwinkel- und Fisheye-Objektive spielen ihre Stärken immer dann aus, wenn sich ein großer und nicht allzu scheuer Fisch vor der Kamera zeigt.

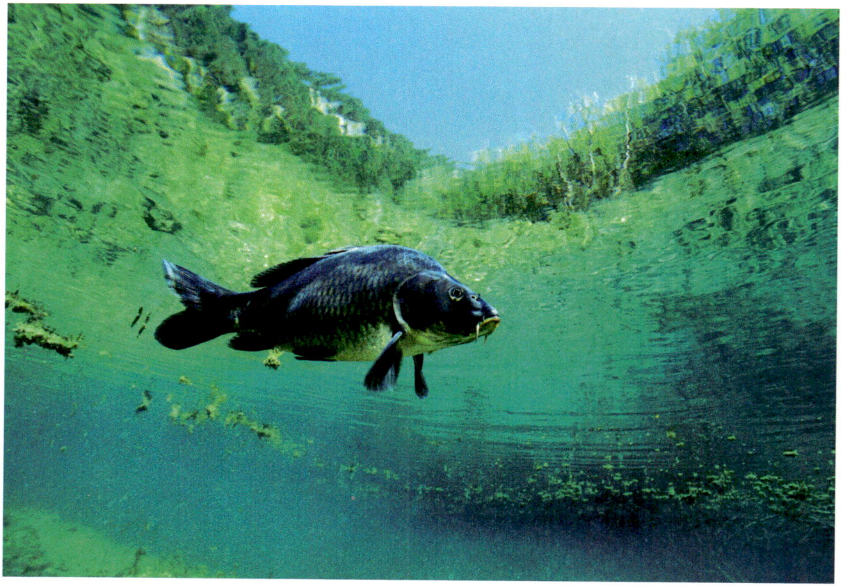

Wildkarpfen in einem Auwaldsee

Ein Problem kann sein, dass man sich vor den meisten Süßwasserfischen mit Ausnahme der Hechte tagsüber nur sehr schwer in Position bringen kann.
Die besseren Karten haben Sie aber bei Nachttauchgängen, weil die Fische, vom Lichtkegel der Handlampe geblendet, die Kamera nicht erkennen können.

Mit Weitwinkel und Fisheye auf Fotopirsch

Insbesondere im Süßwasser mit seinen oftmals bescheidenen Sichtweiten sind große Bildwinkel zwingend erforderlich, wenn man Menschen, Unterwasserlandschaften oder große Fische fotografieren möchte. Taucheraufnahmen bekommen ihre spezielle Aussagekraft immer dann, wenn zum tauchenden Menschen auch noch Vorder- oder Hintergrundelemente mit einbezogen werden. Unterwasserlandschaften lassen sich in normaltransparenten Baggerseen und Kiesgruben nur mit einem Fisheye-Objektiv realisieren. Der Bildwinkel muss zwischen 160° und 180° liegen, nur dann kann man in relativ trübem Wasser noch räumliche Bildwirkungen erzielen. Für Landschaftsaufnahmen eignen sich wegen der besseren Sicht in erster Linie Bergseen und Quelltöpfe.

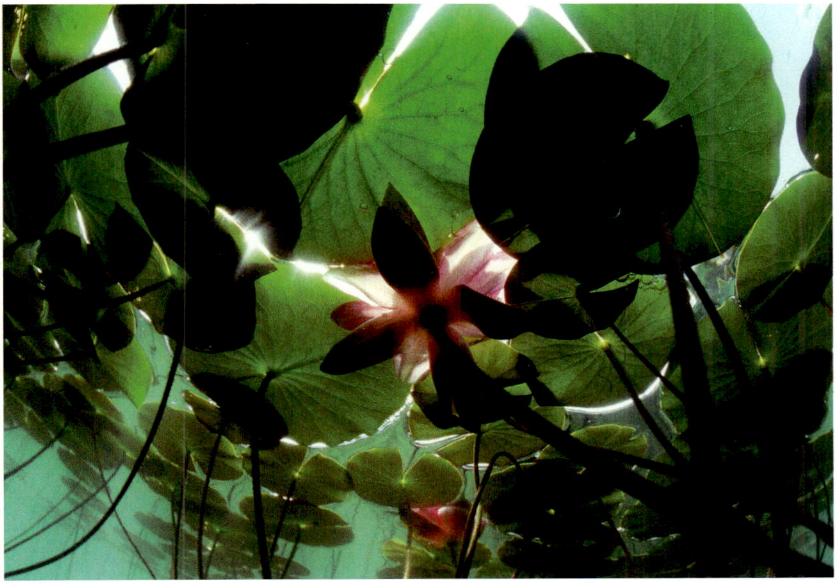

Wie im Garten Eden. Blick in eine UW-Landschaft mit Seerosen.

Das Motiv schlechthin sind jedoch Fische. Für den gelungenen Schuss braucht man jedoch Fleiß, Ausdauer und Engagement, dazu das Glück, ohne das man im heimischen See nur schwerlich zu einem guten Bild kommt. Am einfachsten lassen sich Hechte fotografieren, weil sie standorttreu sind. Zuerst aber muss man sie suchen, und nicht jedes Exemplar wartet, bis die D-SLR vor seinem Kopf in Position gebracht worden ist. Sichere Plätze sind versunkene Bäume, Schilf, hohes Kraut und ein gesunder Weißfischbestand. Das lockt die Räuber an. Hechte sollten nur mit Vorsicht angeblitzt werden, weil ihre Oberfläche, insbesondere aber der Bauch, schnell aufkalkt und eine Korona aus milchiger Reflexion um sich bildet. Videolampenlicht ist besser. Die Farben werden wärmer und lassen sich besser differenzieren. Stellen Sie den Weißabgleich je nach Lampenfarbe entweder auf »Auto« oder »Daylight«. Im sonnendurchfluteten Flachwasser kann es aber besser sein, ohne Kunstlicht zu fotografieren.
Zu den relativ leicht zu fotografierenden Fischen gehören Rotaugen und Rotfedern. Sie lassen einen schon mal so nahe heran, dass auch Portraits möglich sind. Blitzlicht etwas dämpfen, weil die silbrigen Schuppen leicht reflektieren. In diese Gruppe gehö-

Tipp

Vergessen Sie nicht Motive wie Krebse, Muscheln und Pflanzen. Auf der Suche nach fischigen Objekten werden diese interessanten und attraktiven Süßwasserbewohner meistens übersehen. Hierfür eignet sich insbesondere ein Makroobjektiv.

ren auch Döbel und Alande. Beide Fischarten sind meist nur schnorchelnderweise oder mit einem Kreislaufgerät abzulichten. Zu den schwierig zu fotografierenden Fischen gehören auch Karpfen und Schleien. Ihr angeborenes Misstrauen macht Ganzkörperaufnahmen in vernünftiger Abbildungsgröße zu einem seltenen Glücksfall. Welsen und Zandern kann man sich hingegen oft problemlos auf fotografische Distanz nähern.
In vielen Fällen ist ein normalbrennweitiges Makroobjektiv (50–60 mm bei Vollfortmat- und APS-Sensor) oder ein Basis-Zoom mit Makroeinstellung der beste Griff. Große Bildwinkel sind bei der Fischfotografie nur sinnvoll, wenn man nah genug herankommt und die Tiere auch eine entsprechende Größe haben.

Seltenes Erlebnis – Spiel mit einer Flussbarbe

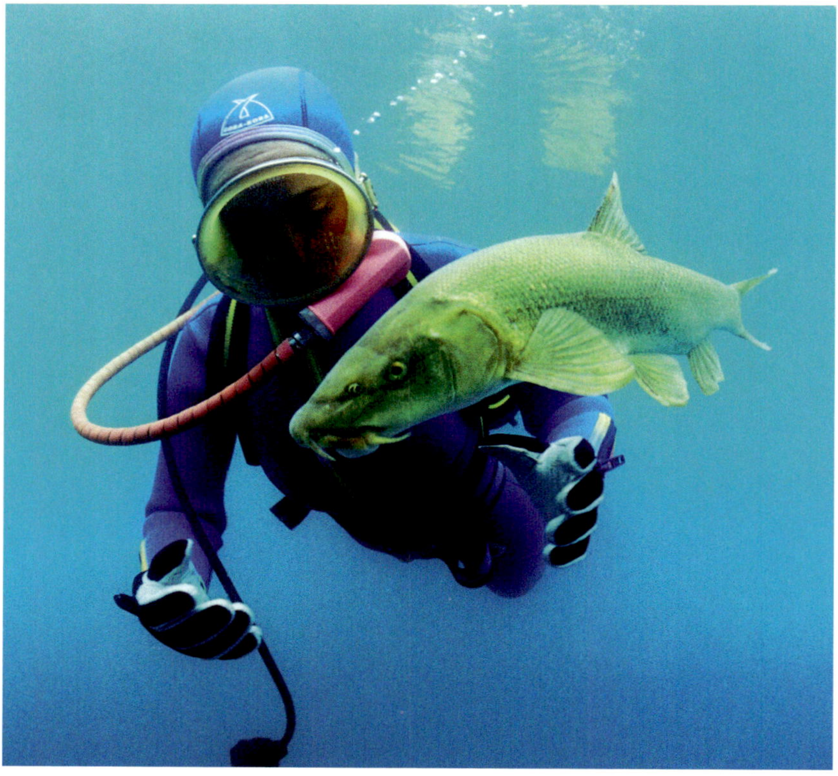

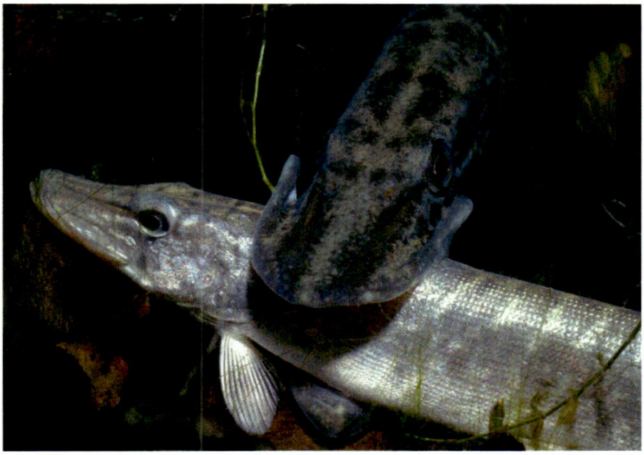

Hechte sind Kannibalen. Der Größere frißt den Kleineren. Solche Situationen kann nur fotografieren, wer viel im Süßwasser taucht.

Merke

1. Fische treffen Sie eher in der Uferzone an als im Freiwasser.

2. Versuchen Sie sich auch in der Kunst von Gegenlichtaufnahmen (Motiv in die Sonne platzieren). Taucheraufnahmen mit Bildwinkeln von 75°–85° bedingen Sichtweiten von mindestens 20 m. Mit einem Superweitweitwinkel- oder Fisheye-Objektiv reichen ja nach Situation und Umgebungslicht auch Transparenzen von 7–10 m aus.

3. Süßwasserfotografie ist mit einer D-SLR und Makro- oder Fisheye-Objektiv ab einer Sichtweite von 2 m möglich. Jeder weitere Meter mehr an Transparenz erhöht aber die Brillanz der Bilder.

4. Beim Fotografieren von Freiwasserfischen sollte die Mindesttransparenz bei etwa 3 m liegen.

5. In sehr kaltem Wasser kann die Frontscheibe des UW-Gehäuses zum Anlaufen neigen, insbesondere wenn das Gehäuse aus Polycarbonat und die Frontscheibe aus Mineralglas bestehen. Beugen Sie dem vor, in dem Sie ein oder zwei kleine Beutelchen mit Trockenmittel (erhältlich in Chemiebedarfshandlungen) in das Gehäuse stecken. Wenn Sie in sehr kaltem Wasser getaucht sind, sollten Sie einige Minuten abwarten, bis Sie das Gehäuse an der warmen Luft öffnen, sonst läuft die Kamera vom Schwitzwasser an.

Mit der D-SLR im Meer

Das Meer ist die eigentliche Domäne der Unterwasserfotografie. Hier finden ambitionierte und Gelegenheitsfotografen mühelos eine Flut von Motiven. Dabei spielt es prinzipiell keine Rolle, ob im Mittelmeer, im Atlantik oder in den Tropen getaucht bzw. geschnorchelt wird. Gegenüber heimischen Seen sind die Sichtweiten in diesen Gewässern stets überdurchschnittlich hoch, so dass man das Blitzlicht erfolgreich einsetzen kann. Allerdings sind in Mittelmeer und Atlantik die Fische nicht so zahlreich wie in tropischen Gewässern. In Nord- oder Ostsee wiederum ist das Wasser nicht ganz so klar wie in tropischen Gefilden. Dafür findet man dort einen sehr fotogenen Nahbereich mit mannigfaltigen Tieren. Im Meer hat man selten das falsche Objektiv dabei. Für jede Brennweite bzw. jeden Bildwinkel findet sich dort ein Motiv, und meist muss man erst gar nicht lange suchen.

Widmen Sie sich anfangs den Stillleben. Sie werden staunen, was es da alles zu sehen gibt. Fest sitzende oder sich langsam bewegende Motive haben den Vorteil, dass man sich Zeit lassen, ruhiger gestalten und überlegter den Blitz einsetzen kann. Stillleben

Würmer leben vorwiegend unter Korallenschutt, sie sind nachtaktiv. Vorsicht: Manche sind giftig!

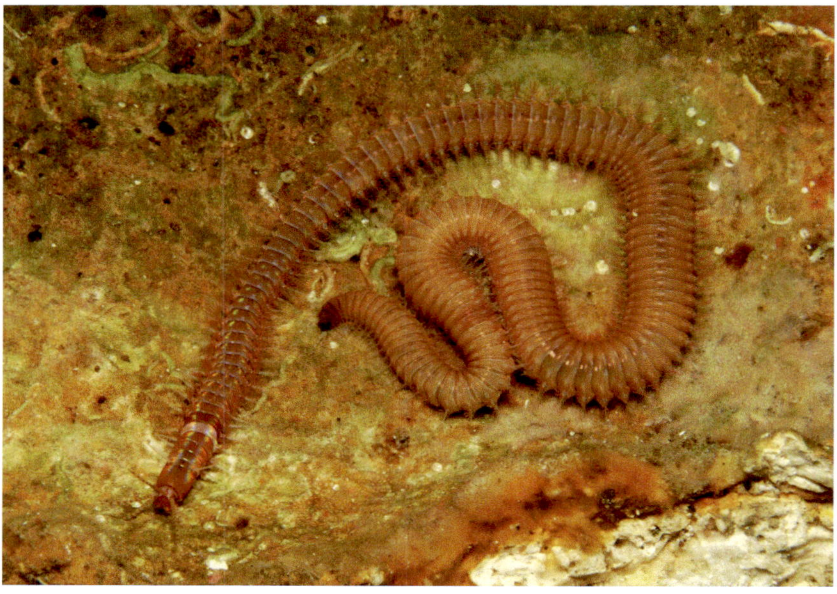

sind alles andere als langweilig. Hier eignet man sich die Technik der Bildgestaltung an und übt das fotografische Sehen. Mit einem Weitwinkel-Zoom fotografiert man Weich- und Steinkorallen sowie Schwämme größeren Ausmaßes, versucht sich an Taucherportraits (nur die Köpfe) sowie Details an versunkenen Schiffen. Schnorchler, Schwimmer und Badende können in klarem Meerwasser durchaus in voller Größe abgelichtet werden. Sie sollten dann aber ein Objektiv mit mindestens 90° Bildwinkel besitzen. Machen Sie solche Bilder bei hellem Tageslicht auch ohne Blitz, weil die Aufnahmen dicht unter der Wasseroberfläche so natürlicher wirken.
Ein Superweitwinkel- oder Fisheye-Objektiv gilt als eine der besten Investitionen. Gönnen Sie sich eine solche Optik. Sie erweitert insbesondere in den Tropen das fotografische Spektrum bei der Fisch- und Landschaftsfotografie beträchtlich. Dazu lohnt sich auch die Anschaffung eines zweiten Blitzgerätes, möglichst eines amphibischen. Sie werden staunen, welche Farben man damit herausholen kann. Das bildwinkelstarke Objektiv kann im Übrigen auch ein Superweitwinkel- oder Fisheye-Zoom sein. Beide Varianten sind sehr empfehlenswert.

Syphon einer Mördermuschel; die Oberflächenzeichnung ist unverwechselbar wie ein Fingerabdruck.

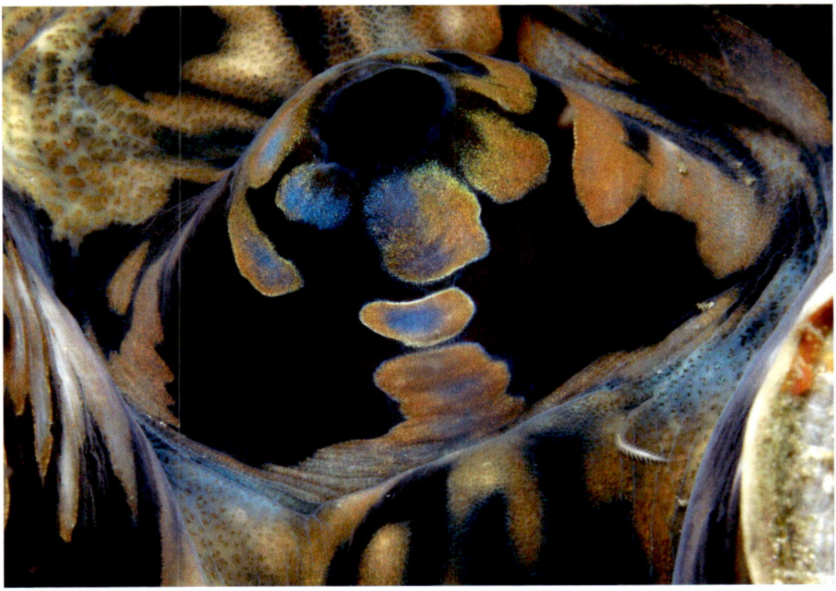

> **Tipp**
>
> Beim Kauf einer digitalen Spiegelreflexkamera und Ausbau enes Kamerasystems sollten Sie Ihre Aufmerksamkeit vor allem auf den Weitwinkelbereich lenken. Nahezu alle Hersteller haben Objektive mit großen Bildwinkeln im Programm, und auch bei Fremdherstellern wie Sigma, Tamron oder Tokina wird man fündig. Wichtig ist, dass das UW-Gehäuse diese Optionen überneh men kann. Kaufen Sie grundsätzlich nur ein UW-Gehäuse, für das Weitwinkel- und Fisheye-Ports erhältlich sind. Nur dann können Sie unter Wasser vielseitig fotografieren. Wer einmal mit einem hypergroßen Bildwinkel gearbeitet hat, wird diese Möglichkeit nicht mehr missen wollen.

Nah- und Makroaufnahmen

Im Meer sind solche Bilder ein absolutes Muss. In keiner anderen fotografischen Unterwasserdisziplin bekommen Sie reinere und intensivere Farben auf die Speicherkarte, aber auch Schärfe und Kontrast sind deutlich besser als bei Bildern von weiter entfernten Motiven. Im Nahbereich zeigt das Meer seine wahre Schönheit. Die Bildfeldgröße eines Makroobjektives hat in den meisten Fällen für viele kleine Objekte wie Nacktschnecken gerade die richtige Größe, passt hervorragend zu mittelgroßen Korallenstöcken, kann die Strukturen von Weichkorallen fotografisch intensivieren und eignet sich für viele kleine Fische, wie sie in einem Riff häufig vorkommen.
In tropischen Meeren, aber auch im Mittelmeer, reichen für Nahaufnahmen in moderaten Tiefen Empfindlichkeiten von ISO 100/21° gut aus. Selten benötigt man mal ISO 200/24°. Das Ablichten von bewegten Objekten im Nah- und Makrobereich ist auch im Meer nicht immer einfach. Im Gegensatz zur heimischen Unterwasserwelt ist hier aber die Vielfalt an Motiven weit größer. Grund- bzw. Bodenfische wie Drachenköpfe, Krokodilfische, Plattfische, Steinfische und Muränen, die aus ihrem Loch herausschauen, lassen sich bei einiger Konzentration perfekt ablichten. Nähern Sie sich diesen Tieren aber langsam und vorsichtig, sonst ziehen sie sich in ihre Verstecke zurück. Mit etwas Geduld kann man auch mal einen frei schwimmenden Rotfeuerfisch vor blauem Hintergrund ablichten.
Flinke und scheue Korallenfische können zu einem kleinen Problem werden, weil sie oftmals den AF überfordern. In der Nacht aber erhöhen sich die Chancen, weil die Fische die Kamera nicht sehen können, wenn sie von einer Handlampe geblendet werden. Der schwarze Hintergrund erhöht zudem die Brillanz der Farben. Eine Vielfalt stationärer oder langsamer Objekte wie Mördermuscheln, Krabben, Krebse, Seeigel, Seesterne und große Schnecken eignen sich in geradezu idealer Weise für das Ablichten mit einem Makroobjektiv.

Mit Weitwinkel und Fisheye auf Fotopirsch

Nur ein großer Bildwinkel kann im Meer ein räumliches Feeling vermitteln. Und je größer der Bildwinkel, desto besser die Chancen, ein wirklich stimmungsvolles Bild zu gestalten. Nah- und Makrobilder sind faszinierend in ihren Details und Farbkomposi-

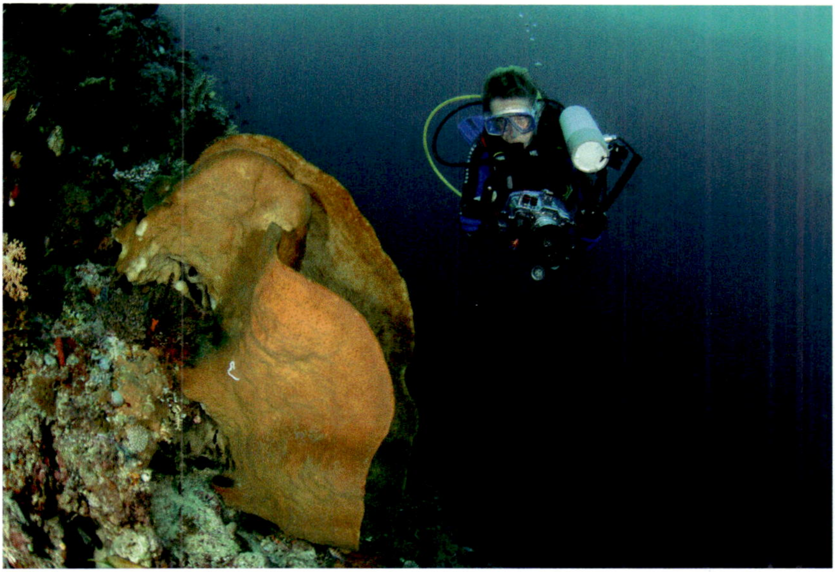

tionen, gegen ein Weitwinkelbild oder eine Fisheye-Aufnahme wirken sie hingegen künstlich. Raum, Weite und Tiefe sind die Parameter für das, was am Tauchen so fasziniert.
Große Bildwinkel ermöglichen Schwarmfischaufnahmen oder das Gestalten einer UW-Landschaftsaufnahme. Wollten Sie schon immer mal ein Bild machen, auf dem im Vordergrund ein riesiger Fisch und im Hintergrund ein kleiner Taucher schwebt? Das geht mit Weitwinkel- und Fisheye-Objektiven – und der Fisch muss in natura nicht einmal besonders groß sein. Mit Superweitwinkel-Zooms, entsprechenden Festbrennweiten bzw. Fisheye-Objektiven gelingen auch die beliebten Monsterbilder, wie man sie in Magazinen, Bildbänden und bei Fotowettbewerben immer wieder sieht. Wird das Domeglas dem still liegenden oder frei stehenden Fisch dicht vor das Maul gehalten, wird dessen Kopf gigantisch groß und sein Körper verliert sich perspektivisch in einer Verjüngung im Hintergrund. Die Gesetze der Weitwinkelfotografie machen es möglich. Am extremsten kommt dieser Effekt bei Verwendung eines Fisheyes zur Geltung, wenn man die D-SLR unmittelbar vor dem Motiv platzieren kann.
Blitzen mit Weitwinkel-Zooms bzw. Superweitwinkelobjektiven

Auch wenn es nur ein Erinnerungsfoto wird, sollten die wichtigsten Regeln der Bildgestaltung eingehalten werden. Taucherin im freien Raum, fotogene Haltung und Blick auf das Motiv.

> ## Tipp
> Machen Sie von allen Fischen, die sich ruhig verhalten, immer mehrere Bilder. Vertrödeln Sie nicht zu viel Zeit mit Bildanalysen auf dem Monitor, Löschfunktion und anderen Gimmicks, die unter Wasser nichts bringen außer Zeitverlust.

erfordert einige Überlegungen und auch ein Blitzgerät mit einem Ausleuchtwinkel von mindestens 70°–75°. Sofern der Bildwinkel des Weitwinkelobjektivs 95° nicht übersteigt, kann man bei etwas Übung und intelligenter Blitzpositionierung auch mit einem einzigen Blitz auskommen. Zwei Blitzgeräte geben aber zweifelsohne mehr Ausleuchtsicherheit.

Gleiches trifft auf zwei starke Videoleuchten zu, mit denen man Weitwinkelbilder gestalten kann, die so mit Blitzlicht nicht möglich sind, sowohl was die Farbe als auch was die Stimmung angeht. Schwämme, Muscheln, Korallen, nicht zu schnell schwimmende Fische und auch Taucherportraits erscheinen nicht nur in einem anderen Licht, auch die Art des Fotografierens ändert sich. Man fotografiert Weitwinkelmotive bewusster und mit mehr Kreativität, weil man das Licht experimentell setzen kann, wie es einem gefällt. Wischeffekte und Bewegungsunschärfen sind dabei planbar, einschließlich des blauen Wassers im Hintergrund.

Der Mensch taucht primär, um Fische zu sehen. In einem tropischen Meer sind die Chancen, eine sehenswerte Fischaufnahme zu belichten, zwar größer als im Süßwasser, aber man sollte sich nicht täuschen lassen. Die Vielfalt und der Farbenreichtum eines Riffs verwirren Einsteiger und selbst langjährige Unterwasserfotografen mehr, als ihnen lieb sein kann. Die Ablenkung durch umherflitzende Korallenfische ist häufig so groß, dass sich ungeübte Fotografen kaum auf das Ablichten eines einzelnen Tieres konzentrieren können. Hier darf man sich nicht verwirren lassen, sondern muss konsequent auswählen, welcher Fisch sich aufgrund seiner Verhaltensweise am besten ablichten lässt.

> ## Tipp
> Welches Objektiv soll man montieren? Schließlich weiß man ja nie, was einen bei einem Tauchgang erwartet. Vor diesem Problem stehen Spiegelreflexfotografen häufig. Ein starkes Zoom kann einem manchmal die Qual der Wahl ersparen.

Anfangs sollten Sie sich verstärkt den still am Grund liegenden Bodenfischen widmen. Hier sind die Aussichten, ein attraktives Bild zu machen, selbst für Anfänger gar nicht schlecht.

Überlegen Sie, ob das montierte Objektiv für dieses Motiv geeignet ist. Skorpionsfische, Krokodilfische, Schollen, Flundern, Rochen und die sehr schwierig zu entdeckenden Steinfische lassen viele Einstellungen mit und ohne Blitz bzw. Lampe geduldig über sich ergehen. Gestalten Sie das Bild im Sucher in aller Ruhe, drehen oder schwenken Sie die Kamera bei Bedarf, wechseln Sie nötigenfalls den Standort, schwenken Sie von Quer- auf Hochformat.

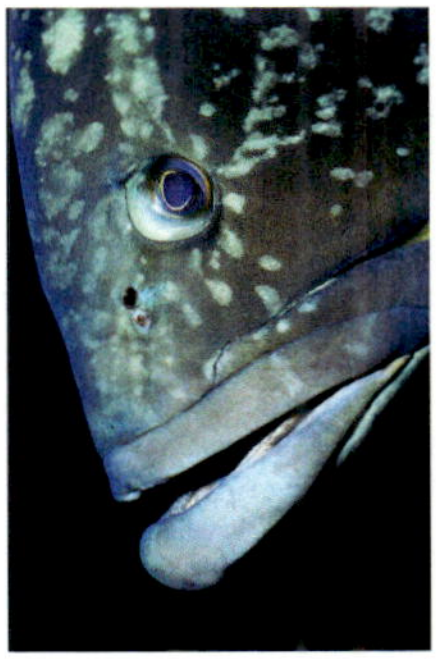

Unorthodox schwimmende Fische können nur befriedigend gestaltet werden, wenn die Mobilität der Tiere in einem adäquaten Verhältnis zur Verschluss- bzw. Synchronzeit steht und auch der Autofokus schnell und präzise auf unorthodoxe Bewegungen reagiert. Blitzlicht friert zwar die Objektbewegung in gewissem Maße ein, aber es hat Grenzen, wenn der Fisch parallel zum Bildsensor schwimmt, und das auch noch recht flott.

Zackenbarsch im Mittelmeer; fotografiert werden konnte er in der Höhle nur in ungünstiger Darstellung (unten). Durch Drehen des Bildes ins Hochformat wird daraus ein sehenswertes Portait (oben).

Für das Fotografieren von Fischen können alle Brennweiten hergenommen werden, auch Weitwinkel- und Fisheye-Objektive. Diese sind besonders gut einsetzbar bei Fischschwärmen und großen Exemplaren, denen man sich gut nähern kann, z. B. einer Schule mit Jacks, einzelnen Barrakudas, Büffelkopf-Papageienfischen oder still liegenden Ammenhaien. Auch große Zackenbarsche sind für die großen Bildwinkel dankbare Objekte.

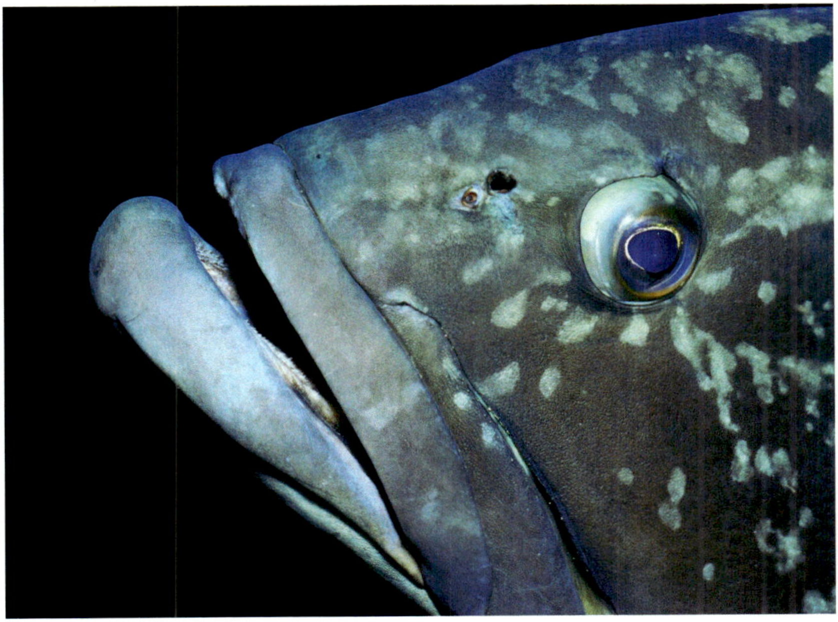

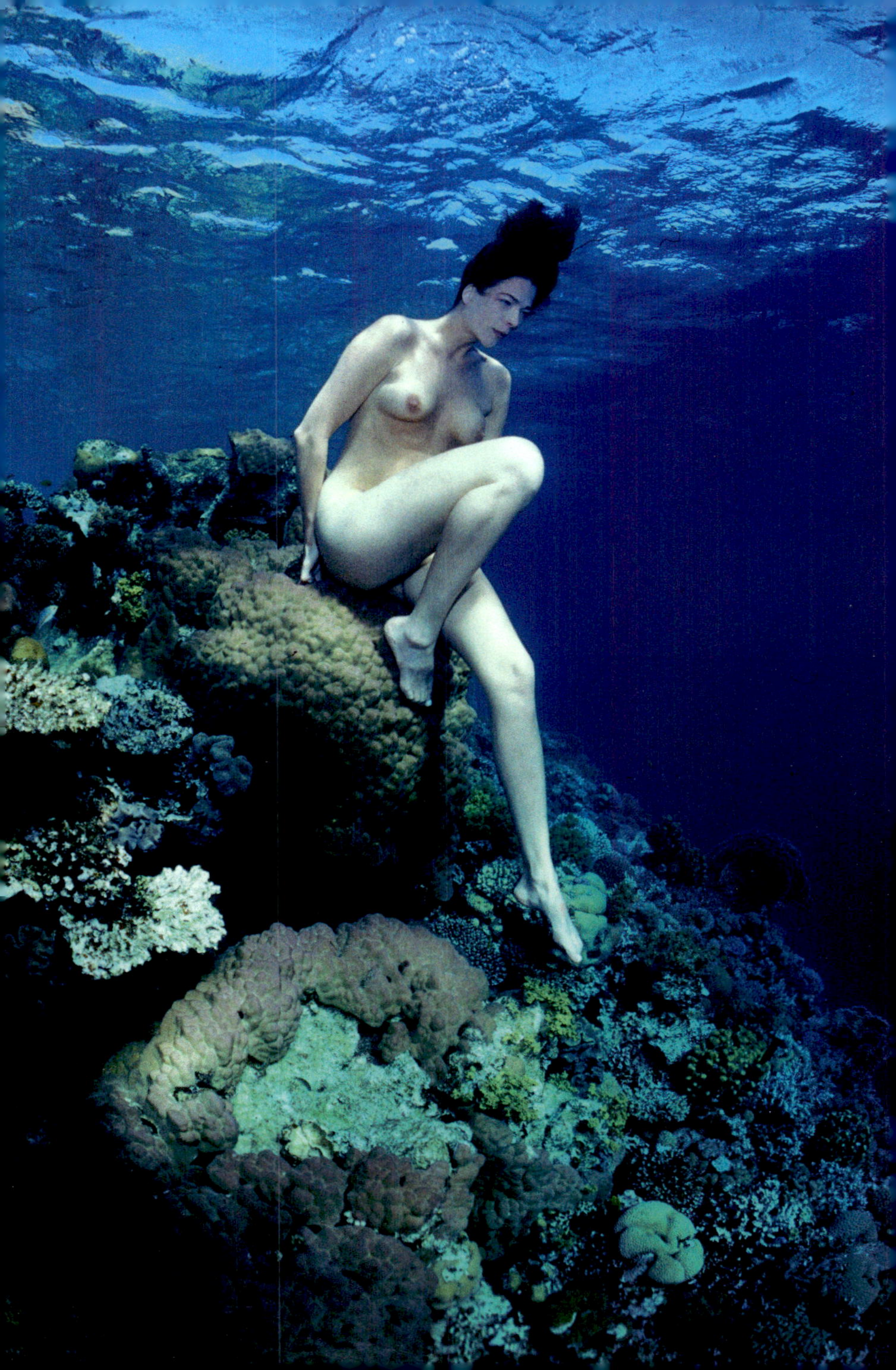

Normalerweise wird man mit der D-SLR Fische im Meer vorzugsweise mit Blitzlicht, manchmal auch mit Handlampen fotografieren. In der Oberflächenzone sollten Sie das Kunstlicht aber gelegentlich weglassen, weil dadurch das Bild an Stimmung gewinnt. Die Entscheidung ist natürlich Erfahrungssache, weshalb Gelegenheitsfotografen hin und wieder zuerst mit Blitz und dann ohne Blitz fotografieren sollten. Die Unterschiede in der Stimmung sollten Sie aber nicht hektisch unter Wasser beurteilen, sondern in Ruhe zu Hause am Computer. Dasselbe gilt für Gegenlichtaufnahmen von Fischen.

Aktaufnahmen im Riff gehören zu den fotografischen Raritäten. Wer beim Weißabgleich sichergehen will, sollte im RAW-Format fotografieren.

Merke

1. Salzwasser ist tödlich für die Kamera. Vor dem Öffnen des Gehäusedeckels immer Hände und Haare abtrocknen, damit kein Wassertropfen hineinfällt.

2. Im tropischen Meer verblauen bzw. vergrünen (je nach Weißabgleich) die Farben bereits in einem Meter Tiefe. Arbeiten Sie deshalb im Nah- und Makrobereich vorzugsweise mit Blitzlicht. Ausnahmen sind Gegenlichtaufnahmen von Quallen und Korallen, deren Strukturen man zeigen möchte. Auch große Haie, Mantas und Wale werden nicht immer geblitzt.

3. Mit einem starken Weitwinkel-Zoom plus Domeglas können Taucher in klarem Wasser fotografiert werden. Achten Sie auf ein fotogenes Umfeld.

4. Versuchen Sie nicht, ein größeres Schiffswrack in voller Größe mit einem kleinen oder mittleren Bildwinkel zu fotografieren. Das geht selbst mit einem starken Weitwinkelobjektiv nur unzureichend, sofern das Wasser nicht sehr klar ist. Wenn Sie zu weit vom Wrack weg müssen, sind dessen Konturen in den meisten Fällen nur noch schemenhaft wahrnehmbar. Blitzen bringt dann erfahrungsgemäß nichts.

5. Denken Sie daran, dass 50 m Wassertiefe für untrainierte Fotografen bereits zu viel sein können. Dort unten stellt man nicht nur die D-SLR wegen des hohen Umgebungsdrucks deutlich beschwerlicher ein, man ist auch selbst nicht immer Herr der Lage.

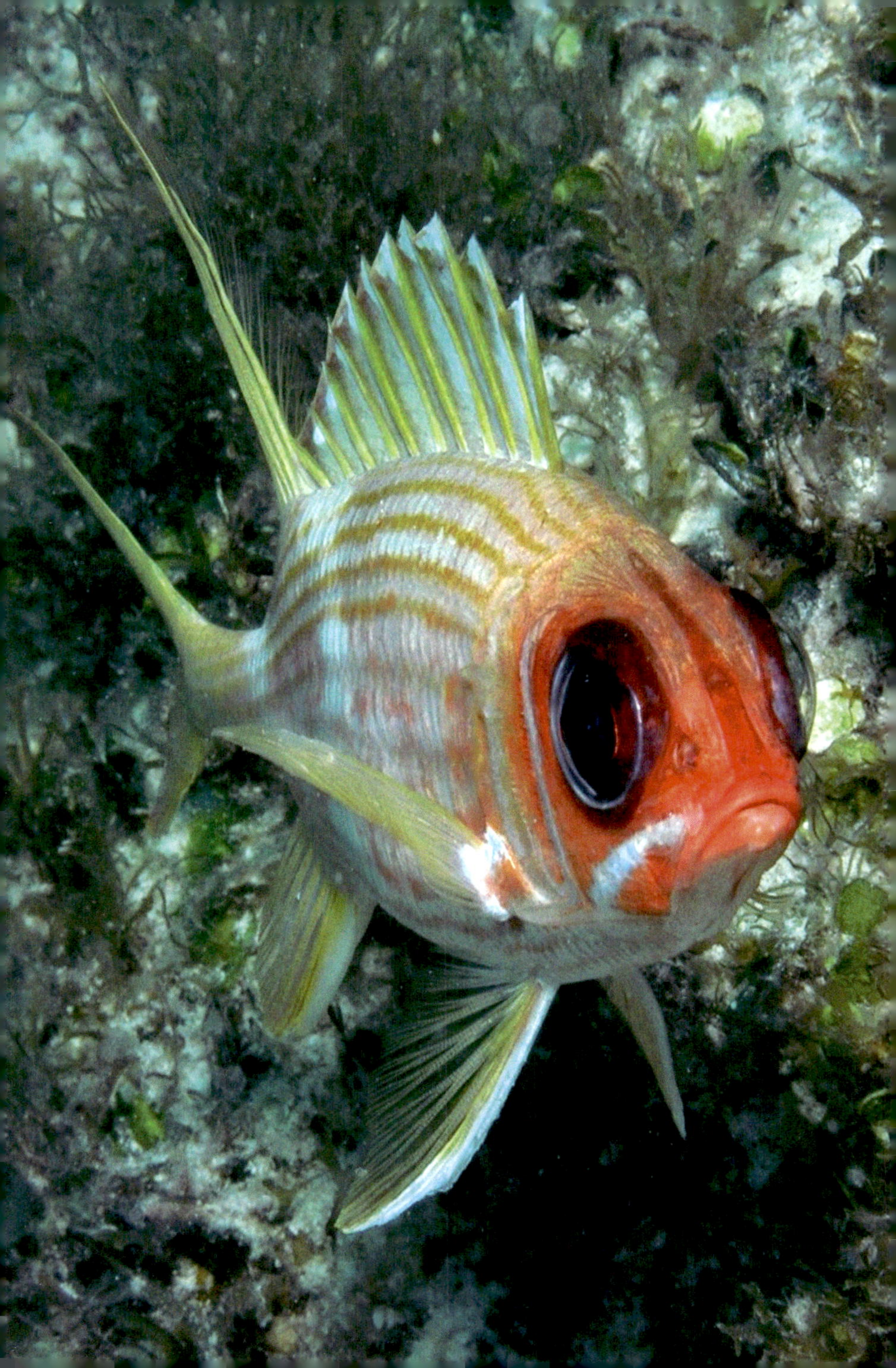

Bildbearbeitung

Gute Bildbearbeitung hat nichts mit Bildmanipulation zu tun, auch wenn das oft so gesehen wird. Es ist vielmehr ein Optimieren der Bildsituation. In besseren D-SLRs kann man sogar schon beim Fotografieren bestimmen, ob die Bildschärfe weich, normal oder stark sein soll oder ob die Farben kräftig oder weniger stark zum Ausdruck kommen sollen. Für Nachbearbeitungen am PC oder Mac sollte man aber die vom Hersteller vorgenommene Grundeinstellung als Standard verwenden. Die Fähigkeit, mit einer hochkomplexen D-SLR ein gutes Bild zu machen, wird immer mehr von der eigentlichen Fotografie auf nicht minder komplexe und verwirrende Programme verlegt, mit denen Urlaubsfotografen nur schwer zurechtkommen.
Wer im RAW-Format arbeitet, kommt um eine anspruchsvolle Bildbearbeitunbg nicht herum. Denn RAW-Dateien sind Rohwerte, sog. digitale Negative und für praktische Anwendungen nur geeignet, wenn auch tatsächlich nachbearbeitet wird. Wer dafür keine Zeit oder keine Lust hat, sollte mit JPEG (geringste Kompression) oder TIFF (falls vorhanden) fotografieren. Wer bei der Bildbearbeitung mit dem professionellen, aber entsprechend kostspieligen Programm »Photoshop« arbeitet, kann in der Regel die meisten RAW-Dateien öffnen, aber eben nicht alle, insbesondere dann, wenn man mit einer älteren Version arbeitet.

Tipp

Wer sich nicht mit der zeitraubenden Bildbearbeitung abgeben möchte, kann seine Unterwasserbilder auch professionell bearbeiten lassen. Das kann allerdings teuer werden und sollte deshalb nur bei außergewöhnlichem Bildmaterial gemacht werden.

Priorität hat allemal die Aufnahme. Denn auch mit einer raffinierten Bildbearbeitung kann man eine schlechte Bildkomposition kaum verbessern.

Wer nicht fotografieren kann, wird deshalb auch als begnadeter Bildbearbeiter kaum erfolgreich sein. Jedes Bild muss vor allem scharf und richtig belichtet sein, und der Bildaufbau sollte den fotografischen Regeln entsprechen.
In dem von Microsoft gelieferten Betriebssystem »Windows« ist das einfache Bildbearbeitungsprogramm, »Picture-It« enthalten, das Pendant in »Mac OS X« heißt »iPhoto«. Für Amateure sind beide absolut ausreichend und können in Einzelheiten auch anspruchsvollen Fotografen gute Dienste erweisen. Andere Bildbearbeitungsprogramme, wie Adobe Photoshop oder Corel Photo Paint, sind deutlich anspruchsvoller und schwieriger zu bedienen

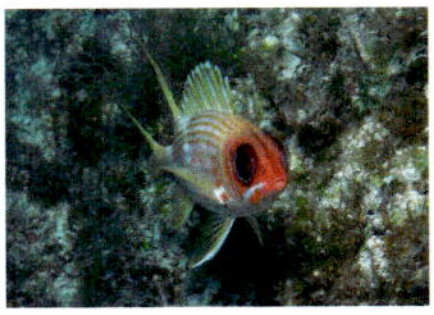

Machen Sie bei Bedarf Ausschnitte – auch ins Hochformat (links). Beachten Sie, dass die Pixelzahl und damit die Auflösung drastisch sinkt.

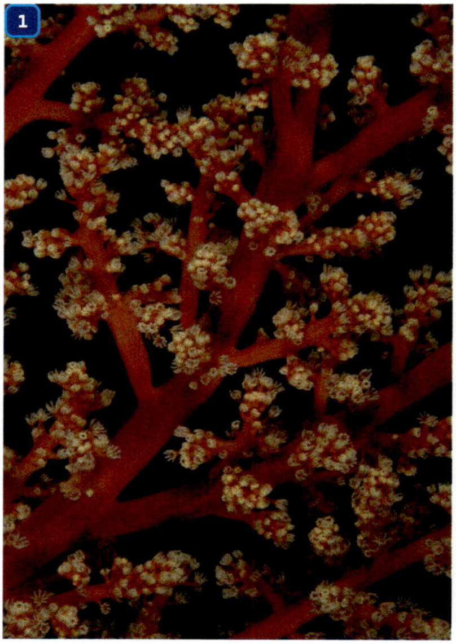

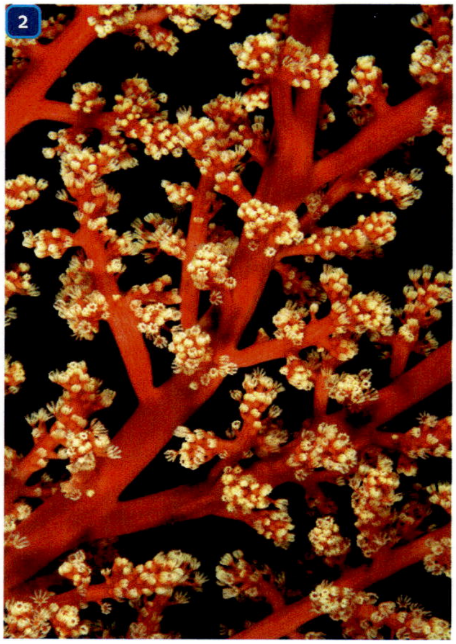

Zu dunkle Motive kann man aufhellen. Das Aufhellen hat aber Grenzen. Zwei Blenden sollten das Maximum sein, sonst lässt die Bildqualität stark nach.

und verfügen über Möglichkeiten, die selbst der Profi kaum vollständig nutzen kann.

Was kann und sollte man an Unterwasseraufnahmen bearbeiten? In erster Linie sind es der Kontrast und und die Bildhelligkeit. Auf die automatische Helligkeits- und Kontrasteinstellung sollte man nur in Ausnahmefällen zurückgreifen. Meistens werden die Farben überzogen, der Kontrast übertrieben und stellenweise unnatürliche Farben ins Bild gebracht. Auch mit der nachträglichen Schärfeeinstellung wird viel falsch gemacht. Nicht die extreme Scharfzeichnung eines Digitalbildes, auf dem man die Konturen wie mit dem Skalpell geschnitten sieht, begeistert das Auge, sondern eine natürliche Schärfe, die sich mit der Realität vereinbaren lässt. Tonwertkorrektur, Histogrammbeeinflussung, Gradationskurvenveränderung und das Abdunkeln bzw. Aufhellen einzelner Bildpartien gehen im Prinzip schon über einfache Bildbearbeitungen hinaus und erfordern Zeit, Hingabe und sogar ein gewisses Maß an Begabung. Zumindest muss man wissen, wie ein gutes und natürliches Bild auszusehen hat. Diese Fähigkeit ist auch bei RAW-Daten unabdingbar.

Zu den gefälligen und wünschenswerten Bildbearbeitungs-

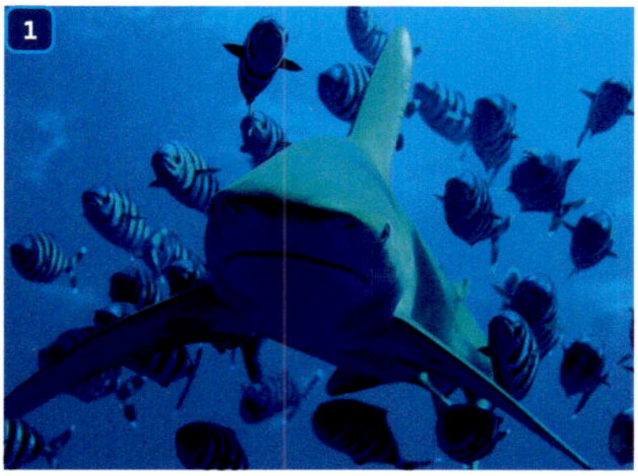

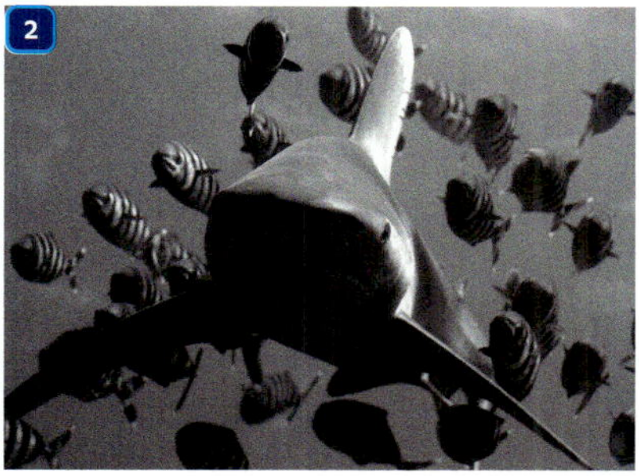

aspekten zählt zweifelsohne das Entfernen von Schwebeteilchen. Hier kann man mit einfachen Mitteln ein Bild enorm aufwerten. Man muss sich aber im Klaren darüber sein, dass eine über und über mit Trübstoffreflexionen übersäte Aufnahme einen enormen Arbeitsaufwand erfordert, will man sie in ein halbwegs gefälliges Bild verwandeln. Diese Arbeit lohnt sich nur, wenn das Motiv ungewöhnlich und perfekt gestaltet ist. Generell sollten Sie immer so fotografieren, dass aufwändige Finisharbeiten unterbleiben können.

Das Umwandeln von Farb- in Schwarzweißbilder ist nur sinnvoll, wenn das Bild dadurch an Aussagekraft gewinnt.

Das beste Bild ist eines, das man nicht oder nur unwesentlich nachbearbeiten muss.

Sepia extrem; Radikalumwandlung in Popfarben.

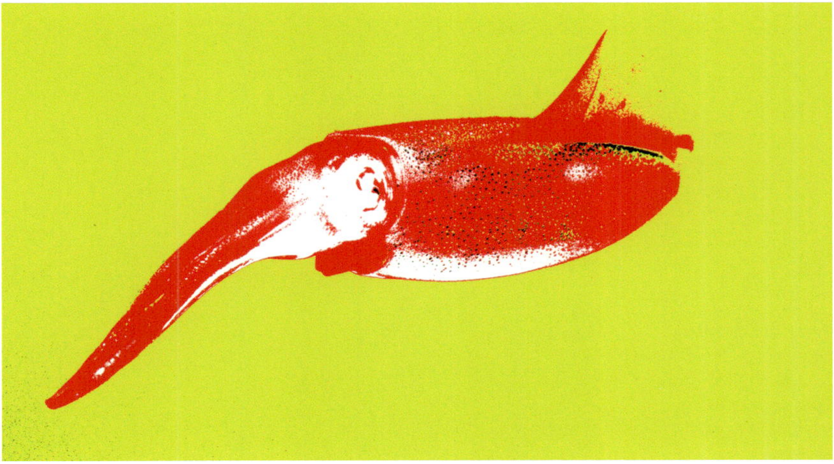

Tipp

Computermonitore sind in der Regel nicht farbverbindlich, schon gar nicht, wenn sie in die Jahre kommen. Anspruchsvolle Fotografen arbeiten daher mit einem kalibrierten Monitor. Das Apple-Macintosh-Betriebssystem bietet eine einfache Kalibrierungssoftware, die im Normalfall ausreicht.

Erhöhten Aufwand muss betreiben, wer sich in den Bereich der Retusche vorwagt, etwa um unliebsame Dinge aus einem Bild zu entfernen, beispielsweise einen störenden Fisch im Hintergrund oder eine seitlich ins Bild ragende Koralle. Mit bestimmten Tools (Werkzeugen) der Bildbearbeitungsprogramme ist das möglich. Wer sich in die fortgeschrittene Bildbearbeitung einarbeiten möchte, sollte sich entsprechende Literatur kaufen oder besser noch einen Kurs machen.

Manipulationen gehören zwar in gewisser Weise auch in den Bereich der Bildbearbeitung, sie haben aber mit einer natürli-

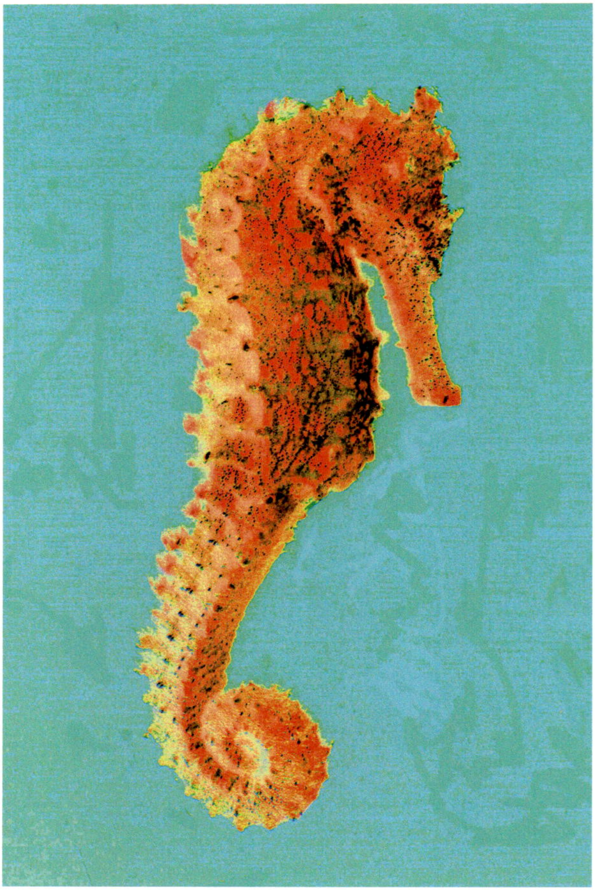

Seepferdchen als Grafik. Durch den monochromen Hintergrund wird das Motiv freigestellt und gleicht einer Skulptur.

chen Bildoptimierung nichts zu tun. Wenn Sie einen Hai fotografiert haben und stellen diesem noch einen Manta und einen Zackenbarsch aus anderen Bildern an die Seite, kann das Gesamtwerk durchaus ansprechend sein, mit der Wirklichkeit hat es dennoch nichts zu tun – obwohl es im Rahmen eines UW-Fotowettbewerbes in einer bestimmten Kategorie durchaus Erfolg haben kann. Ebenso können Motive farblich bis zur Unkenntlichkeit verändert werden. Nicht alles ist hier überflüssig. Mit etwas Geschick kann man surrealistische Bilder erzeugen, die, so künstlich sie auch sein mögen, durchaus ihren Reiz haben und gefallen. Wenn Sie an Wettbewerben teilnehmen wollen, sollten Sie Ihre Bilder zuvor möglichst von einem neutralen Fachmann begutachten lassen. Nur wenige Menschen können ihre eigene Arbeit selbstkritisch und neutral beurteilen.

Merke

1. Beginnen Sie mit einfachen Übungen. Anfangs genügen Helligkeits- und Kontrasteingriffe mit einer leichten Verbesserung der Schärfe.

2. Denken Sie immer daran, dass ein gutes Ausgangsbild die halbe Miete ist. Je weniger Sie bearbeiten müssen, desto besser.

3. Man kann ein Bild auch überbearbeiten. Machen Sie nichts, was das Bild im negativen Sinne verändert. Wenn das Wasser blau war, sollten Sie es so lassen.

4. Der Computer, mit dem Sie Bildbearbeitung machen und auf dem Sie Ihre bearbeiteten Bilder speichern, sollte nicht permanent online laufen. Ein Virus, und Ihre Erinnerungen mitsamt der arbeitsintensiven Bildbearbeitung entschwinden ins Nirwana.

5. Sicher geht, wer seine Bilddaten sofort nach der Bearbeitung auf unveränderbare Datenträger wie DVD und CD-ROM speichert.

6. Etwas zu dunkle Bilder können in einem bestimmten Rahmen aufgehellt werden. Zu helle Aufnahmen sind eher verloren, weil die weißen Bildstellen keine Farbinformationen enthalten. Hingegen können flaue Aufnahmen mit einem verstärkten Kontrast und reduzierter Helligkeit zu ansehnlichen Bildern werden.

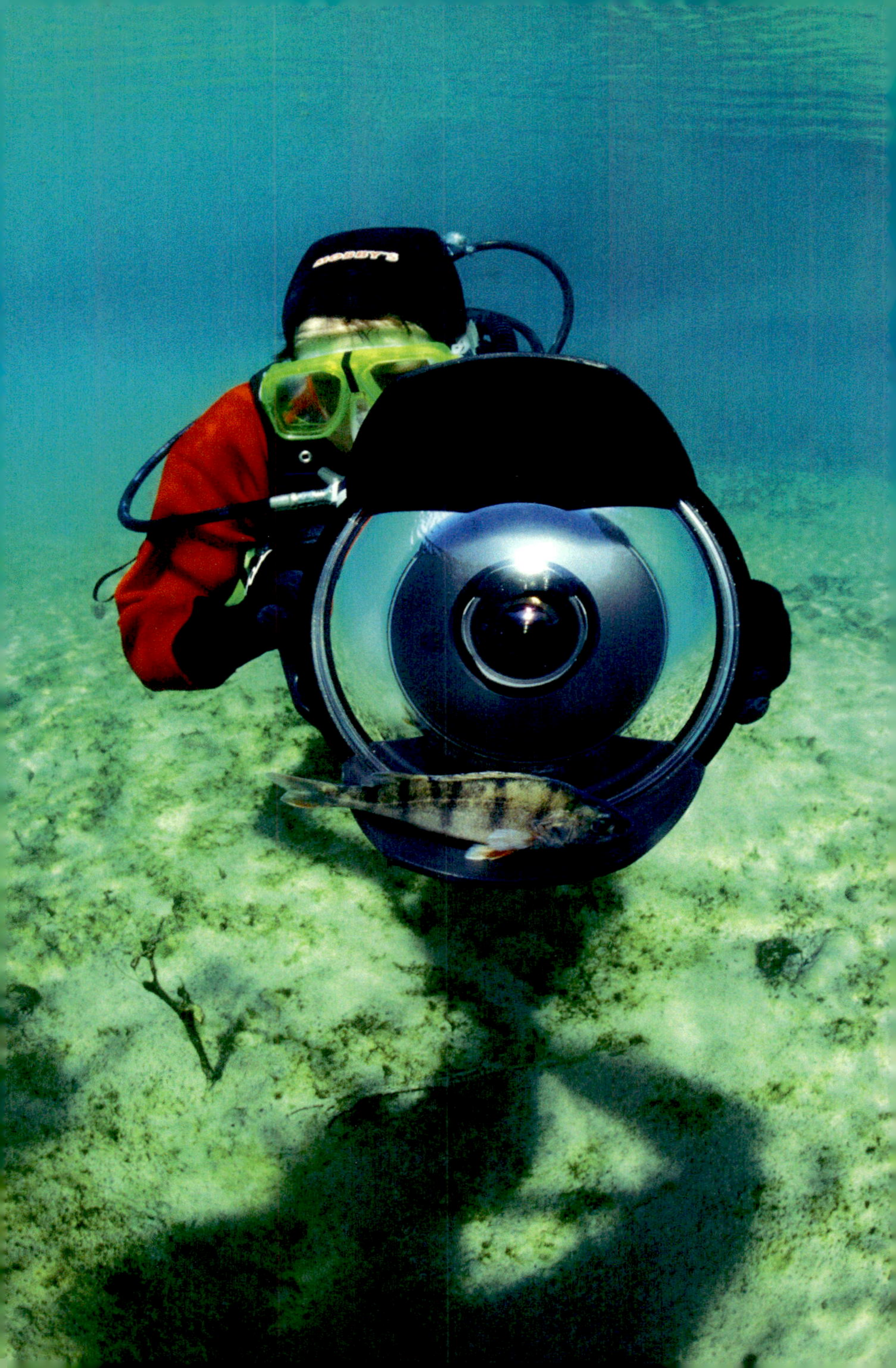

Wartung, Pflege und Service

An einer digitalen Spiegelreflexkamera kann und sollte man selbst nichts machen. Hier ist die beste Pflege der Schutz vor Nässe, Feuchtigkeit, Staub und Sand. Berühren Sie die Frontlinse des Objektives nicht mit den Fingern. Wenn es versehentlich doch mal passiert, kann man die Fingerabdrücke mit einem weichen, fusselfreien und absolut sauberen Tuch oder Leder abwischen. Der Fotofachhandel offeriert für solche Fälle auch Objektivpapiere und spezielle Tücher. Transparente Kunststoffgehäuse nicht in der Sonne liegen lassen – UV-Gefahr! Die zugänglichen O-Ringe von Rückdeckel und Frontport sind in regelmäßigen Abständen zu reinigen (Waschen mit Seife oder Shampoo) und mit dem vom Gehäusehersteller empfohlenen Fett einzureiben. Nehmen Sie nicht zu viel Fett, es könnten sich unbemerkt Fusseln oder Haare anheften, die zu einer Leckage führen.
Die Unterwassergehäuse sollten nach Möglichkeit nach jedem Tauchgang im Salzwasser (oder zumindest einmal am Tag) mit Süßwasser gespült werden. Idealerweise taucht man das Gehäuse in einen Süßwasserpool und bewegt dabei sämtliche Übertragungselemente.

Tipp

Frottee-Handtücher sind gefährlich, weil sich an ihnen unbemerkt Sandpartikel anheften können. Deshalb niemals ein Handtuch zum Säubern von Objektiv und Kamera verwenden, mit dem man vorher am Strand war.

Niemals ein Kunststoffgehäuse mit chemischen Mitteln reinigen.

Unterwassergehäuse sollten zu Hause an einem trockenen, nicht zu warmen Ort gelagert werden. Um den Haupt-O-Ring zu schonen, kann man den Rückdeckel entspannt lassen. O-Ring nicht entnehmen! Schon mancher hat ihn vor der neuen Tauchsaison im Schrank vergessen! Auch wenn es nicht gleich zum Kameraverlust führt, ist es mehr als ärgerlich, wenn man in einem fernen Land ohne Rückdeckel-O-Ring dasteht.

Kondensatprobleme

Sie treten immer dann auf, wenn die digitale Spiegelreflexkamera vom Kalten ins Warme kommt und man den Rückdeckel des Unterwassergehäuses öffnet. Beispielsweise, um die Speicherkarte zu entnehmen oder den Akku zu laden. Wenn Sie also mit der D-SLR in einem kalten Bergsee fotografiert haben und eine neue Speicherkarte einlegen oder einen Objektivwechsel vornehmen wollen, sollten Sie unbedingt abwarten, bis sich die Kamera annähernd auf Umgebungstemperatur erwärmt hat. Denn die eiskalte Kamera entzieht der warmen Umgebungsluft Feuchtigkeit, die sich am Gehäuse und außen auf der Frontlinse niederschlägt. Bei extremen Temperaturdifferenzen kann sich der Kondensatfilm eventuell bis in das Objektiv hineinziehen. Auch Speicherkarte und Kartenkammer können mit einem Feuchtefilm überzogen werden. Schlimmstenfalls kommt es zu einem Kurzschluss an den Kontakten, der die Bilderdaten vernichten kann. Sollte Ihr transparentes Unterwassergehäuse aus Polycarbonat irgendwann Risse oder sonstige Beschädigungen aufweisen – versuchen Sie erst gar nicht, es zu reparieren. Die angebotenen Klebstoffe sind mit Vorsicht zu genießen. Meistens ist ein geklebtes Gehäuse nicht mehr für größere Tiefen geeignet. Kaufen Sie im Interesse Ihrer D-SLR besser ein neues.

Tipp

Sollte sich durch unbedachtes Öffnen des UW-Gehäuses auf der D-SLR ein Feuchtefilm gebildet haben, besteht dennoch kein Grund zur Panik. Kamera ausschalten und in der warmen Umgebungsluft so lange liegen lassen, bis das Kondensat verdunstet ist

Merke

1. Kontrollieren Sie den Haupt-O-Ring (am Rückdeckel) von Zeit zu Zeit auf Oberflächenbeschädigungen. Schon geringste Risse oder Auffälligkeiten sollten zum Austausch führen.

2. Wenn ein Silikon-O-Ring versehentlich eingeklemmt wurde, ist das kein Grund zur Panik. Lassen Sie ihn einige Stunden ruhen. Normalerweise verschwindet die Quetschstelle spurenlos.

3. Wenn das Unterwassergehäuse mit Salzwasser voll gelaufen ist, gibt es für die digitale SLR und auch für das Objektiv keine Rettung mehr, wohl aber für das UW-Gehäuse. Dieses mit Süßwasser ausspülen und an einem schattigen Ort trocknen lassen. Das Frontglas muss nach einem solchen Vorgang innen unbedingt mit einem Tuch blank gerieben werden.

4. Wenn ein O-Ring ausgetauscht werden muss, nicht einen beliebigen nehmen. Immer das Original verlangen. Beim Wechsel der Ports sind die dort angebrachten O-Ringe ebenfalls zu säubern und zu fetten.

5. Metall- und Karbongehäuse sollten für größere Servicearbeiten immer zum Hersteller eingesandt werden.

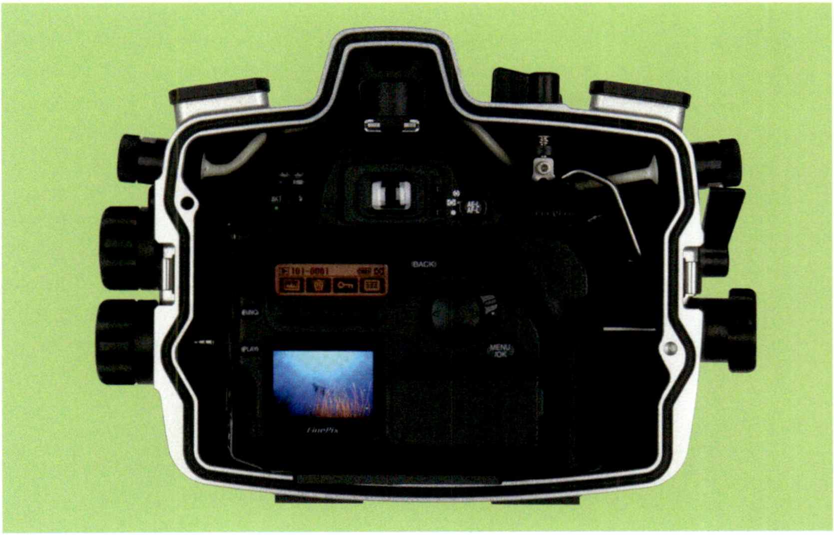

Schwarze Kautschuk-O-Ringe sollte man mit Silikonfett einreiben. Im Prinzip verträgt das Material aber unterschiedliche Fettsorten. Kautschukdichtungen sind nicht UV-fest und auch nicht quetschsicher.

Datenspeicher

Mit digitalen Spiegelreflexkameras wird engagierter und auch mehr fotografiert als mit Kompaktkameras. Hinzu kommt, dass die Daten bei Bedarf auch in TIFF oder RAW gespeichert werden können. Entsprechend groß können die Dateien ausfallen. Manche D-SLR-Fotografen produzieren im Tauchurlaub 60 und mehr GB. Auch mit Speicherkarten hoher Kapazität (z. B. 4 oder 8 GB) ist man bei einer solchen Datenmenge bereits nach zwei bis drei Tagen am Ende seiner Speichermöglichkeiten.
Von den Kosten abgesehen, wird kein Mensch alle Aufnahmen nur auf Speicherkarten ablegen. Durchgesetzt hat sich das Speichern von Digitalbildern auf mobilen Festplatten (Card-Readern bzw. PID = Portable Image Downloader), die von diversen Herstellern wie Epson, Hama, Jobo, Nikon etc. angeboten werden. Im Internet findet man auch No-Name-Produkte, die nicht schlechter, aber oftmals erheblich preiswerter sind. Hochwertige mobile Datenspeicher verfügen fast immer über eine Bildbetrachtungsmöglichkeit (Monitor). Beim Kauf ist zu beachten, dass der mobile Datenspeicher auch RAW-Daten lesen und diese Bilder gegebenenfalls auch anzeigen kann.

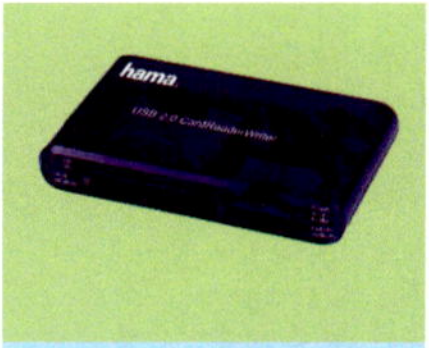

Kartenlesegeräte weisen normalerweise mehrere Kartensteckplätze auf.

Mobile Datenspeicher sind mit Slots, sog. Steckkartenplätzen ausgestattet, über die man die Bilder von den gängigen Speicherkarten transferieren kann. Man unterscheidet Single-Card-Reader mit nur einem Steckplatz, meistens für CF-Karten – andere Karten müssen über Adapter eingelesen werden – und Multi-Card-Reader mit Slots für diverse Kartenarten.
Zur Sicherheit sollten Sie aber immer noch ein separates Kartenlesegerät mitnehmen, falls ein solcher Slot mal Störungen aufweisen sollte. Mit einem Kartenlesegerät, das ebenfalls über Slots verfügt, lädt man seine Bilder mittels USB-Kabel auf den mobilen Speicher oder direkt auf einen Laptop. Das geht unter Umständen sogar schneller. Die Bilder werden auf Ordner übertragen, denen man auch Namen geben kann.

Mobile Datenspeicher sollten mindestens über eine Kapazität von 60 GB verfügen, 80 sind ideal. Und weil sie manchmal nicht speichern, obwohl angeblich Daten übertragen wurden, sollten Sie immer einen Datenspeicher mit Verify-Funktion kaufen.

Damit ist gewährleistet, dass das Gerät während der Übertragung einen Datenabgleich zwischen Speicherkarte und Festplatte durchführt und nach vollendetem Bildertransfer die ordnungsgemäße Speicherung bestätigt.
Der größte mobile Datenspeicher ist zweifelsohne der Laptop. Abgesehen von seiner Größe und dem Gewicht bei Flugreisen bietet ein tragbarer PC alles, was man als Digitalfotograf benötigt: viel Speicherkapazität (bis 200 GB und mehr), ein großes Bild, um die Aufnahmen beurteilen zu können, und hohe Transferraten. Während man auf einem mobilen Datenspeicher im Pocketformat die Bilder nur unzulänglich auf Farbe und Schärfe prüfen kann, ist das mit einem Laptop ohne weiteres möglich. Unterwasserfotografen, die ihre Bilder kommerziell vermarkten oder sich an Fotowettbewerben beteiligen, sollten beide Möglichkeiten zur Datenspeicherung wahrnehmen. Ein Pocket-Speichergerät wiegt nicht viel. Man kann es ohne weiteres zusätzlich zum Laptop mitnehmen und damit eine zweite Datensicherung vornehmen. Denn die mobilen Festplatten sind keine Dauerlösung. Feuchtigkeit, Magnetismus und Stöße können sie außer Gefecht setzen. Kein angenehmer Gedanke, wenn man von einer

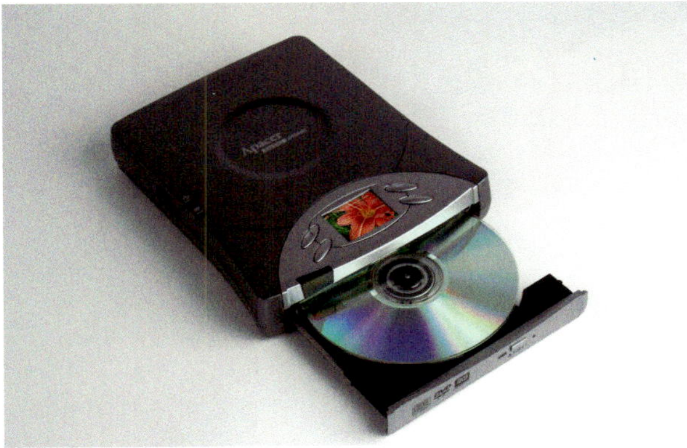

Ein mobiler CD- und DVD-Brenner bietet einen zuverlässigen Schutz gegen Datenverluste – wenn man ihn regelmäßig benutzt.

teuren Urlaubsreise oder einem aufwändigen Foto-Shooting nach Hause kommt und die mobile Festplatte bereitet Probleme. Deshalb ist es für die meisten ambitionierten Unterwasserfotografen bereits zur Selbstverständlichkeit geworden, ihre Ausbeute noch am Urlaubsort, spätestens aber nach der Rückkehr auf CD-ROM oder DVD zu brennen. Denn anders als Festplatten und Speicherkarten sind die kleinen silbrigen Kunststoffscheiben auch durch Magnetismus und Stöße nicht aus der Ruhe zu bringen. Außerdem sind CD-Rohlinge mittlerweile so billig geworden, dass es durchaus sinnvoll ist, die Ausbeute am Urlaubsort komplett zu brennen und erst zu Hause die Spreu vom Weizen zu trennen.

Neuere Laptops bieten praktisch ausnahmslos die Möglichkeit, CDs oder sogar DVDs zu brennen. Sollten Sie ein älteres Gerät Ihr Eigen nennen, das über diese Option noch nicht verfügt, ist ein mobiler CD-, am besten auch DVD-Brenner die Lösung. Diese nützlichen Geräte sind weder besonders groß noch schwer und auch preislich im Verhältnis zu den Kosten einer Unterwasser-Fotoausrüstung eine vernachlässigbare Größe. Wer viele Bilder macht, sollte auf DVDs brennen. Sie haben hier bis 4,7 GB Speicherplatz, auf einer CD sind es nur 700 MB. Wenn Sie also mit einer 1-GB-Speicherkarte fotografieren, bekommen Sie nicht alle Bilder auf eine CD.

CD und DVD sind die derzeit zuverlässigsten und haltbarsten Datenspeicher. Experten erwarten eine Lebensdauer von mindestens 15, normalerweise aber rund 30 Jahren.

Hersteller und Importeure

1. Aquamir
Vertrieb von UW-Gehäusen für D-SLR von Nikon und Olympus. Halteschienen, Blitzarme, Kabel, amphibische Blitzgeräte, Farbkorrekturfilter, Kamera-Tariergewichte, Fotokoffer, Video-Lichtanlagen und Unterwasserlampen.
www.multimedia-online.ch

2. Bruder-Unterwassertechnik
Hersteller von Carbon-UW-Gehäusen und Systemblitzrohren; Sonderanfertigungen.
www.bruder-unterwassertechnik.de

3. BS Kinetics
Hersteller von Carbon-UW-Gehäusen und Systemblitzrohren; Sonderanfertigungen.
www.bskinetics.com

4. Digital-Dive
Verleih und Verkauf von UW-Foto-Equipment.
www.digital-dive.de

5. digital-Eyes
Vertrieb und Verleih von digitalen Spiegelreflexkameras einschließlich UW-Gehäusen und amphibischen Blitzgeräten.
www.digitaleyes.de

6. ewa-marine
Hersteller von Weichplastikgehäusen für digitale Spiegelreflexkameras.
www.ewa-marine.de

7. Hartenberger
Hersteller von amphibischen Blitzgeräten, Schienen, Blitzarmen, Kabeln, Handlampen und Videoleuchten. *www.hartenberger.com*

8. Heinrichs
Hersteller von Digitalkonvertern für digitale Spiegelreflexkameras zur Adaption amphibischer Blitzgeräte mit konventioneller Nikon-TTL-Blitzsteuerung. *www.heinrichsweikamp.com*

9. Hugyfot
Hersteller von UW-Gehäusen aus Metall für digitale Spiegelreflexkameras. Hugy-UW-Gehäuse besitzen ein etwas ausgefallenes Design und besitzen statt eines Handgriffes auf der rechten Gehäuseseite eine Handschlaufe.
www.hugyfot.net

10. Horvath + Leone
Online-Shop und Versand von digitalen Kameras, UW-Gehäusen, Blitzgeräten, Objektiven, Filter und Zubehör. *www.digitaler-ausruester.de*

11. Ikelite
Hersteller von transparenten UW-Gehäusen für digitale Spiegelreflexkameras; Blitzgeräte, Schienen, Blitzarme, Kabel und Video-Lichtanlagen.
www.prosub.de

12. magic-filters
Hersteller und Lieferant von speziellen UW-Filtern für digitale Spiegelreflexkameras. Magic-Filter unterdrücken den Blaustich und verstärken die Rottöne. *www.magic-filters.com*

13. MB Sub
Hersteller von Video-Lichtanlagen, Handscheinwerfern und Halteschienen für digitale Spiegelreflexkameras. *www.mb-sub.com*

14. mike-dive
Inhaber Michael Finger repariert und verbessert UW-Gehäuse von Olympus und auf Anfrage auch von anderen Herstellern. Vertrieb der koreanischen Patima-Gehäuse für digitale Spiegelreflexkameras. Austausch von Blitzbuchsen und Metallstiften an der Portbefestigung, Einbau von Digitalkonvertern, Adaptionen von Schienen, Blitzarmen und Leuchten.
www.mike-dive.de

15. nautica
Verkauf und Verleih von UW-Gehäusen, amphibischen Blitzgeräten, Halteschienen und Transportkoffern. Second Hand Shop! *www.nautica.at*

16. nautilus
Vertrieb und Verleih von UW-Gehäusen für digitale Spiegelreflexkameras und amphibische Blitzgeräte. *www.nautilus-equipment.de*

17. nimar
Transparente UW-Gehäuse für digitale Spiegelreflexkameras. *www.marlin-tauchservice.de*

18. Pro-Sub
Import und Vertrieb von Ikelite-Fotoprodukten wie UW-Gehäusen, Blitzgeräten, Halteschienen, Blitzarmen, Synchronkabeln. *ww.prosub.de*

19. SeaCam
Hersteller von Metall-UW-Gehäusen für digitale Spiegelreflexkameras mit professioneller Ausstattung sowie von amphibischen Blitzgeräten, Systemblitzgehäusen, Sportsuchern (45° und horizontal), Blitzarmen, Kabeln, S6-Steckern und S6-Buchsen. *www.seacam.com*

20. Sealux
Hersteller von Metallgehäusen für digitale Spiegelreflexkameras; horizontale Sportsucher, Blitzarme, Halteschienen, Systemblitzrohre, Systemblitzgehäuse und Video-Lichtanlagen. *www.sealux.de.*

21. Sport Klöppel
UW-Fotofachgeschäft, Versand, Beratung .
www.sport-kloeppel.de

22. Subal
Hersteller von Metallgehäusen für digitale Spiegelreflexkameras; Blitzarme, Systemblitzrohre, Kabel und Schienen.
www.subal-europe.de

23. Subtronic
Hersteller von amphibischen Blitzgeräten für digitale Spiegelreflexkameras; Halteschienen, Blitzarme, Kabel, Blitzweichen, S6-Buchsen und S6-Stecker.
www.subtronic.de

24. UK-Germany
Hersteller von Metallgehäusen für digitale Spiegelreflexkameras, Halteschienen, Blitzarme, Kabel, Stecker und Buchsen, Sonderanfertigungen.
www.uk-germany.com

25. Werner-Light
Hersteller von Video-Lichtanlagen für digitale Spiegelreflexkameras mit separatem Akku; Halteschienen, Arme, Kabel.
www.werner-LED.de; www.werner-light-power.de

Internetmagazine (Auswahl)

www.ara-fototeam.de
www.bessere-unterwasserfotos.de
www.camera-corner.de
www.digideep.com
www.digidiver.de
www.digi-uw-foto.de
www.divelog.ch
www.DivePhotoGuide.com
www.dufc.de
www.fantic.ch
www.fotoshow.ch
www.gmfoto.de
www.hp.com/de
www.marinefoto.de
www.ocaris.de
www.ourworldunderwater.com
www.photosub.com
www.pool-faszinationen.de
www.tauch-bilder.de
www.tauchernet.de
www.UnderwaterVisions.net
www.unterwasserbilder.de
www.unterwasserkamera.at
www.unterwasserfoto.com
www.unterwasserfoto.de
www.unterwasserfotografie.de
www.unterwasserwelt.de
www.uwfoto-digital.de
www.uw-fotografie.de
www.uwpix.net
www.vdst-visuelle-medien.de
www.wetpixel.com

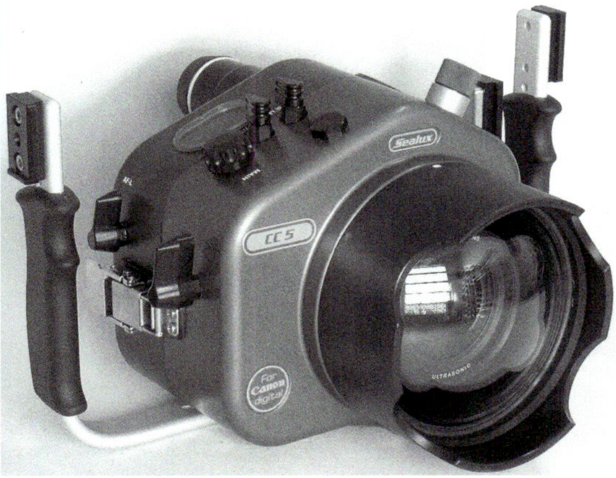
Sealux
CC5
For Canon digital

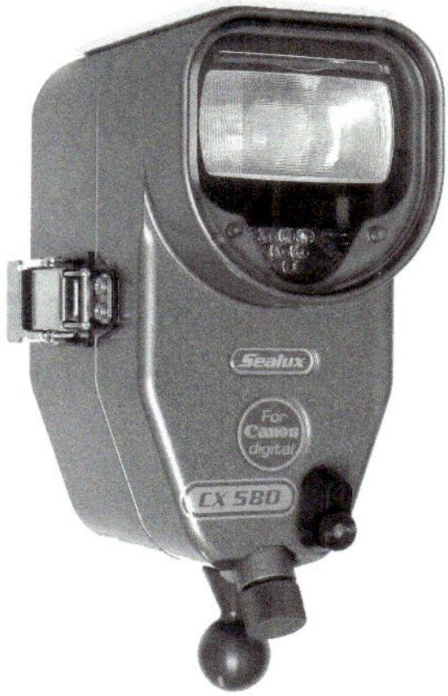
Sealux
For Canon digital
CX 580

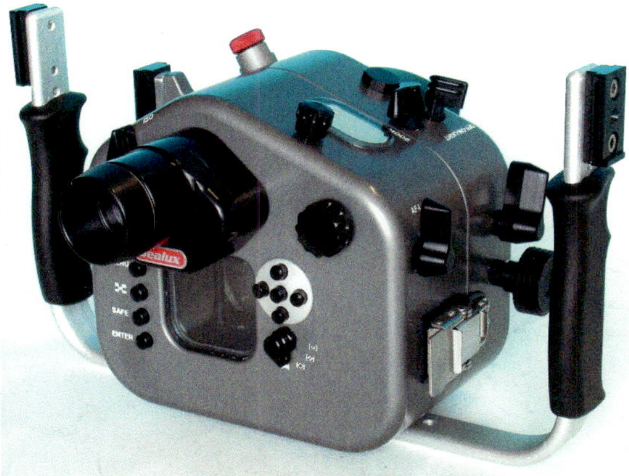
Sealux
SAFE
ENTER

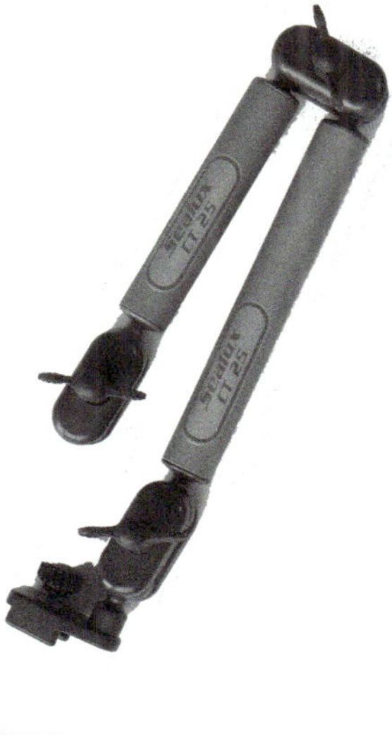
Sealux CT 25
Sealux CT 25

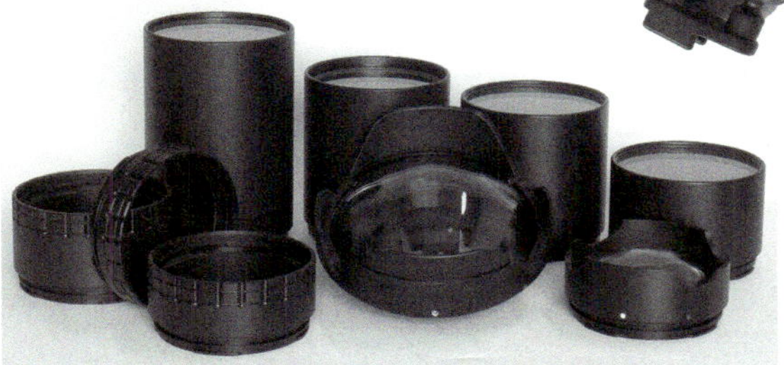

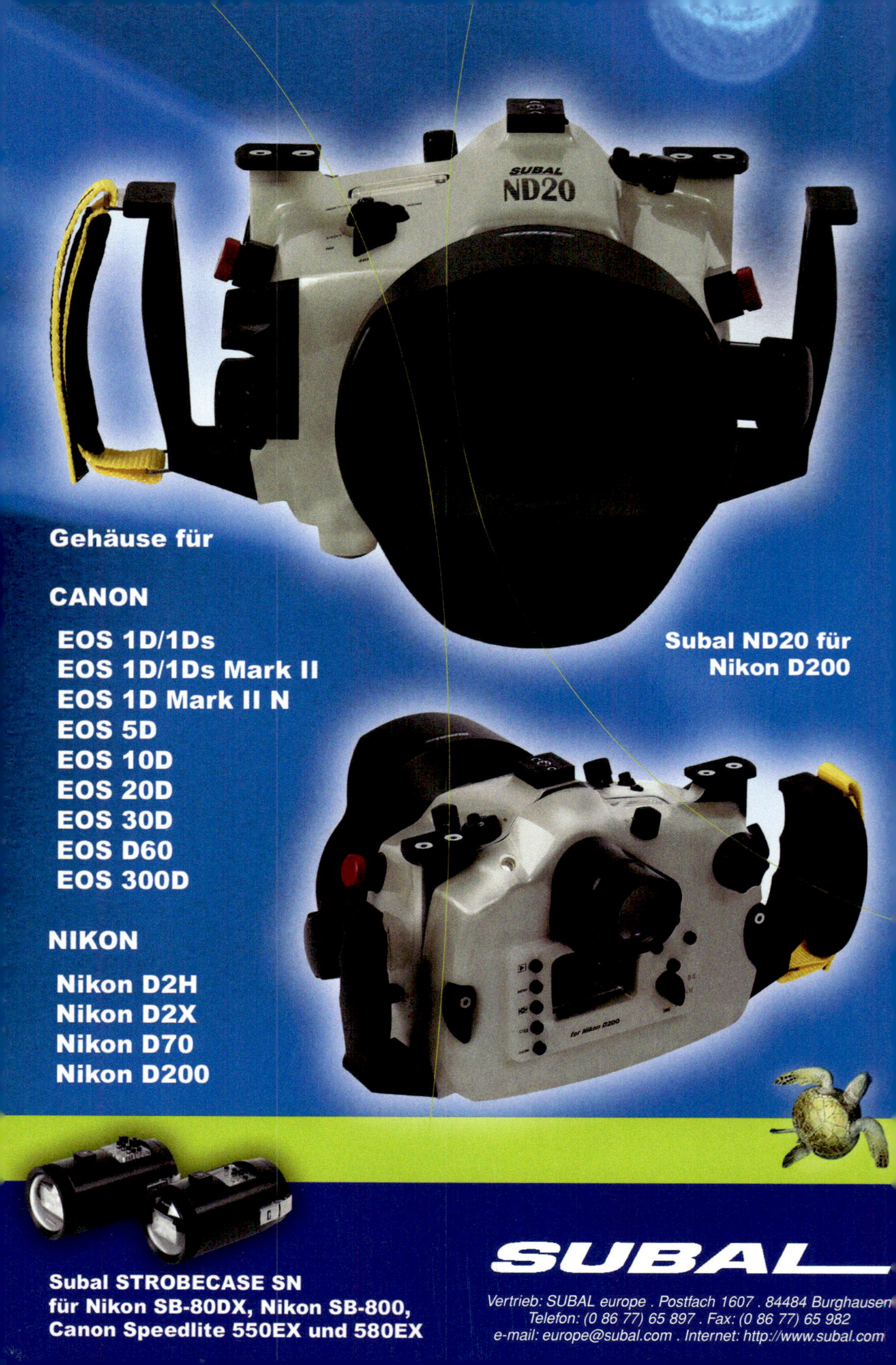
SUBAL
ND20
Gehäuse für
CANON
EOS 1D/1Ds
EOS 1D/1Ds Mark II
EOS 1D Mark II N
EOS 5D
EOS 10D
EOS 20D
EOS 30D
EOS D60
EOS 300D
NIKON
Nikon D2H
Nikon D2X
Nikon D70
Nikon D200
Subal ND20 für
Nikon D200
SUBAL
Subal STROBECASE SN
für Nikon SB-80DX, Nikon SB-800,
Canon Speedlite 550EX und 580EX
Vertrieb: SUBAL europe . Postfach 1607 . 84484 Burghausen
Telefon: (0 86 77) 65 897 . Fax: (0 86 77) 65 982
e-mail: europe@subal.com . Internet: http://www.subal.com

Register

Umschlaggestaltung von eStudio Calamar, Pau.
Alle Fotos von Herbert Frei und drei Illustrationen von Stephanie Naglschmid
Bildbearbeitung: Helma Frei

Bibliografische Information Der Deutschen Bibliothek
Die Deutsche Bibliothek verzeichnet diese Publikation in der
Deutschen Nationalbibliografie; detaillierte bibliografische Daten
sind im Internet über http://dnb.ddb.de abrufbar.

KOSMOS Postfach 10 60 11
D-70049 Stuttgart
TELEFON +49 (0)711-2191-0
FAX +49 (0)711-2191-422
WEB www.kosmos.de
E-MAIL info@kosmos.de

Gedruckt auf chlorfrei gebleichtem Papier

ISBN-13: 978-3-440-10811-6
ISBN-10: 3-440-10811-2
Projektleitung: Dr. Henrike Lotz
Lektorat und Satz: VerlagsService Dr. Helmut Neuberger
& Karl Schaumann GmbH, Heimstetten
Produktion: Johannes Geyer
Printed in Slovak Republic / Imprimé en Slovaquie